사랑한다면
예수님처럼

LOVING THE WAY JESUS LOVES
by Jared C. Wilson

Copyright ⓒ 2012 by Philip Graham Ryken
Published by Crossway
a publishig ministry of Good News Publishers
Wheaton, Illinois 60187, U.S.A.

This edition published by arrangement with Crossway through rMaeng2.
All rights reserved.

This Korean Edition Copyright ⓒ 2012 by Word of Life Press, Seoul, Republic of Korea

본 저작물의 한국어판 저작권은 rMaeng2 를 통하여 Crossway와
독점 계약한 생명의말씀사에 있습니다.
신저작권법에 의하여 한국 내에서 보호받는 저작물이므로
무단 전재와 무단 복제를 금합니다.

사랑한다면 예수님처럼

ⓒ 생명의말씀사 2012

2012년 12월 20일 1판 1쇄 발행
2024년 9월 25일   9쇄 발행

펴낸이 | 김창영
펴낸곳 | 생명의말씀사

등록 | 1962. 1. 10. No.300-1962-1
주소 | 서울시 종로구 경희궁1길 6 (03176)
전화 | 02)738-6555(본사) · 02)3159-7979(영업)
팩스 | 02)739-3824(본사) · 080-022-8585(영업)

기획편집 | 임선희
디자인 | 송민재, 김혜진
인쇄 | 영진문원
제본 | 다온바인텍

ISBN 978-89-04-16407-3 (03230)

저작권자의 허락 없이 이 책의 일부 또는 전체를
무단 복제, 전재, 발췌하면 저작권법에 의해 처벌을 받습니다.

사랑한다면
예수님처럼

Loving the Way Jesus Loves

필 라이큰 지음

추천사 *Love is*

"필 라이큰의 글을 읽다보면 너무 쉽고 재미있어서 그의 학문적 깊이를 잠시 잊게 된다. 그러나 주석을 보면 그가 고린도전서 본문을 얼마나 학문적으로 날카롭게 파헤쳤는지 알 수 있다. 그 학문적 깊이가 그의 목회 경험, 통찰력과 결합되어 누구나 고린도전서 13장의 진수를 경험하게 하는 한 권의 훌륭한 책으로 완성되었다."

— 팀 켈러(Tim Keller) 뉴욕시 리디머장로교회 목사, 베스트셀러 『The Reason for God』의 저자

"사랑은 수많은 이야기와 노래, 찬양의 중심 주제였다. 그만큼 익숙한 탓에 우리는 사랑을 너무나 당연하게 여긴다. 사랑을 많이 이야기하는 사람일수록 사랑을 곡해하는 경우도 많다. 이런 현실은 교회에서도 마찬가지다. 이 책을 통해 예수님의 참된 사랑을 발견했다면, 이처럼 성경적이면서도 새로운 관점으로 참된 사랑을 분석한 필 라이큰에게 감사하게 될 것이다. 이 책은 단순하면서도 깊이 있는 내용으로 사랑에 대한 당신의 생각을 변화시키고 새로운 시각으로 참된 사랑을 이해하도록 도울 것이다."

— 존 맥아더(John MacArthur) 캘리포니아 선 밸리, 그레이스 커뮤니티교회 담임목사

"이 책은 예수님과 제자들의 이야기를 통해 바울의 사랑장을 설명하는 독특한 구성을 취하고 있다. 그 이야기 속에서 우리는 예수님의 넘치는 사랑에 흠뻑 젖어 그 사랑을 전하고 싶어진다. 여러분도 이 책을 통해 삼위일체 하나님의 충만한 사랑을 온전히 경험하길 바란다."

— 마르바 던(Marva J. Dawn) 리젠트칼리지 영성신학 교수, 『Truly the Community』의 저자

"필 라이큰은 학자이자 하나님 말씀의 훌륭한 해설자다. 우리는 이미 그의 수많은 성경 주석서들을 통해 큰 유익을 얻고 있다. 이번에는 고린도전서 13장의 메시지로 학자로서, 또 목사로서의 면모를 보여주었다. 이것은 온 교회를 향한 하나님의 선물이다."– 앨버트 몰러(R. Albert Mholer Jr) 남침례신학교 총장

"예수님을 따른다는 건 우리가 이미 알고 있는 사실을 기억하는 것이다. 나는 그분이 먼저 나를 사랑하셨고 그 사랑의 핵심이 내가 다른 사람들을 사랑하는 작은 능력이 된다는 것을 알고 있다. 내 사랑이 바닥날 때도 그분의 사랑은 여전히 나를 넘치게 채우신다는 사실도 알고 있다. 이 모든 사실을 알면서도 잊고 지낼 때가 많다. 이 책을 통해 그것을 늘 기억하도록 도와준 필 라이큰에게 두고두고 감사하게 될 것 같다."– 마이클 카드(Michael Card) 찬양 사역자, 성경학자, 『A Better Freedom』의 저자

"고린도전서 13장에 대한 해설은 많다. 그러나 예수님을 통해 드러난 하나님의 사랑만큼 사랑을 분명하고 구체적으로 가르쳐주는 것은 없다. 라이큰은 예수님이라는 프리즘을 통해 사랑장을 펼친다. 그리고 사랑에 대한 바울의 가르침을 보다 명확하게 제시한다. 또한 그 사랑으로 예수님에 대한 우리의 사랑도 새롭게 회복될 수 있음을 가르쳐준다. 예수님의 삶과 죽음을 묵상할 때, 고린도전서 13장 말씀은 성경에서 우리의 현실로 찾아온다. 사랑이 메마른 우리의 삶을 돌아보게 하고 감성에 젖은 덧없는 말들로 사랑을 오해하는 우리의 모습을 여실히 드러낸다. 그리고 사랑은 곧 예수님을 믿고 따르는 것이라고 분명하게 가르쳐준다."
– D. A. 카슨(D. A. Carson) 트리니티 복음주의 신학대학원 신약학 연구교수

"라이큰은 깊은 연구와 성경에 대한 통찰력, 우리가 살고 있는 세상과 인생에 대한 이해에 근거하여 하나님이 우리에게 원하시는 사랑의 방법을 알려준다. 나와 아내는 이런 점 때문에 라이큰을 가장 좋아하는 작가로 꼽는다."
– 아지드 페르난도(Ajith Fernando) 스리랑카 십대선교회 간사

"무조건적인 하나님의 사랑 앞에서 우리를 제한하는 모든 것은 의미를 잃는다. 그것은 길들여지지 않는, 차별 없는 사랑이다. 자격 없는 이들에게 임하는 사랑이다. 위에서 아래로 내려와 옆으로 흘러가는 사랑이다. 하나님으로부터 시작된 사랑은 다른 사람들을 향한 사랑 속에서 그 존재가 드러날 수밖에 없다. 그 사랑을 필 라이큰이 이 책 속에 아주 잘 담아냈다. 목사이자 학자인 라이큰이 프란시스 쉐퍼가 '궁극의 변증'이라고 부른 사랑을 재발견하라고 간청하고 있다. 가장 중요한 것은 사랑이다." – 툴리안 차비진(Tullian Tchividjian) 코럴릿지장로교회 담임목사, 『Jesus+Nothing=Everything』의 저자

"예수님은 '너희가 서로 사랑하면 이로써 모든 사람이 너희가 내 제자인 줄 알리라'라고 말씀하셨다. 그렇다면 다른 사람을 사랑한다는 것은 무엇인가? 필 라이큰은 고린도전서 13장으로 예수님의 사랑을 연구함으로써 우리에게 성경적 해답을 제시한다. 『사랑한다면 예수님처럼』은 나에게 가장 큰 도전을 준 책이다. 예수님의 사랑 안에서 성장하기 원하는 사람들에게 꼭 권하고 싶다."
– 제리 브리지스(Jerry Bridges) 『The Pursuit of Holiness』의 저자

"라이큰의 책은 예수님을 따르는 사람들의 가장 중요한 속성에 초점을 맞추고 있다. 그것은 바로 서로 사랑하는 것이다. 라이큰이 제시한 사랑의 정의는 공중에 떠다니는 추상적 개념에 그치지 않고 예수님 안에서 그대로 현실이 된다. 오늘날 교회에 가장 필요한 메시지가 '예수님처럼 사랑하라'는 명령임을 생각할 때 이보다 시의적절한 책은 없을 것이다. 이 책은 우리 모두가 예수님을 닮아가는 소명의 핵심을 기억하도록 도와줄 것이다."
– 캐롤라인 커스티스 제임스(Caroline Custis James) 『When Life and Beliefs Collide』의 저자

"필 라이큰의 역작 덕분에 다시금 그리스도의 제자라는 존재의 본질에 대해 생각할 수 있었다. 나는 그리스도의 제자로서 얼마나 그 사랑을 좇아 살아가고 있는가? 사랑장에 대한 통찰력 있는 연구를 통해 과연 우리가 예수님처럼 사랑하고 있는지 다시금 돌아볼 수 있을 것이다." – 에머리 린지(Emery Lindsay) USA 그리스도의교회 이사장, 감독

"『사랑한다면 예수님처럼』은 참사랑의 본질뿐 아니라 예수님이 그 사랑을 어떻게 보이셨는지, 예수님을 따르는 자들이 삶에서 그 사랑을 어떻게 증거해야 하는지 가르쳐준다. 이 책은 두 가지 면에서 예수님을 영광스럽게 한다. 먼저 예수님께서 가장 큰 사랑을 보이신 분임을 나타낸다. 그리고 그분이 우리에게 보이신 사랑을 실천함으로써 주님을 닮아가라고 명한다. 라이큰은 예수님의 사랑과 예수님처럼 사랑하는 법을 통찰력 있고 깊이 있게 담아내었다."

– 브루스 웨어(Bruce Ware) 남침례신학교 기독교 신학 교수

"사랑의 능력을 알지 못한 채 사랑이라는 말만 사용하는 사람들이 많다. 사랑 그 자체이신 예수님의 사랑이 간접적·수동적으로 그려져 그 능력과 다양성을 상실하는 것은 말할 것도 없다. 그러나 라이큰 박사의 책 속에서 우리는 고린도전서 13장의 배경이 된 예수님의 사랑이 얼마나 다채로운지 알 수 있다. 그 사랑은 예수님의 마지막 사역인 십자가 위에서 가장 분명하게 드러난다. 이 책을 읽는 모든 사람의 삶이 하나님의 사랑으로 변화되고 생명력을 회복하여 세상에 편만한 거짓 사랑을 참된 사랑으로 바꾸게 되기를 바란다."

– 에릭 메이슨(Eric Mason) 펜실베니아 라델피아, 에피파니 펠로우쉽 목사

"내 인생을 완전히 변화시킨 책이 두 권 있다. 한 권은 인생의 해답을 찾아 헤매던 대학 시절에 읽은 존 스토트의 『기독교의 기본 진리』이고 다른 한 권은 『사랑한다면 예수님처럼』이다. 이 책은 그리스도인들이 천국에 가는 그날까지 하나님의 은혜로 승리하며 살아가는 방법을 가르쳐준다. 그것은 그리스도 안에서 하나님의 사랑을 아는 것뿐 아니라 하나님의 사랑대로 살아가는 것이다. 지금까지 하나님의 사랑을 이토록 잘 표현한 책은 없었다. 이 책을 통해 하나님의 은혜로 살아가는 삶을 목격하고 또 그 삶에 참여하기 바란다. 우리를 둘러싼 모든 세계가 변화될 것이다." – 헨리 코(I. Henry Koh) 미국 장로교 한국 목회, 북아메리카 선교 담당 코디네이터

"50년 넘게 하나님이 주시는 기쁨과 교훈을 경험하고 하나님의 사랑으로 하나됨을 맛본 사람으로서 이 책을 꼭 권하고 싶다. 하나님을 사랑하고 하나님의 깊은 사랑을 받는 이가 하나님의 사랑에 대하여 깊은 통찰력과 배려를 갖고 정확하게 기록한 책이다." - 제임스 맥도널드(James MacDonald) 일리노이주 롤링 메도우, 하비스트바이블교회 담임목사

"고린도전서 13장은 성경 전체에서 가장 친숙한 말씀인 동시에 가장 많이 오해하는 부분이다. 우리는 수많은 결혼식에서 이 말씀을 들으며 바울이 훨씬 더 심오한 목적을 가지고 이 말씀을 기록했다는 사실을 생각하지 못했다. 바로 이것이 라이큰이 교회에 주는 메시지다. 그는 결혼이라는 테두리에서 완전히 벗어나 예수님의 삶을 따라 새로운 시각으로 말씀을 살펴보았다. 이제 턱시도와 웨딩드레스를 입은 사람들뿐 아니라 모든 믿는 자들을 위한 놀랍고도 깊은 통찰의 세계가 펼쳐질 것이다." - 필 비셔(Phil Vicher) 영화 'Veggie Tales', 'What's in the Bible'의 감독, 『Me, Myself, & Bob』의 저자

"나는 우리 교회의 모든 소그룹이 이 책으로 공부하기 바란다. 예수님은 우리에게 모든 열방을 제자 삼으라고 명령하셨다. 그러려면 먼저 예수님께 배워 그분을 더욱 닮아가야 한다. 라이큰 박사는 사랑에 대한 최고의 성경 말씀이 예수님의 삶에서 어떻게 실현되었는지 보여준다. 이 책은 성경적이면서 실제적이다. 우리의 죄를 깨닫게 하는 동시에 용기를 준다. 그리스도 안에서 온전해지기 원하는 모든 사람에게 추천하고 싶다." - 그렉 웨이브라이트(Greg Waybright) 캘리포니아 패서디나, 레이크에비뉴교회 담임 목사

나의 오직 하나뿐인 첫사랑이자 유일한 참사랑
리사 맥스웰에게

그리고
모든 참사랑의 영원한 근원이신
예수 그리스도께

CONTENTS

서문 사랑의 복음 안에서 자라가기를… 13

Chapter 01 사랑이 없으면 아무 유익이 없다 17
사랑장 | 사랑이 필요한 이유 | 사랑을 안다고 믿었던 청년 | 사랑의 구세주

Chapter 02 생명보다 귀한 사랑 37
사랑의 초상화 | 온유 | 하나님의 자비 | 온유하라

Chapter 03 사랑은 성내지 않는 것 57
'성냄'의 정의 | 긴 하루를 마칠 때 | 성냄의 본질 | 사랑의 증거 | 사랑 없는 자들을 사랑하기

Chapter 04 사랑의 거룩한 기쁨 77
두 가지 기쁨 | 시몬과 죄 많은 여인 | 시몬의 실수 | 사랑 없는 바리새인 | 사랑의 원천

Chapter 05 사랑은 기다리는 것 95
인내 | 사랑을 증거한 희생 | 모든 것을 주관하시는 하나님 | 일하시는 하나님 | 고난 중에도 사랑이 있다 | 모든 고통이 끝나는 날

Chapter 06 사랑의 광대함 115
관대함, 겸손, 정중함 | 영원한 사랑 | 무릎을 꿇는 사랑 | 가장 낮은 자리에서

Chapter 07 사랑은 바라고 기대하는 것　133
사랑의 소망 | 소망이 가득한 기도 | 모든 소망은 하나님께 | 소망을 품으라

Chapter 08 사랑은 자기의 유익을 구하지 않는 것　153
나를 버리는 사랑 | 겟세마네 동산에서 | 아버지의 원대로 하옵소서 | 남을 먼저

Chapter 09 사랑은 모든 것을 견디는 것　171
사랑하기 때문에 | 고난당하신 구세주 | 죄 없이 수치를 당하심 | 우리는 혼자가 아니다

Chapter 10 사랑은 믿는 것　191
언제나 모든 것을 믿으며 | 나의 하나님 | 예수님의 믿음 | 하나님의 손에

Chapter 11 사랑은 용서하는 것　207
분노 없애기 | 베드로의 추락 | 베드로의 회개, 그리고 용서 | 베드로의 회복 | 용서한다면 예수님처럼

Chapter 12 사랑은 결코 실패하지 않는다　227
영원한 사랑 | 지금부터 영원까지 | 하나님께서 보이신 증거 | 넉넉히 이기느니라 | 불굴의 사랑 | 사랑을 추구하라!

STUDY GUIDE　249
주　266

*Love is kind
and patient
never jealous
boastful*

서문

사랑의 복음 안에서
자라가기를…

"하나님의 사랑에 대해 글을 쓴다는 것은 신학자들에게 최고의 특권이자 가장 막중한 책임이다." 휘튼칼리지에서 신학을 가르치는 케빈 밴후저Kevin Vanhoozer의 말이다. 그렇다. 하나님의 사랑에 관해 글을 쓰는 것은 신학자들의 특권이자 책임인 동시에 가장 피하고픈 일이다.

사랑하고 있는 사람만이 사랑에 대해 쓸 수 있다. 그리고 내게 있는 예수님의 성품 가운데 가장 부족한 것은 아마도 하나님과 이웃을 향한 참된 사랑일 것이다. 하지만 하나님은 이렇게 메마른 나에게 예수님 안에 있는 하나님의 사랑, 그 진리를 증거하라고 말씀하신다.

이 책은 내가 필라델피아 제10장로교회에서 전했던 마지막 설교 시리즈로부터 시작되었다. 나는 그 교회 성도들의 진실하고 헌신된 사랑에 힘입어 15년간의 사역을 감당할 수 있었다.

그러나 한 교회의 공동체에서 나눈 모든 사랑에도 불구하고 우리는 끝없이 하나님의 사랑 안에서 자라가야 할 피조물이다. 우리는 예수님을 중심으로 고린도전서 13장을 공부하였고 예수님을 좇아 사랑하는 법을 배웠다. 그리고 그 공부는 우리에게 큰 유익이 되었다. 여러분에게도 그런 은혜가 임하기 바란다.

그때의 설교들을 정리하여 이렇게 책으로 나오기까지 여러 믿음의 친구들과 동역자들의 사랑의 헌신이 있었다. 린 코힉, 데이비드 콜린스, 루이스 드니어, 톰 슈완다, 라토냐 테일러는 원고를 검토·수정해 줄 뿐 아니라 성경 본문에서 해석과 적용을 강화시킬 수 있는 여러 가지 방법을 제시해주었다. 로버트 폴린은 예문을 검토해주고 행정에 도움을 주었다. 낸시 라이켄 테일러는 학습 문제를 작성해주었다. 머릴리 멜빈은 최종 검토를 맡아주었다. 또한 크로스웨이 출판사의 리디아 브라운백과 여러 친구들이 편집하고 노력하여 이 책이 출판될 수 있었다. 이 책에 담겨 있는 사랑의 수고들로 말미암아 하나님의 사랑이 더 분명하게 증거되길 바란다.

고린도전서 13장을 공부할 때 월드 하베스트 미션에서 읽었던 간증이 하나 있다. 그 간증은 예수님의 사랑을 갈구하는 내 마음을 그대로 말해주었다. 간증 속의 선교사님은 이렇게 말했다.

> 어느 날 구제를 마치고 집에 돌아와 보니 세 살 된 딸아이가 부엌에서 우리 가족을 그리고 있었습니다. 그런데 그림 속의 나는 얼굴을 찌푸린 채 가족과 떨어진 곳에 서 있었습니다.

딸아이에게 물었습니다. "저 사람이 아빠니?"

"네" 딸은 당황하며 대답했습니다.

"아빠가 왜 얼굴을 찌푸리고 있는데?"

"아빠, 아빠는 더 이상 웃지 않으세요."

그 간증 속의 선교사님은 계속해서 도움을 요청했다.

"저를 위해 기도해주십시오. 하나님의 사랑의 메시지가 이 차갑고 굳은 마음을 덮을 수 있도록 기도해주십시오."

그 선교사님의 기도가 곧 나의 기도다. 여러분도 책을 읽으며 이렇게 기도하길 바란다.

"주님, 이 차갑고 굳은 마음을 주님의 사랑의 복음으로 덮어주소서."

휘튼칼리지에서
필 라이큰

당신이 아무리 많은 일을 하고
아무리 큰 고통을 당한다 해도,
당신의 마음이 주님을 향하지 않는다면
주님은 그 무엇도 열납하지 않으신다.
_ 조나단 에드워즈

Chapter 01

사랑이 없으면
아무 유익이 없다

내가 내게 있는 모든 것으로 구제하고 또 내 몸을 불사르게 내줄지라도 사랑이 없으면 내게 아무 유익이 없느니라 —고린도전서 13장 3절

예수께서 그를 보시고 사랑하사 이르시되 네게 아직도 한 가지 부족한 것이 있으니 가서 네게 있는 것을 다 팔아 가난한 자들에게 주라 그리하면 하늘에서 보화가 네게 있으리라 그리고 와서 나를 따르라 하시니 —마가복음 10장 21절

내 삶에서 구해야 할 단 한 가지가 있다면, 그것은 하나님의 사랑이다. 주님께서 부르시는 그날까지 귀하게 여기라고 주신 내 아내를 위하여 하나님의 사랑이 필요하다. 내 자녀들과 다른 가족들을 위하여 하나님의 사랑이 필요하다. 은혜 안에 맺어졌으나 때때로 사랑하기 힘든 형제자매들과 교회를 위하여 더 큰 하나님의 사랑이 필요하다. 아직 복음을

듣지 못한 나의 이웃들, 외로운 자들, 버림받은 자들을 위하여 하나님의 사랑이 필요하다. 내 마음에서 먼 그들도 하나님의 마음에서는 가깝기 때문이다.

이와 같이 내가 어디에 있든 내 삶의 모든 관계마다 더 큰 예수님의 사랑이 필요하다. 그리고 그 사랑이 가장 많이 필요한 곳은 바로 내 영혼을 사랑하시는 이, 하나님 그분과의 관계다.

당신은 어떠한가? 당신은 예수님처럼 사랑하고 있는가, 아니면 하나님과 다른 이들을 향한 더 큰 사랑이 필요한가?

사랑장

사랑에 관한 말씀을 찾을 때 사람들은 제일 먼저 고린도전서 13장을 펼친다. 또한 고린도전서 13장은 사람들에게 가장 널리 알려진 말씀이기도 하다. 아마도 결혼식에서 가장 많이 선포되기 때문일 것이다.

그래서인지 많은 사람이 고린도전서 13장을 "사랑장"이라고 부른다. 아가페 사랑을 12번 이상 직간접적으로 언급하고 있으니 어울리는 별명이다. 실제로 성경에서 고린도전서 13장만큼 사랑에 관해 완벽하게 설명하는 곳은 찾기 힘들다. 한 문학 교수는 이를 '예찬encomium', 즉 "격식을 갖춘 화려한 찬사의 표현"이라고 했다.[1] 그야말로 '사랑장'은 사랑을 향한 사랑 노래다. 사도바울은 사랑이 필요한 이유를 설명하고(1~3절), 사랑의 속성에 대해 묘사했다(4~7절). 이어서 하나님이 주시는 최고의 선물, 사랑의 영원함을 찬양했다.

그러나 사람들이 사랑장을 친숙하게 느낀다고 해서 사랑장을 정확하게 이해한다고 말하기는 어렵다. 그 이유로 많은 사람들이 대체로 문맥과 상관없이 본문을 읽는 것을 들 수 있다. 물론 고린도전서 12장 31절부터 읽는 사람들도 있다. 12장 마지막 절에서 바울은 "내가 또한 가장 좋은 길을 너희에게 보이리라"라고 기록했다. 바울이 말하고자 했던 "더 좋은 길"이 13장이기 때문에 그렇게 읽는 것도 좋은 방법이기는 하다.

그러나 많은 사람이 쉽게 간과해버리는 더 중요한 문맥이 있다. 고든 피Gorden Fee는 그의 주석에 이렇게 기록하였다. '사랑장에 담긴 이야기들을 문맥과 상관없이 이해한다고 해서 그 진실성이 약화되는 것은 아니다. 다만 너무나 많은 것을 놓치게 된다.'[2]

특별히 고린도전서 13장을 하나님의 뜻에 따라 정확하게 이해하기 위해서는 고린도 교인들이 누구였으며 하나님께서 이 서신을 통해 무엇을 말씀하고자 하셨는지를 기억해야 한다.

고린도 교인들에게 필요한 게 하나 있다면 그것은 바로 더 큰 예수님의 사랑이었다. 당시 교회는 신학과 의례, 사회적 계급, 은사를 두고 첨예하게 나뉘어져 있었다. 어떤 이들은 바울을 따랐고 다른 이들은 베드로, 혹은 아볼로를 따랐다. 그러자 그리스도를 따른다고 주장하는 무리들도 생겨났다. 이는 남보다 영적으로 우월해 보이려는 자들이 결국 어떻게 되는지를 보여주고 있다.

목회에서도 비슷한 분쟁이 있었다. 여러 고린도 교인들이 자신의 은사가 기독교의 요체이자 핵심이라고 주장한 것이다.

그러자 사도바울은 교회가 많은 부분으로 이루어져 있지만 모두가 한 지체라는 사실을 강조했고 그것이 바로 12장의 주제였다. 따라서 13장에서 바울이 전하고자 한 것은 사람들이 결혼식장에서 듣고 싶어 하는 얘기가 아니었다. 그가 진정으로 말하고자 한 것은 정욕을 좇는 로맨틱한 에로스 사랑이 아니라 아가페, 즉 그리스도 안에서 하나 된 형제자매들 사이의 희생적인 사랑이었다. 그것은 단순히 사람들의 결혼 준비를 도와주는 말씀이 아니었다. 자기중심적인 그리스도인들로 가득한 교회를 향해 결혼식 당일뿐 아니라 일생동안 더 나은 삶을 살라고 권면하는 말씀이었다.

다시 말해 사랑장은 이미 사랑하고 있는 사람들을 위한 말씀이 아니라 하나님을 이해하고, 예배하고, 섬기고, 헌신하는 데 있어서 자신의 방법만이 최고라고 믿는, 사랑 없는 자들을 향한 말씀이었다.

많은 사람이 오해하는 것이 또 하나 있다. 사람들은 고린도전서 13장이 사랑에 관한 좋은 말들로 채워져 있기 때문에 긍정적인 말로 용기를 북돋아주는 말씀이라고 생각한다.

그러나 나에게 고린도전서 13장은 오히려 두려움을 주는 말씀이다. 왜냐하면 나와 같은 사람은 절대로 닿을 수 없는 절대적인 사랑의 기준을 제시하기 때문이다.

그런 사랑을 할 수 있는 사람은 세상에 단 한 명도 없다. 그것을 증명하는 건 별로 어렵지 않다. 4절부터 읽어 내려가면서 "사랑"이라는 말이 나올 때마다 그 자리에 "사랑" 대신 자신의 이름을 넣어보라. "필Phil은 오래 참고 필은 온유하며 시기하지 아니하며 필은 자랑하지 아니하며 교만하지 아니하며 무례히 행하지 아니하며 자기의 유익을 구하지 아니하며 성내지 아니하며 악한 것을 생각하지 아니하며 불의를 기뻐하지 아니하며 진리와 함께 기뻐하고 모든 것을 참으며 모든 것을 믿으며 모든 것을 바라며 모든 것을 견디느니라……." 이렇게 말이다. 그러면 내가 느꼈던 것을 당신도 느끼게 될 것이다. 우리에게 사랑이 그리 많지 않다는 것을.

사랑이 필요한 이유

사랑은 우리 기독교를 다른 종교와 구분 짓는 유일한 특징이어야 한다. 조나단 에드워즈 Jonathan Edwards는 신약성경이 그 어떤 미덕보다 사랑의 미덕을 강조한다고 말한다.³ 바울도 고린도전서 13장 1~3절에서 사랑의 필요성을 논리적으로 증명하며 이를 분명하게 강조한다. 그러므로 사랑이 제일 중요하다. 사랑이 없다면 우리는 아무것도 아니다.

고대 문학의 정전 중 '예찬encomium'이라는 장르는 저자가 찬양하려는 대상을 다른 것과 비교하면서 시작하는 경우가 많다. 바울도 고린도전서 13장을 그렇게 시작했다. 사랑을 다른 것들과 비교하면서 그 중요성을 강조했다. 그는 영적 은사나 업적, 즉 영적 능력과 미덕을 갖춘 그리스도인들이 갖고 있거나 행하는 것들을 사랑과 비교했다. 때문에 찰스 핫지 Charles Hodge는 '사랑은 모든 특별한 은사들보다 우월하다'는 메시지가 고린도전서 13장 초반부의 요점이라고 했다.⁴

바울은 먼저 방언에 대한 이야기부터 시작했다.

당시 고린도교회에는 방언의 은사를 가진 자들도 있었고 그렇지 못한 자들도 있었다. 그러나 사랑이 없으면 그 은사를 가지고 있다 할지라도 아무 소용이 없다. "내가 사람의 방언과 천사의 말을 할지라도 사랑이 없으면 소리 나는 구리와 울리는 꽹과리가 되고"(고전 13:1).

"사람의 방언"은 인간의 말로 영적 진리를 전달하는 놀라운 은사를 가리킨다. 또한 "천사의 말"은 하늘의 언어로 말하는 것이기에 그보다 한 차원 높은 은사다. 바울은 하늘의 언어로 말하는 은사가 하찮다는 것이 아니라 사랑이 없으면 그 은사가 아무것도 아님을 강조했다.

바울이 말한 "소리 나는 구리"는 고대 야외극장에서 공명을 위한 악기로 사용되었던, 속이 빈 청동항아리라고 주장하는 학자들이 있다. 그리스 로마 시대에는 소리를 증폭시키기 위하여 그런 악기를 사용했다고 한다.[5] 말하자면 사랑이 없는 우리의 말은 '생명력 없이 텅 빈 항아리에서 흘러나오는 공허한 소리'에 불과하다는 것이다.[6]

또 어떤 이들은 바울이 언급한 구리가 키벨레 여신 같은 이교도 신들을 예배할 때 사용되었던 악기라고 주장한다.[7] 그것이 사실이라면 우리에게 사랑이 없으면 이교도들과 다를 바 없다는 뜻이 아닌가.

나는 이 말씀을 읽을 때마다 1970년대 TV프로그램이었던 'The Gong Show'가 생각난다. 여러 참가자들이 노래와 춤 실력을 평가받는 프로그램이었다. 참가자의 공연이 맘에 들지 않는 심사위원은 일어나서 커다란 징gong을 두들겼고 그러면 참가자는 공연을 끝내야 했다. 그 때 들었던 징 소리는 엄청난 소음을 낼 뿐, 음률을 만들어내지 못했다.

반면 꽹과리는 제대로 연주할 때 음률을 만들어 낸다. 그러나 꽹과리

역시 계속 울려대기만 한다면 그 소음은 이루 말할 수 없을 것이다.

우리가 사랑을 가지고 은사를 사용하지 않을 때도 이와 같을 것이다. 사람들은 사랑 없는 그리스도인의 삶에서 복음을 들을 수 없다. 오직 "뎅, 뎅, 뎅, 쩽그렁, 쩽그렁, 쩽그렁" 소리만 들릴 뿐이다. 이 비유를 오늘날의 언어로 이렇게 말할 수 있다. "소셜네트워크에 아무리 많은 복음이 올라간다 해도 사랑이 없으면 시끄러운 블로그나 의미 없는 트위터가 되고."[8]

2절에서 바울은 12장에서 다루었던 다른 은사에 대해 말한다. 이번에는 예언이다. "내가 예언하는 능력이 있어" 이 은사를 가진 자는 미래를 예언하거나 하나님의 관점으로 세상에서 일어나는 일들을 해석할 수 있는 초자연적 통찰력을 지닌다.

바울은 그들이 "모든 비밀과 모든 지식을 안다"고 말한다. "모든"이라는 말이 강조되어 있다. 이 영적 은사를 가진 자는 하나님의 놀라운 신비를 이해하는 사람이다. 선지자 다니엘이 바벨론의 느부갓네살 왕에게 보여주었던 것처럼 하나님의 계획을 이해하는 사람이다. 여기서 "지식"이란 성경의 진리에 관한 영적 지식을 의미한다. 성령의 계시를 통해서만 알 수 있는 지식이다.

바울이 앞에서 여러 번 언급한 것처럼(예를 들면 1:5, 8:1), 고린도 교인들 중에는 예언과 지식의 은사를 가진 자들이 있었다. 그러나 그런 은사를 가진 사람이라도 사랑이 없으면 아무것도 아니다. 신령한 통찰력을 가진 남자, 하나님의 깊은 신비를 알고 있는 여자, 이 모든 예언과 지식의 은사도 사랑이 없으면 아무 소용이 없다.

그래서 바울은 이렇게 말한다. "내가 예언하는 능력이 있어 모든 비밀과 모든 지식을 알고 …… 사랑이 없으면 내가 아무 것도 아니요"(고전 13:2). 그러므로 우리가 아무리 많은 것을 가진다 할지라도 사랑이 전해지지 않으면 아무 의미가 없다.

이어서 바울은 절대적인 믿음과 사랑을 비교했다. "또 산을 옮길 만한 모든 믿음이 있을지라도 사랑이 없으면 내가 아무 것도 아니요"(2절). 여기서 사도바울이 말하는 것은 그리스도를 믿어 구원에 이르게 하는 믿음이 아니다. 이것은 매우 특별한 은사다. 교회와 하나님의 나라를 위한 사역 중에 겪는 어려운 일들 속에서도 하나님을 신뢰하는 믿음의 은사다. 콘스탄티노플의 젠나디오Gennadius는 "바울이 말한 믿음은 믿는 자들의 일반적이고 보편적인 믿음이 아니라 영적인 믿음의 은사를 말한다."라고 주장했다.[9] 그리고 안소니 디슬턴Anthony Thiselton은 여기서 말하는 "모든 믿음"은 극복할 수 없을 것 같은 공동체의 문제를 해결해 나가는 확고한 믿음, 담대하고 전염성이 강하며 흔들림이 없는 믿음이라고 말했다.[10] 예수님께서 제자들에게 말씀하셨듯이, 그런 믿음이야말로 산을 옮길 만한 믿음이다. 다시 말해 믿음은 하나님의 은혜로 말미암아 불가능한 일을 가능케 하는 것이다. 그러나 그 믿음조차도 사랑이 없으면 아무것도 아니다.

바울은 3절에서부터 은사가 아닌 선한 행위에 대해 이야기했다. 여기서 그의 외침은 최고조에 달한다. "내가 내게 있는 모든 것으로 구제하고 또 내 몸을 불사르게 내줄지라도 사랑이 없으면 내게 아무 유익이 없느니라."

이것은 우리가 쉽게 볼 수 있는 상황이 아니다. 가진 것을 팔아서 그 모든 수익을 가난한 사람들을 돕는 데 사용할 수 있는 사람은 많지 않다. 복음 전파를 위하여 순교의 길을 갈 수 있는 사람도 많지 않다. 그러므로 이 두 가지 경우는 우리가 예수님을 위해 할 수 있는 가장 큰 일이라 할 수 있다. 이렇게 할 수 있는 사람이라면 그는 마땅히 큰 상을 받아야 할 것이다.

그러나 이처럼 위대한 일들도 사랑 없이 행할 수 있다. 오히려 신앙인으로서 자신의 만족을 위해, 혹은 어떤 보상을 얻기 위해 행할 수 있다. 만일 그렇다면 불타는 순교의 끔찍한 고통도 소용이 없다. 우리의 동기가 하나님을 향한 진실한 사랑이 아니라면 모든 것이 헛될 뿐이다. 중요한 것은 오직 그분의 사랑이다.

바울이 나열한 영적 은사들과 행위 모두 사랑이 없으면 아무것도 아니다. 하나님이 우리에게 무엇을 주셨든, 우리가 그분을 위해 무엇을 했든, 사랑이 없으면 아무것도 아니다.

하나님께서 우리에게 남을 돕거나 섬기는 은사를 주실 수 있다. 혹은 가르치거나 다스리는 은사를 주실 수도 있다. 교회에서 간사나 집사로 섬기면서 영적 리더의 자리에 서는 특권을 주실 수도 있다. 선교사나 전도사, 혹은 가난한 사람들의 종으로 섬기게 하실 수도 있다.

그러나 나 이외의 다른 사람에 대한 사랑이 눈곱만큼도 없다 해도 우리의 은사를 사용하고 사역하는 것이 가능하다. 참으로 충격적이지 않은가? 우리는 이기적이다. 자신의 명예를 높이고 만족감을 채우기 위한 일도 마치 다른 사람을 위한 일인 것처럼 할 수 있다.

바울이 영적 은사의 가치를 부정하거나 교회에서의 섬김이 하찮다고 말하는 것이 아니다. 오히려 우리는 선지자들과 순교자들로 인해 하나님께 감사해야 한다. 바울은 모든 영적 은사가 사랑의 목적으로 사용되어야 한다는 것을 강조할 뿐이다.

정말 중요한 것은 얼마나 많은 은사를 가졌느냐가 아니라 얼마나 사랑으로 행하는가이다. 조나단 에드워즈는 이렇게 말했다. "당신이 아무리 많은 일을 하고 아무리 큰 고통을 당한다 해도, 당신의 마음이 주님을 향하지 않는다면 주님은 그 무엇도 열납하지 않으신다."[11]

바울은 교회의 성도들을 향해 이 말씀을 기록했다. 애초부터 이 말씀은 불신자들이 아니라 교회에서 왕성하게 섬기고 있는, 능력 있는 그리스도인들을 위한 것이었다. 하나님의 이름으로 하는 모든 것으로 자신을 높이고, 나처럼 섬기지 않는다면서 다른 사람을 정죄하고, 내가 가진 것만 옳고 남이 가진 것은 그르다 판단하는 대신, 바울은 모든 것을 사랑으로 하라고 말한다. 그러지 않으면 그 모든 것이 헛되기 때문이다.

사랑을 안다고 믿었던 청년

고린도전서 13장 초반부를 읽다 보면 '과연 내게 무슨 소망이 있을까?' 하는 생각이 든다. 나는 천사와 대화를 나누지도, 산을 옮기지도, 내 몸을 불사르게 내어주지도 못한다. 뿐만 아니라 성경이 말하는 기준에 전혀 미치지 못한다. 많이 부족하다. 설령 비슷한 것을 했다 해도 사랑이 한참 부족했다.

하지만 복음은 사랑 없는 죄인들에게도 소망을 준다. 마가복음에서 이 소망을 볼 수 있다. 우리가 사랑에 대해 알고 싶을 때마다 돌아가야 할 곳은 바로 '예수님'이다. 사랑장에서 말하는 사랑도 바로 예수님의 사랑이다.

따라서 고린도전서 13장 한 절 한 절을 공부할 때마다 우리는 예수님의 이야기와 그분의 사랑으로 시선을 돌려야 한다. 우리 안에 있는 것으로는 절대로 사랑을 배울 수 없다. 우리의 삶을 예수로 채울 때, 사랑하는 법을 배울 수 있다. 성경은 "우리가 사랑함은 그가 먼저 우리를 사랑하셨음이라"(요일 4:19)라고 가르친다. 그러므로 더 많이 사랑할 수 있는 유일한 길은 복음 속의 예수님을 경험함으로써 예수님의 사랑을 더 많이 배우는 것이다.

마가복음 10장에는 예수님이 예루살렘으로 가는 길에 만난 어느 청년의 이야기가 있다. 사람들은 그를 "부자 청년" 혹은 "젊고 부유한 통치자"라고 부른다. 그러나 앞으로는 그를 "사랑을 안다고 믿었던 청년"이라고 불러도 좋을 듯하다. 그 이유를 살펴보자.

그를 뭐라고 부르던 간에, 그는 영생에 관심이 있었고 그것을 얻기 위해 할 수 있는 일이 있을 거라고 믿었던 것 같다. 그래서 그는 예수님께 달려가 무릎을 꿇고 물었다. "선한 선생님이여 내가 무엇을 하여야 영생을 얻으리이까"(17절).

그는 이 질문에서 영적으로 가장 중요한 주제, 바로 '영생'을 끄집어냈다. 우리는 모두 죽는다. 그러므로 만일 영생이 존재한다면 어떤 대가를 치르고라도 그것을 얻어낼 만한 가치가 있다.

문제는 이 청년이 그릇된 생각을 가지고 있었다는 것이다. 그는 믿음이 아닌 행위로 구원을 얻을 수 있다고 믿었다. 그래서 그는 예수님께 영생을 얻기 위해 무엇을 해야 하냐고 물었다.

그의 질문에는 오류가 있다. 행위로 구원받을 만큼 선한 사람은 아무도 없기 때문이다. 우리는 너무나 많은 죄를 짓고 살기에 결코 선한 존재가 될 수 없다. 뿐만 아니라 우리는 선한 일들조차 그릇된 방법, 혹은 그릇된 동기로 행할 때가 많다. 그래서 예수님은 이렇게 말씀하신다. "하나님 한 분 외에는 선한 이가 없느니라"(막 10:18). 그렇다. 선한 사람은 없다. 그 청년도, 당신도, 나도, 그 누구도 선하지 않다. 오직 하나님만이 선하시다.

이 진리를 증명하기 위해 예수님은 하나님의 의의 기준을 열거하셨다. "네가 계명을 아나니 살인하지 말라, 간음하지 말라, 도둑질하지 말라, 거짓 증언 하지 말라, 속여 빼앗지 말라, 네 부모를 공경하라 하였느니라"(19절). 이 계명들이 친숙한 이유는 하나님께서 모세에게 주셨던 십계명, 즉 하나님의 영원한 율법이기 때문이다.

그러나 나는 이 계명들을 조금 다른 관점에서 살펴보고자 한다. 이 계명들은 하나님의 율법만 의미하지 않는다. 여기에는 하나님이 요구하시는 사랑이 담겨 있다. 각 계명은 우리에게 이웃을 사랑하라고 명한다. "살인하지 말라"는 계명은 생명을 보호함으로써 이웃 사랑을 실천하라는 말씀이다. "간음하지 말라"는 계명은 성적 순결을 지킴으로써 이웃을 사랑하라는 말씀이다. 이웃의 재산과 명예, 지위를 존중하는 것도 사랑을 표현하는 방법이다.

그러므로 예수님께서 명하신 모든 계명을 한 문장으로 요약하면 "네 이웃을 네 자신과 같이 사랑하라"가 된다. 사실 예수님은 마태복음에서 이 계명들을 분명하게 요약하셨다. 즉 마음을 다하여 하나님을 사랑하는 것이 크고 첫째 되는 계명이며 이웃을 사랑하는 것이 둘째 계명이라고 말씀하셨다.

따라서 이것이 바로 영생을 얻는 방법에 대한 예수님의 답이었다. "영생을 얻기 위해 해야 할 일을 말해주겠다. 행위로 구원을 얻기 원하느냐? 그렇다면 네가 할 일은 이웃을 사랑하는 것뿐이다."

어쩌면 청년은 이렇게 생각했을 것이다. '그건 너무 쉬운데! 난 살인한 적도, 간음한 적도, 남의 것을 훔친 적도 없잖아.' 그래서 그는 자신 있게 말했다. "선생님이여 이것은 내가 어려서부터 다 지켰나이다" (20절). 큰 계명을 어기지 않으면 영생을 얻을 수 있다는 말에 청년은 자신에게 충분한 자격이 있다고 생각했다. 성경말씀 중에는 그가 모르는 것이 하나도 없었기 때문이다. 그는 이미 안식일 학교에서 모든 계명을 배웠다.

그러나 그 청년의 대답이 진정으로 의미하는 것이 무엇인가?

그 율법들이 하나님께서 원하시는 사랑을 의미한다면, 그의 대답은 자신이 이미 사랑하는 법을 알고 있으며 또 충분히 사랑하고 있다는 뜻이 된다.

당신도 그렇게 생각하는가? 당신은 하나님 앞에 서서 "저는 평생 이웃을 사랑하며 살아왔습니다."라고 말할 수 있는가? 이 부분에 대해 조금의 거리낌도 없이 당당하게 말할 수 있는 사람은 많지 않을 것이다.

그러나 실제로는 우리 중 상당수가 그렇게 생각하며 살아간다. 대부분의 사람들은 자신이 이웃을 사랑하라는 계명을 잘 지키고 있다고 생각한다. 그래서 사랑 없음을 회개하지 않는다. 예수님처럼 사랑하는 법을 배우려고 노력하지도 않는다. 더 많이 사랑하게 해달라고 성령님께 구하지도 않는다.

부자 청년도 마찬가지였다. 예수님은 그에게 간단한 과제를 하나 주시며 스스로 생각한 것만큼 자신의 삶에 사랑이 많지 않다는 사실을 알려주셨다. 예수님은 하나님의 계명을 모두 지켰다는 그에게 "네게 아직도 한 가지 부족한 것이 있으니"라고 말씀하셨다. 그리고 이어서 "가서 네게 있는 것을 다 팔아 가난한 자들에게 주라 그리하면 하늘에서 보화가 네게 있으리라 그리고 와서 나를 따르라"(막 10:21)라고 말씀하셨다.

예수님은 청년의 사랑이 어디까지 미칠 수 있는지 시험하셨다. 예수님은 남의 것을 빼앗은 적이 없다고 주장하는 청년에게 물으셨다. "정말 남의 것을 빼앗은 적이 없느냐? 그럼 한번 시험해 보자. 가난한 사람들에 대해 어떻게 생각하느냐? 하나님의 형상으로 지음 받은 너의 이웃들이 너의 도움을 원하고 있다. 너는 네가 가진 모든 것으로 그들의 필요를 채워줄 만큼 그들을 사랑하느냐?"

예수님은 가난한 사람들을 도와주라고 말씀하시며 이웃을 향한 그의 사랑을 시험하셨다. 결과는 어떠했는가? 그는 여전히 스스로 삶의 주인이 되기를 원했는가, 아니면 자신의 모든 소유를 버리고 오직 주님만 의지하기 원했는가?

안타깝게도 그는 시험을 통과하지 못했다.

마가복음은 "그 사람은 재물이 많은 고로 이 말씀으로 인하여 슬픈 기색을 띠고 근심하며 가니라"(22절)라고 기록한다. 사실 "근심하며"는 정확한 번역이 아니다(헬라어 'stugnasas'는 '충격' 혹은 '실망'을 의미한다). 그러나 그의 영적 상태는 잘 설명해준다. 결국 청년의 마음이 드러났다. 그는 스스로 사랑하는 법을 안다고 생각했지만 사실은 예수님과 이웃보다 돈을 더 사랑했던 것이다.

사랑의 구세주

부자 청년 이야기를 꺼낸 것은 우리도 그와 별반 다르지 않음을 이야기하기 위해서다.

만일 예수님께서 우리에게도 가진 것을 모두 팔아 가난한 사람들에게 나누어주라고 요구하신다면, 우리는 아마 그렇게 할 수 없는 이유들을 끝도 없이 늘어놓을 것이다.

어쩌면 우리는 하나님께서 모든 사람에게 소유를 다 팔라고 요구하시지 않는다고 변명할지 모른다. 그 청년에게 가진 것을 모두 처분하라고 명하셨다고 해서 그의 소명이 곧 우리의 소명은 아니라고 말할 수도 있다. 가난한 사람을 돕는 일 외에도 가족을 돌봐야 하고 우리의 기본적인 필요들을 채워야 한다고, 하나님 나라의 다른 일들을 위해서 돈을 남겨두어야 한다고 말할 수도 있다.

타당하지 않은 이유는 하나도 없다. 그러나 우리의 진짜 문제는 한계를 정해놓고 사랑하려는 마음이다.

우리는 줄 준비가 되어있다. 그러나 주고도 남을 때만 준다. 섬길 준비도 되어 있다. 그러나 불편하지 않은 범위 안에서만 섬긴다. 사랑할 수도 있다. 그러나 그에 대한 대가가 보장될 때만 사랑한다.

우리는 예수님처럼 사랑할 수 없음을 인정해야 한다. 사랑이 없을 때, 우리는 아무것도 아니다. 불행히도 우리에게는 하나님이 우리에게 원하시는 만큼 사랑할 능력이 없다.

사도바울은 기꺼이 이 사실을 인정했다. 그는 고린도전서 13장에서 1인칭 단수형을 사용하였다. 그는 고린도 교인들을 향해 "네가 사람의 방언과 천사의 말을 할지라도, 네가 예언하는 능이 있어……."라고 말하지 않았다. "사랑이 없으면 내가 아무 것도 아니요" 여기서도 사도바울은 누군가를 책망하지 않았다. 자기 자신을 내어놓고 자신의 죄악된 본성을 고백했다. 방언과 예언, 지식과 믿음 등 많은 은사를 가지고 있었던 바울은 자신의 모든 소유를 포기하였고 목숨도 내어놓았다. 그러나 그는 사랑이 없으면 그 모든 것이 헛되며 자기 자신도 아무것도 아니라는 것을 알고 있었다.

안타깝게도 마가복음의 부자 청년은 자신의 마음에 사랑이 없음을 인정할 준비가 되어 있지 않았다. 그런데도 10장 20절에서 자신은 이웃을 사랑하라는 하나님의 모든 계명을 다 지켰다고 떳떳하게 말했다. 그가 이렇게 말했을 때 성경은 그에 대한 예수님의 마음을 "사랑하사" (21절)라고 기록한다. 놀랍지 않은가? 세상에서 가장 사랑하기 어려운 사람은 자신이 신앙적으로 모든 행동을 다 잘하고 있다고 생각하는, 즉 스스로를 의롭다고 여기는 죄인들 아닌가.

부자 청년은 자신이 모든 것을 다 안다고 믿었다. 자기 자신을 실제보다 높이 평가하고 죄를 고백하기 싫어했다. 우리라면 절대 그 청년을 사랑할 수 없을 것이다. 그러나 예수님은 사랑하셨다. 사실 예수님께서 그를 시험하신 것도 그를 사랑하셨기 때문이다. 예수님은 그가 사랑이 없을 뿐 아니라 예수님의 더 많은 사랑이 필요한 존재임을 깨닫기 원하셨다.

우리는 이 놀라운 말씀을 통해 우리를 향한 예수님의 사랑을 엿볼 수 있다. 우리는 사랑을 안다고 믿었던 그 청년보다 조금도 나은 것이 없다. 그러나 예수님은 여전히 사랑하는 눈빛으로 우리를 바라보시며 우리에게 사랑이 많지 않음을 깨닫게 하신다. 예수님의 사랑은 거기서 멈추지 않는다. 주님은 십자가의 죽음으로 우리의 사랑 없음을 용서하기 원하신다. 그리고 우리에게 성령을 보내셔서 예수님처럼 사랑할 수 있도록 도우신다.

사랑이 없을 때, 우리는 아무것도 아니다. 이것이 고린도전서 13장 1~3절 말씀의 핵심이다. 예수님은 그 무엇도 사랑 없이 행하지 않으셨다. 이것은 마가복음 10장 말씀, 나아가 성경 전체의 핵심이다.

예수님께서 하늘에서 베들레헴으로 내려오신 것은 사랑이었다. 기적을 행하시고 복음을 전하신 것도 사랑이었다. 갈보리에서 십자가의 고난을 당하신 것도, 영광 중에 올라가신 것도 사랑이었다.

예수 그리스도는 영원한 하나님의 사랑, 그 본체이시다. 그렇게 예수님은 마가복음 10장의 청년을 바라보셨던 사랑의 눈빛으로 우리를 바라보신다.

앞에서 우리는 사랑장에 우리의 이름을 넣어서 읽으면 얼마나 어색해지는지 보았다. 그러나 예수님의 이름을 넣으면 느낌이 완전히 달라진다. 만일 고린도전서 13장을 사랑의 초상화라고 한다면 그것은 분명 복음서에 기록된 구세주의 모습일 것이다. "예수님은 오래 참고 예수님은 온유하며 시기하지 아니하며 예수님은 자랑하지 아니하며 교만하지 아니하며 무례히 행하지 아니하며 자기의 유익을 구하지 아니하며 성내지 아니하며 악한 것을 생각하지 아니하며 예수님은 모든 것을 참으며 모든 것을 믿으며 모든 것을 바라며 모든 것을 견디느니라. 예수님은 언제까지나 떨어지지 아니하시리라."

바울은 고린도전서 1~3절과 4~8절 사이에 극적인 변화를 주어서 예수님 중심으로 사랑장을 읽을 수 있게 하였다. 1~3절에서는 1인칭으로 말하고 4~8절에서는 사랑을 의인화하였다. 전자는 사랑이 없으면 할 수 없는 일들이고, 후자는 사랑만이 할 수 있는 일이다.[12] 사랑이 이 모든 것을 할 수 있는 이유는 사랑이 곧 예수 그리스도이기 때문이다.

예수님은 우리와 전혀 다른 분이다. 오직 예수님만이 "하나님의 사랑, 놀라운 사랑"을 하실 수 있다. 이 깨달음은 나에게 절망을 안겨주는 대신 오히려 자유하게 한다. 예수님의 사랑이 그토록 크기에 나 같은 죄인조차 사랑하실 수 있기 때문이다.

예수님은 우리를 사랑하신다. 그래서 우리에게 구원을 약속하셨으며 우리를 용서하시고 변화시켜 주신다고 약속하셨다. 사랑이 없을 때 우리는 아무것도 아니다. 그러나 모든 일을 사랑으로 행하시는 예수님을 알 때, 예수님은 우리가 그분을 좇아 사랑할 수 있도록 도우실 것이다.

바울은 고린도후서에서 삶을 변화시키는 예수님의 사랑을 증거한다. 그 사랑은 우리의 사랑을 변화시킨다. 자신만을 향하던 사랑이 이웃에게로 흘러가기 시작한다. "그리스도의 사랑이 우리를 강권하시는도다 우리가 생각하건대 한 사람이 모든 사람을 대신하여 죽었은즉 모든 사람이 죽은 것이라 그가 모든 사람을 대신하여 죽으심은 살아 있는 자들로 하여금 다시는 그들 자신을 위하여 살지 않고 오직 그들을 대신하여 죽었다가 다시 살아나신 이를 위하여 살게 하려 함이라"(고후 5:14~15).

예수님은 당신이 그분의 사랑으로 살게 하시기 위해 십자가에서 죽으셨고 다시 살아나셨다. 그러므로 당신의 삶에 찾아오시는 그분의 사랑을 맞이하라. 당신에게 하나님이 원하시는 사랑이 없음을 인정하고 마음을 변화시켜 달라고 간구하라. 이렇게 기도하라. "예수님, 저에게는 사랑이 없습니다. 주님만이 온전한 사랑이십니다. 주님께서 아시듯 저는 사랑 없는 죄인일 뿐입니다. 주님의 온전한 사랑으로 저의 더러운 죄들을 용서해주시고 사랑 없는 마음에 주님처럼 사랑하는 법을 가르쳐 주옵소서."

내가 그 어떤 슬픔이나 수치심도 없이
사랑 없는 글을 쓰고, 사랑 없는 말을 하고,
사랑 없는 생각을 한다면,
그것은 내 안에 갈보리의 사랑이 없기 때문일 것이다.

_ 에이미 카마이클

Chapter 02

생명보다 귀한 사랑

사랑은 온유하며 -고린도전서 13장 4절

우리 구주 하나님의 자비와 사람 사랑하심이 나타날 때에 우리를 구원하시되 우리가 행한 바 의로운 행위로 말미암지 아니하고 오직 그의 긍휼하심을 따라 중생의 씻음과 성령의 새롭게 하심으로 하셨나니 -디도서 3장 4~5절

엘리자베스 페이슨 프렌티스 Elizabeth Payson Prentiss는 끝나지 않을 것 같은 고통의 시간을 지나고 있었다.[13]

평생을 불면증과 심각한 두통으로 고생한 그녀는 지칠 대로 지쳐있었고 두 자녀를 천국으로 떠나보내는 상실의 아픔을 이겨내야 했다. 자녀를 잃은 슬픔에 젖어있던 그녀는 갈수록 쇠약해진 몸으로 영혼의 깊은 고통 가운데서 부르짖었다. "가정도, 삶도 완전히 망가졌습니다.

소망은 산산이 부서졌고 꿈도 사라졌습니다. 나에겐 더 이상 살아갈 힘이 없습니다."[14] 하루도 살아갈 힘이 없다고 생각할 만큼 어둡고 절망적인 시간이었다. 그러나 그녀는 하나님의 사랑이 있었기에 희망의 끈을 놓지 않았다. 그리고 바로 그 절망의 순간에 예수님의 사랑을 구하는 찬송시를 쓰기 시작했다. 그녀는 기도했다. "내 구주 예수를 더욱 사랑, 내 구주 예수를 더욱 사랑……." 그리고 그녀는 이 땅에서의 슬픔을 통하여 사랑하는 법을 깨닫게 해달라고 하나님께 간구했다.

한때 이 세상의 즐거움을 좇으면서 편안과 안식을 구했습니다.
이제 나는 오직 주님만을 구합니다. 가장 좋은 것을 주옵소서.
나의 기도는 이것뿐입니다. 주님을 더욱 사랑하기 원합니다.
주님을 더욱 사랑하기 원합니다. 더욱 사랑하기 원합니다!
슬픔은 자기의 길을 가게 하소서. 비탄과 고통을 보내소서.
당신의 사자들이 감미롭습니다.
그들이 나와 함께 노래할 때, 주님을 더욱 사랑하기 원합니다.
주님을 더욱 사랑하기 원합니다. 더욱 사랑하기 원합니다!

삶에 지쳐 쓰러졌을 때 그녀가 깨달은 것은 생명보다 귀한 사랑이었다. 훗날 그녀는 이렇게 기록했다. "내 영혼은 언제나 주님을 더욱 사랑하기를 갈구합니다. 깊은 숲 속에서나 침대에서나 운전할 때나 행복할 때나 바쁠 때나 슬플 때나 게으를 때나 더욱 사랑, 더욱 사랑, 더욱 사랑하라는 속삭임이 끊이지 않습니다."[15]

사랑의 초상화

상처받은 영혼은 어디서 하나님과 이웃을 향한 더 큰 사랑을 찾을 수 있는가? 그런 사랑은 성경의 사랑장, 고린도전서 13장에 있다. 사도바울은 은사는 많으나 분열되어 있었던 고린도교회에 사랑하는 법을 가르치기 위해 고린도전서 13장을 기록했다.

바울은 사랑이 없으면 안 되는 이유에 대한 증거로 13장을 시작한다. 사랑보다 더 중요한 것은 없다. 우리에게 아무리 많은 은사가 있어도, 하나님을 위해 아무리 많은 일을 해도, 사랑이 없으면 아무것도 아니다. 예언과 신학, 믿음, 봉사, 순교조차도 사랑이 없으면 무익하다. 그 무엇도 사랑의 자리를 대신할 수 없기 때문이다. 4세기경 요한 크리소스톰John Chrysostom은 콘스탄티노플 성도들에게 고린도전서 13장을 이렇게 설교했다. "사랑이 없는 사람은 무익한 존재로 그치지 않는다. 남에게 해가 되는 존재이다."[16]

문제는 우리가 스스로 생각하는 것만큼 사랑이 많지도 않고 하나님이 원하시는 정도의 사랑도 없다는 사실이다. 그러므로 남에게 해가 되기를 원치 않는다면 우리는 먼저 사랑하는 법을 배워야 한다. 사랑의 속성을 설명해주는 고린도전서 13장의 도움을 받아보자. "사랑은 오래 참고 사랑은 온유하며 시기하지 아니하며 사랑은 자랑하지 아니하며 교만하지 아니하며 무례히 행하지 아니하며 자기의 유익을 구하지 아니하며 성내지 아니하며 악한 것을 생각하지 아니하며 불의를 기뻐하지 아니하며 진리와 함께 기뻐하고 모든 것을 참으며 모든 것을 믿으며 모든 것을 바라며 모든 것을 견디느니라 사랑은 언제까지나 떨어지지 아니하되……"(고전 13: 4-8).

크리소스톰은 이 말씀을 "무엇과도 비길 수 없는 사랑의 아름다움을 다양한 미덕과 다양한 색채로 설명한 것"[17]이라고 말했다.

이 말씀이 이토록 아름다운 것은 곧 예수님과 그분이 사랑 자체이시기 때문이다.

여기서 바울은 '의인화'라는 문학적 기법을 사용했다.

그는 사랑이 마치 사람인 것처럼 그것의 속성과 능력들을 설명했다. 물론 사랑은 사람이다. 예수 그리스도가 하나님의 사랑이시기 때문이다.

따라서 사랑에 대한 이 모든 기록은 예수님에 대한 기록이다.

그분의 사랑은 오래 참고 온유하다. 무례히 행하거나 성내지 않는다. 그분의 사랑은 모든 것을 믿고 모든 것을 참는다. 그분의 사랑은 절대 떨어지는 법이 없다.

삶 속에서 사랑장을 어떻게 실천해야 하는지 알고 싶은가? 방법은 한 가지다. 예수 그리스도와 그분의 행적을 따라가는 것이다.

우리는 하늘의 영광을 버리고 인간의 몸을 입으신 예수님의 겸손에서 사랑을 본다. 고침을 받고자 자신을 둘러싼 사람들을 참으시는 모습에서 사랑을 본다. 겟세마네 동산에서 자신의 뜻을 주장하지 않으시고 십자가에 순종하시는 모습에서 사랑을 본다. 우리 죄를 위하여 고통을 참으시는 모습에서 사랑을 본다. 원수에게 용서의 자비를 베푸시는 모습에서 사랑을 본다. 하나님께 무덤에서 일으켜주실 것을 구하는 믿음에서 사랑을 본다.

이와 같이 우리의 구속은 처음부터 끝까지 예수님의 끊임없는 사랑에 담겨져 있다. 때문에 C. S. 루이스는 그리스도 안에 있는 우리를 향한 하나님의 사랑을 가리켜 "사랑의 선물 Gift-Love"이라고 불렀다.[18]

예수님의 사랑을 공부하는 한 가지 방법은 그분의 생애와 사역의 관점으로 사랑장을 살펴보는 것이다. 앞으로 우리는 사랑에 대한 고린도전서 13장의 가르침과 예수님께서 그 사랑을 어떻게 보이셨는지 공부할 것이다. 이 땅에서의 그분의 삶, 구원을 이루시기 위한 그분의 죽음과 영광스러운 부활의 흔적을 따라가 볼 것이다.

그러나 예수님의 사랑의 행적을 따라가기 위하여 고린도전서 13장의 순서를 그대로 따르지는 않을 것이다. 그것은 사랑의 초상화이지 일대기가 아니기 때문이다. 고린도전서 13장은 사랑을 종합적으로 보여주는 그림이다. 그 그림을 최대한 명확하게 보기 위하여 세세한 부분을 예수님과 연결시키고, 나아가 우리 삶에도 연결시킬 것이다. 주님이 우리에게 보여주신 사랑을 우리도 이웃에게 보여주어야 한다. 그분이 우리를 사랑하신 것은 단지 우리만을 위해서가 아니다. 예수님은 그분의 사랑을 배운 우리를 통하여 다른 이들에게도 사랑이 흘러가기 원하신다.

온유

제일 먼저 살펴볼 사랑의 속성은 조금 시시해보일 수도 있다. 성경은 사랑이 "온유"하다고 말한다(고전13:4). 사람들은 대부분 온유한 사람, 특히 자기에게 온유한 사람을 좋아한다.

그러나 온유라는 미덕을 심각하게 받아들이는 사람은 많지 않다. 사람들은 온유를 '동물에게 친절을 베푸는 것', 혹은 '낯선 사람에게 인정을 보이는 것' 쯤으로 생각한다. 사탕을 나누어 먹거나 길을 건너는 할머니를 도와주는 것이라고 생각한다.

그러나 그것이 온유가 의미하는 전부라면 "사랑은 온유하며"라는 말씀의 가치가 인정받기 어렵다. 만일 성경의 '온유'가 그런 일반적인 의미만 가지고 있다면 우리는 너무나 쉽게, 심지어 하나님의 은혜 없이도 얼마든지 행할 수 있다. 누구든 최소한의 온유함 정도는 표현할 수 있기 때문이다.

거듭 말하지만 우리가 온유를 하찮은 것으로 여긴다면 절대로 온유의 온전한 성경적 의미를 이해할 수 없고 하나님의 놀라운 온유도 깨달을 수 없다.

온유에 대한 성경 말씀을 살펴보면 그것이 매우 숭고한 소명임을 알 수 있다. 뿐만 아니라 모든 구속의 이야기는 우리를 향한 하나님의 특별한 온유하심이 예수 그리스도 안에서 은혜 가운데 성취된 것임을 알 수 있다.

바울은 고린도전서 13장 4절의 '온유'에 독특한 단어를 사용했다. 성경을 비롯한 다른 고대 문학에서 이 단어가 사용된 곳은 고린도전서 밖에 없다(이후 기독교 자료에서 발견된 것들조차 이 단어를 차용한 것으로 보인다).

사도 바울은 어휘를 다루는 능력이 뛰어났다. 본문에서 그는 명사를 동사 chresteuetai 로 바꾸어 사용한 듯하다. 즉 "사랑은 온유하며"보다 "사랑은 온유를 보여주는 것이며"로 해석하는 것이 더 적절하다.[19]

바울이 사랑을 명사가 아닌 동사로 설명했다는 사실(본문에 동사가 15번 이상 등장한다)은 고린도전서 13장의 중요한 핵심이다.

바울이 말하고자 한 사랑은 추상적, 혹은 철학적 개념이 아니었다. 마음속에서 일어나는 감정에 대한 묘사도 아니었다.

그가 말하고자 한 사랑은 우리가 행하는 것, 즉 행위로써의 사랑이지 단순한 감정이 아니다. 헨리 드럼먼드Henry Drummond는 그의 유명한 소책자 『사랑, 세상에서 가장 위대한 것』Love, The Greatest Thing in the World에서 사랑이란 "어떤 열렬한 감정"이 아니라 "예수님의 성품을 온전히 닮아가는 사람의 고귀하고 강하며 단호한 행위"라고 말했다.[20] 사랑이 동사라는 이 심오한 진리는 사랑에 대한 성경의 가르침을 매우 실제적으로 이해하도록 도와준다.

많은 그리스도인이 하나님에 대해 특별한 감정을 느끼지 못한다고 걱정한다.

"하나님을 사랑해야 한다는 것은 알고 있어요. 하지만 마음에 강한 사랑이 느껴지지 않아요. 나에게 문제가 있는 것이 틀림없어요! 하나님을 따르겠다고 하면서도 그분을 사랑하는지에 대한 확신조차 들지 않는다고요." 그리고 어떻게 해야 사랑의 감정으로 마음을 더 채울 수 있을까 고민한다.

사랑장은 사랑이 행하는 것이라고 가르친다. 프랑스의 신학자 세살루스 스피크Cesalus Spicq는 "이 사랑은 마음속에 숨겨둘 수 있는 다른 사랑과 다르다. 드러내야 하고, 보여주어야 하고, 증거해야 하고, 확실하게 눈에 보여야 한다."라고 말한다.[21]

사랑이 느낌과 전혀 상관없다는 말이 아니다. 하나님을 향한 따뜻한 사랑으로 우리의 마음을 채워달라고 성령님께 구하면 안 된다는 말도 아니다. 행위로 사랑하는 것이 사랑의 말과 감정만큼 중요하다는 의미이다. 사도 요한은 이렇게 말했다. "자녀들아 우리가 말과 혀로만 사랑하지 말고 행함과 진실함으로 하자"(요일 3:18). 바울의 생각도 다르지 않았다. 그 역시 사랑은 말과 감정뿐 아니라 행하는 것이라고 믿었다. 그러므로 사랑이란 우리가 사랑의 감정으로 충만하지 않을 때조차 하나님을 위해 살아가는 것이다.

바울이 동사로 바꾼 '온유' 라는 명사 chrestos는 신약에 자주 등장한다. 예를 들어 갈라디아서 5장에는 "성령의 열매" 중 하나로 기록되어 있다(22절). 골로새서 3장에서는 그리스도인들이 매일 입어야 할 영적 미덕으로 기록했다(12절). 사도의 직분을 맡은 자들이 갖춰야 할 성품으로 온유를 꼽기도 했다(고후 6:6). 그리고 성도들을 향해 서로 온유하게 대하라고 명했다(엡 4:32). 이 말씀들을 모두 종합해 보면, 온유가 그리스도인의 삶의 기본적인 미덕이라는 것을 알 수 있다. '온유하다' 는 것은 '따뜻하고 관대하며 사려 깊고 기꺼이 돕는' 것이다.[22] 온유가 동사임을 증명하기 위해 고든 피 Gorden Fee는 "온유란 다른 이들을 위해 베푸는 적극적인 친절"이라고 정의하였다.[23] 혹자는 온유한 사람을 "유익한 존재가 되기" 원하고 "아낌없이 타인에게 선을 베푸는" 사람이라고 정의한다. 여기서 강조하는 온유는 기꺼이, 그리고 열정적으로 다른 사람을 섬길 수 있는 마음이다.[24] 루이스 스미즈 Lewis Smedes는 온유를 "다른 사람의 삶을 기꺼이 높여주려는 사랑의 마음"이라고 했다.[25]

온유를 인내와 연관 짓는 사람들도 있다. '인내'도 4절에 등장한다. 그들은 바울이 말하고자 했던 온유는 원수들, 즉 우리를 핍박하는 자들에게 베푸는 온유라고 말한다. 그래서 요한 크리소스톰은 이 본문의 주해에서 우리를 핍박하는 자들의 분노와 복수심에 어떻게 반응해야 하는지 다루었다. 그는 "우리가 깨어진 관계의 상처와 아픔을 치료하기 위하여 오래 참아야 할 뿐 아니라 부드러운 위로로 대해야 한다."라고 말했다.[26]

"과하게 온유한(친절한)" 사람을 가리키는 "친절도 고문이 된다."라는 말이 있다. 그러나 성경은 온유가 사람을 고친다고 기록한다. 온유는 상처받은 사람들에게 소망과 치유를 주기 때문이다.

이런 온유를 배우는 가장 좋은 방법은 온유하신 하나님의 성품을 공부하는 것이다. 하나님의 사랑은 언제나 우리의 삶을 존귀하게 하시길 원하신다.

하나님의 자비

이번 장의 제목 '생명보다 귀한 사랑'은 하나님을 찬양하는 다윗의 시에 등장하는 구절이다. 다윗은 시편 63장에서 메마른 땅에서 죽어가는 사람처럼, 자기 영혼이 하나님을 갈망한다고 고백한다. 이어서 하나님을 찬양하고 송축하며 하나님이 경배 받으시기에 합당한 이유를 설명한다. "주의 인자하심steadfast love - ESV이 생명보다 나으므로 내 입술이 주를 찬양할 것이라"(시 63:3).

킹 제임스 성경은 조금 다른 어휘를 사용하였다. "당신의 자비 lovingkindness가 생명보다 나으므로……." "인자 steadfast love"와 "자비 lovingkindness"는 '언약의 사랑'이라는 구약의 중요한 개념을 표현한 것이다. 다윗은 무슨 일이 있어도 자기의 백성을 구원하시고 그들의 영원한 하나님이 되리라는, 사랑의 약속을 지키시는 하나님의 흔들림 없는 신실하심을 찬양한다.

하나님은 자비로 아브라함을 통하여 큰 민족을 이루셨고 애굽에서 그들을 구원하셨다. 자비로 다윗의 왕조를 세우셨으며 바벨론에 남아 있는 백성들을 구하셨다. 그 밖에 강한 구원의 역사를 행하신 것도 모두 그분의 자비였다. 구약 성경의 "자비"는 "구원"이다. 다윗의 고백처럼 하나님의 자비는 생명보다 더 귀하다.

신약성경도 하나님의 온유하심을 비슷한 맥락, 즉 구원의 역사 속에서 설명한다. 사도바울은 로마 교인들에게 하나님의 인자하심이 우리를 회개로 이끈다고 말했다(롬 2:4). 나아가 복음이 열방으로 전해지는 것도 하나님의 인자하심이라고 가르친다(롬 11:22). 특히 디도에게 보내는 편지에서 바울은 하나님의 이 성품을 가장 확실하게 설명한다.

우리 구주 하나님의 자비와 사람 사랑하심이 나타날 때에 우리를 구원하시되 우리가 행한 바 의로운 행위로 말미암지 아니하고 오직 그의 긍휼하심을 따라 중생의 씻음과 성령의 새롭게 하심으로 하셨나니 우리 구주 예수 그리스도로 말미암아 우리에게 그 성령을 풍성히 부어 주사 우리로 그의 은혜를 힘입어 의롭다 하심을 얻어 영생의 소망을 따라

상속자가 되게 하려 하심이라(딛 3:4~7).

온유를 절대 과소평가하지 마라!

우리는 온유를 하찮게 여길 때가 많지만 성경은 우리를 구원하시기 위해 하나님이 하신 모든 일과 그분의 구원이 온유하심으로 말미암았다고 이야기한다. 그리고 디도서 3장에 하나님의 자비하심에 대하여 요약하였다.

첫째, 하나님의 온유하심은 구원의 사랑이다. 성경은 하나님의 자비하심이 나타나 우리를 구원하셨다고 말한다(딛 3:5). 하나님의 자비하심이 나타나셨다는 것은 예수님께서 세상에 오심을 의미한다. 즉 하나님이 우리를 위해 하신 일들을 한마디로 표현하면 "하나님이 우리를 구원하셨다"이다.

예수님은 죄와 사망으로부터 세상을 구원하시는 구세주다. 그분은 죄의 형벌, 곧 영원한 죽음에서 우리를 구원하셨다. 따라서 "하나님은 온유하시다."라는 말은 '그분이 우리를 영원한 죽음에서 구원하셨다'는 뜻이다.

또한 하나님의 온유하심은 긍휼의 사랑이다. 긍휼의 사랑은 사랑받을 자격조차 없는 자들에게 주시는 사랑이다. 디도서 3장 5절은 하나님의 구원이 "우리가 행한 바 의로운 행위로 말미암지 아니하고 오직 그의 긍휼하심을 따라" 이루어졌다고 분명하게 기록한다.

우리는 스스로 구원을 이룰 수 없다. 우리의 의로운 행위로는 천국에 들어갈 자격을 얻을 수 없다.

레오 톨스토이 Leo Tolstoy 는 자신이 하나님의 계명 중 1/1,000도 지키지 못했다고 말했다. 그가 노력하지 않아서가 아니다. 지킬 수 없었기 때문이다.27 우리도 그와 다르지 않다. 우리는 우리가 알고 있는 의로운 일들을 모두 행하지 않을 뿐 아니라 행할 수도 없다. 따라서 하나님의 구원은 오직 그분의 온유하신 사랑의 자비로 말미암은 것이다. 우리가 사랑받을 만해서가 아니다. 그분이 사랑이시기 때문이다.

아울러 하나님의 온유하심은 삶을 변화시키는 사랑이다. 디도서 3장 5절은 하나님이 "중생의 씻음과 성령의 새롭게 하심으로" 우리를 구원하셨다고 말한다.

'중생'이란 생명을 잃은 죄인에게 새롭고 영원한 생명을 불어넣어 주시는 성령님의 사역이다. 즉 삶을 변화시키는 일을 "중생의 씻음"이라고 부른다.

이것은 우리의 세례식을 떠올리게 한다. 세례식은 물을 이용하여 씻음을 나타내는 성례이다. 당신 삶에 들어온 하나님의 온유하심은 당신의 모든 죄를 씻어낸다. 그리고 당신을 완전히 새로운 사람으로 만들어 준다. 이것은 성령님이 당신을 지배하시는 순간에 바로 일어난다. 그리고 당신의 남은 생애 동안 계속된다. 다시 말해 "중생"은 영적인 거듭남이고 "성화"는 지속적인 성령님의 사역이다.

하나님은 우리를 완전히 새로운 사람으로 만드시고 또 계속해서 다듬어 가신다. 우리가 예전의 모습이 아님을 인하여 하나님을 찬양하라! 또 장차 우리의 모습이 지금과 같지 않을 것을 인하여 하나님을 찬양하라! 이것은 바로 하나님의 온유하심 때문이다.

한 아버지가 아들이 알 수 없는 존재에 사로잡힌 것 같다고 말한다. 그런데 어느 날 갑자기 아들이 공손해지고 순해졌다. 자신의 잘못을 뉘우치고 귀를 기울여 훈계를 듣고 마음이 따뜻해졌다. 아버지 마음에 흡족한 아들이 된 것이다. 그때 아버지는 자신이 옳다는 것을 깨달았다. 그의 아들은 어떤 존재, 초자연적인 힘에 사로잡혀 있었다. 다른 누군가가 그의 안에 살고 있었다! 이것이 바로 하나님의 성령, 삶을 변화시키는 능력이다. 하나님의 구원의 사랑, 삶을 변화시키는 온유의 능력은 관대한 사랑이다. 온유하신 하나님은 우리에게 성령님을 보내주셨다. "우리 구주 예수 그리스도로 말미암아 우리에게 그 성령을 풍성히 부어 주사"(딛 3:6). 이 말씀은 삼위일체이신 하나님의 온유하심을 증거한다. 하나님은 세 개의 위격을 가지신 한 분이다. 그리고 세 개의 위격 모두 온유로 충만하다. 우리는 이미 이 세상에 내려오셔서 우리의 구세주가 되신 독생자의 온유하심을 배웠다. 또한 우리를 거듭나게 하시고 새롭게 하시는 성령 하나님의 온유하심을 배웠다. 이제 여기 그 독생자를 통해 성령님을 보내신 온유하신 아버지의 사랑이 있다. 성경에서 특별히 강조하는 것은 이 선물의 관대함이다. 하나님은 우리에게 성령을 풍족하게 부어주신다. 모든 선물 중 최고의 선물이 바로 성령인 까닭은 성령님이 하나님 자신이기 때문이다. 하나님은 이 선물을 아끼지 않고 폭포수처럼 부어주신다. 하나님의 온유하심을 이야기하자면 끝이 없다. 디도서 3장 7절은 하나님이 우리 위에, 또 우리 안에 성령을 부어주시는 이유를 설명한다. "우리로 그의 은혜를 힘입어 의롭다 하심을 얻어 영생의 소망을 따라 상속자가 되게 하려 하심이라"

이 말씀을 통해 하나님의 사랑이 얼마나 의롭고도 은혜로운지 알 수 있다. 하나님은 우리를 의롭다 칭하시고 선포하신다. 예수 그리스도의 대속의 죽음으로 우리 죄를 사하여 주신다. 그리고 우리를 양자 삼으셔서 사랑하는 아들딸이라고 불러주신다.

위대한 장로교 설교자인 헨리 보드만 Henry Boardman은 이렇게 말했다. "누군가를 양자 삼는 것은 그를 위해 죽는 것 다음으로 최고의 사랑을 보여주는 방법이다. 그리스도는 우리를 위해 두 가지를 다 하셨다."[28]

하나님의 사랑은 거기서 그치지 않는다. 하나님은 우리에게 영생의 상속권을 주셨다. 영원히 그분과 함께 하늘의 영광스런 왕국에서 살 수 있는 자격을 주셨다. 하나님의 자비는 끝이 없다. 하나님은 영원히 우리 편에서 영광 가운데 일하신다. 하나님의 온유하심은 영원한 사랑이다.

예수 그리스도 안에서 하나님의 온유하심, 즉 우리를 향한 구원과 자비의 온유, 삶을 변화시키는 관대하고 영원한 온유하심을 경험하고 나면 절대 그분의 온유하심을 작거나 하찮다고 말할 수 없다.

하나님의 온유하심은 영원히 계속된다. 하나님의 온유하심은 분명 생명보다 낫다. 이것이 바로 하나님이 사랑 안에서 우리를 구원하신 까닭이다. 우리는 영생할 것이다.

온유하라

당신은 하나님의 온유하심을 경험했는가? "하나님은 내게 자비를 베푸시는 분이세요! 나를 당신의 사랑하는 아들딸로 불러주셨어요. 예수 그리스도께서 내 삶을 바꿔주셨어요. 그분이 십자가에서 죽으심으로 나의 모든 죄가 용서받았지요. 내게 성령님을 보내주셨고 영원한 삶을 약속하셨어요. 그래서 저는 하나님의 온유하심을 경험한 사람이랍니다."라고 고백할 수 있는가?

하나님의 온유하심을 증거할 수 있는 사람은 이웃에게 그것을 보여주어야 할 사명이 있다. 이것이 디도서와 고린도전서의 실천 포인트다. "사랑은 온유하며"라는 고린도전서 13장의 말씀은 단순히 사랑을 정의하는 데 그치지 않는다. 우리에게 살아가는 방법을 가르쳐준다. 디도서 3장도 마찬가지다. 바울이 디도에게 하나님의 자비하심에 대해 이야기한 것은 그가 교인들에게 사랑하는 법을 가르치도록 돕기 위해서였다.

우리는 먼저 본문의 배경을 이해할 필요가 있다. 디도는 그레데의 목사였다. 그레데 사람들은 그리 온유한 편이 아니었다. 그래서 바울은 디도에게 "아무도 비방하지 말며 다투지 말며 관용하며 범사에 온유함을 모든 사람에게 나타낼 것을 기억하게 하라"(딛 3:2)라고 전했다. 3절 말씀을 보면 더 구체적으로 알 수 있다. 그들은 악독과 투기를 일삼고 가증스럽게 피차 미워하면서 세월을 보내고 있었다. 그러나 우리도 그들과 크게 다르지 않다. 우리도 그들과 동일한 성정을 가지고 있다. 우리는 본성적으로 다른 사람을 사랑하지 못하고 미워하는 사람들이다. 때문에 우리에게 하나님의 자비가 담긴 복음의 메시지가 필요하다.

사도 바울은 성도들에게 사랑하는 법을 가르치면서 해야 할 목록과 하지 말아야 할 목록만 건네지 않았다.

그는 예수님과 그분의 사랑에 대해 들려주었다. 그리스도 안에 거할 때 삶이 변화되는 하나님의 온유하심에 대해 이야기했다. 예수 그리스도를 믿고 그 이야기가 우리의 증언이 될 때, 우리도 그와 동일한 사랑의 삶을 누릴 수 있다.

폴 밀러 Paul Miller는 『우리 사이를 거닐던 사랑』Love Walked Among Us에서 "사랑은 주는 것에서 시작하지 않는다. 받는 것에서 시작한다. 우리는 우리가 받은 것만 줄 수 있다."라고 말한다.[29] 따라서 예수님을 믿어야만 우리도 예수님처럼 사랑할 수 있다. 하나님의 온유하심을 알아야만 사람들에게 하나님의 온유하심을 보여줄 수 있다.

우리는 매일 이웃에게 온유를 베풀어 그들의 삶을 존귀하게 만들 수 있는 기회를 만난다. 그리고 그 기회들은 종종 구원으로 이어지기도 한다. 물론 우리는 누군가의 구세주가 될 수도 없고, 그들의 죄를 씻어줄 수도 없다. 불가능한 일이다.

그러나 우리가 할 수 있는 일이 있다. 그들에게 구세주에 대해 들려주는 것, 예수님과 그분의 사랑에 대해 들려주는 것이다. 우리가 이웃에게 베풀 수 있는 최고의 '온유'는 복음을 함께 나누는 것이다.

자, 이제 복음을 알지 못하는 이웃에게 최고의 온유를 베풀어보자. 그들을 교회로 초청하여 영적인 일들에 대해 이야기하라. 그리고 예수 그리스도를 증거하라. 사랑이 담긴 전도는 우리가 베풀 수 있는 최고의 온유다.

우리는 긍휼의 온유도 보여주어야 한다. 긍휼의 온유는 받을 자격이 없는 자들에게 베푸는 온유다.

루이스 스미즈는 말한다. "온유는 자기만 알던 사람을 변화시켜 약한 사람, 못난 사람, 상처받는 사람들을 향하게 하고 아무런 대가 없이 그들을 섬기게 하는 능력이 있다."[30]

우리는 사람들을 우리의 도움을 받을 자격이 있는 사람과 그렇지 못한 사람으로 쉽게 나눌 수 있다. 만일 하나님께서 그렇게 세상을 나누신다면, 우리 중 어느 누구도 하나님의 도움을 받을 수 없을 것이다. 자격이 있는 사람은 세상에 단 한 명도 없기 때문이다. 그러나 자격 없는 우리가 하나님의 온유하심을 경험했다.

그러므로 이제 우리가 우리를 핍박하는 바로 그 사람들에게 따뜻한 온유를 베풀 차례다. C. S. 루이스는 하나님의 사랑의 선물은 "본래 사랑스럽지 않은 것을 사랑하게" 하는 힘이 있다고 말한다.[31] 성경에서 원수에게 온유를 베풀라는 말씀은 대부분 그들에게 선을 행하라는 가르침이다(마 5:44; 롬 12:21; 살전 5:15; 딤후 2:24). 우리는 사람들을 인내해야 할 뿐 아니라 온유하게 대해야 한다. 그들에게 친절을 베풀기 전에 그들이 먼저 당신에게 친절을 베풀기를 기대하지 마라. 십자가에서 죽으시기까지 당신을 사랑하신 그 사랑으로 그들을 대하라. 에이미 카마이클Amy Carmichael은 이렇게 말했다. "내가 그 어떤 슬픔이나 수치심도 없이 사랑 없는 글을 쓰고, 사랑 없는 말을 하고, 사랑 없는 생각을 한다면, 그것은 내 안에 갈보리의 사랑이 없기 때문일 것이다."[32]

하나님은 우리가 어떤 온유를 드러내기 원하실까? 우리의 온유는 관대한 온유여야 한다. 더 큰 복음의 자비를 베풀어야 한다. 연약한 자들과 노숙자들, 외로운 아이들과 갇힌 자들을 더 자주 찾아가야 한다.

물론 그들의 청을 단호하게 거절해야 할 때도 있다. 그러나 우리의 도움으로 인해 오히려 파괴적인 중독에 빠지거나 자선에 의존한 나머지 가난에서 헤어나지 못하는 경우만 거절해야 한다. '어떻게 해야 이런 일에서 빠져나갈 수 있을까?' 생각하거나 그런 일에 휘말리지 않을 핑계만 찾으면 안 된다. 우리는 본능적으로 내가 도울 수 있는 일이 없는지 살펴보아야 한다. 또한 우리의 온유는 삶을 변화시켜야 한다. 영적인 온유를 베풀 때는 더욱 그러하다. 우리는 보통 온유를 베푸는 것이 물리적인 필요나 어떤 실질적인 문제를 해결해주는 것이라 생각한다. 그러나 조나단 에드워즈Jonathan Edwards는 고린도전서 13장 주해에서 사람들의 영혼을 향해 온유를 베풀어야 한다는 사실을 지적했다.

우리는 그들에게 종교의 위대한 일들을 알려줄 수 있다. 그들의 이야기를 들어주고 권고할 수도 있다. 우리의 영혼은 적절하고 온전한 보살핌이 필요하다는 사실과 그에 대한 그들의 의무를 일깨워줄 수도 있다. 그 의무를 다하지 않는 사람들을 책망해야 할 때도 있다. 동시에 그들에게 좋은 모범을 보여야 한다. 좋은 모범은 우리 모두에게 꼭 필요하며 그들의 영혼을 유익하게 하는 데 매우 효과적이다.[33]

요약하자면 우리는 온유를 드러내기 위해 성경을 나누고 지혜롭게 영적인 권고를 하고, 필요에 따라 부드러운 책망도 해야 한다. 그리고 무엇보다 경건의 모범을 보여주어야 한다. 이런 온유를 보여줄 때, 성령님께서 그들의 영혼을 만져주실 것이다.

물론 우리의 온유는 하나님처럼 영원할 수 없다. 그러나 우리의 삶으로 영원한 하나님의 온유하심을 증거할 수는 있다. 그것은 우리가 온유 베풀기를 멈추지 않는 것이다. 우리가 온유를 멈추지 않는다면 예수님과 그분의 왕국에 변화가 일어날 것이다. 많은 사람이 온유를 하찮게 여기지만 모든 믿는 자들이 열심히 온유를 행한다면 세상은 변화될 것이다. 잃어버렸던 자들이 돌아올 것이다. 죽어가던 영혼들이 구원받을 것이다. 자격 없는 자들이 은혜를 경험하게 될 것이다. 사랑이 없고, 사랑스럽지도 않았던 자들이 영원한 사랑 안에 거하게 될 것이다.

터툴리안Turtullian에 의하면 초대교회 당시의 이교도들은 때로 그리스도인들을 "Christiani"가 아닌 "Chrestiani"라고 불렀다고 한다.[34] 물론 두 단어는 거의 비슷하게 발음된다. 그러나 비슷하다는 이유 말고도 혼동을 가져온 이유가 있었다. Christiani는 "그리스도인"을 의미한다. 그리고 Chrestiani는 "온유"를 뜻하는 헬라어에서 비롯되었다. 즉 터툴리안은 그리스도인들이 예수님을 믿는 사람들로 알려지기 전부터 온유를 베푸는 사람들로 알려져 있었다고 말한다. 그리고 그 온유는 사람들을 그리스도에게로 이끌었다.

우리의 모습은 어떠한가? 우리는 온유한 사람들로 알려져 있는가? 기독교가 인색하고 위선적이고 정죄만 일삼는 종교로 알려져 있지는 않은가? 우리에게는 기독교와 온유가 동의어가 될 수 있도록 사랑하며 살아야 할 소명이 있다. 사람들은 우리의 사랑을 보고 우리가 그리스도인이라는 사실을 안다. 그리고 우리에게 있는 온유를 통해 우리 안에 계신 예수님을 볼 수 있다.

우리가 일상 속에서 겪는
관계의 '갈등과 실패'는
본래 우리에게
사랑이 부족하다는 사실을 증명한다.
우리에게는 보다 큰 무언가가 필요하다.
_ C. S. 루이스

Chapter 03

사랑은
성내지 않는 것

사랑은 성내지 아니하며 —고린도전서 13장 5절

때가 저물어가매 제자들이 예수께 나아와 여짜오되 이 곳은 빈 들이요 날도 저물어가니 무리를 보내어 두루 촌과 마을로 가서 무엇을 사 먹게 하옵소서
—마가복음 6장 35~36절

당신을 화나게 하는 사람이 있는가? 당연한 일이다! 가정에서, 학교에서, 직장에서, 고속도로 위에서, 마트에서, 심지어 통화 중에도 누군가 우리를 화나게 한다. 로버트 브라우닝Robert Browning은 『스페인의 수도원 회랑에서의 독백』Soliloquy of the Spanish Cloister에서 이 감정을 아주 유쾌하고도 완벽하게 묘사했다. 제목에서 알 수 있듯 이 시는 스페인 수도원의 어느 수도사가 1인칭으로 이야기한 것이다.

수도사는 회랑 정원에서 일하고 있는 로렌스 수사 Brother Lawrence를 바라보며 그가 하는 모든 일에 대해 불평을 쏟아놓고 있다. 로렌스의 움직임 하나하나가 동료 수도사를 짜증나게 한다. 장미에게 물을 주는 것부터 도금양(떨기나무의 일종)의 덤불을 쳐내는 모습까지 모두 불만스럽기 짝이 없다.

잔뜩 성이 난 수도사는 식사 시간에 로렌스 옆에 앉았다. 그리고 그가 오렌지 주스를 마시는 모습을 보며 날씨에 관한 이야기와 짜증나는 질문을 들었다. 로렌스가 천진난만한 표정으로 물었다. "'파슬리'를 라틴어로 뭐라고 하나요?" 그러자 질문 자체가 짜증스러운 수도사는 이런 생각을 했다. '돼지 코는 헬라어로 뭐라고 하지?' 저녁식사를 마친 후 로렌스는 조심스럽게 접시에 광을 내고 성스러운 잔을 씻었다. 그릇에는 그의 이름 앞글자인 'L'이 새겨져 있었다. 로렌스가 경건한 몸짓으로 자기 접시를 개인 선반에 가져다 두었다. 수도사는 이 일상적인 행동 하나하나가 모두 혐오스러웠다.

이 시는 매우 현실적이다. 브라우닝은 생동감 있는 상상력을 동원하여 다른 사람을 향한 화가 어디까지 치달을 수 있는지 보여준다. 그의 행동뿐 아니라 태도까지 우리를 화나게 한다. 우리를 화나게 하는 원인은 그리 특별한 게 아니다. 그들이 밥을 먹고 대화를 나누는 모습, 정원을 가로질러 가는 모습에 화가 난다. 그리고 브라우닝은 우리의 그 작은 화가 어디로 이어지는지 보여준다. 시 후반부에서 수도사는 계략을 꾸민다. 로렌스가 치명적인 죄를 짓거나 악마와 타협하게 하여 그의 영혼을 파멸시키려 한다.

이 시의 배경은 신앙공동체다. 즉 브라우닝은 우리가 누군가에게 화를 품는 것처럼 그리스도 안에 있는 형제자매들에게도 똑같이 화를 품을 수 있다는 사실을 이야기하고 있다. 시는 저녁 예배를 알리는 수도원의 종소리와 함께 끝난다. 입으로는 사도신경을 외우기 시작했지만 위선에 찬 수도사의 마음은 여전히 로렌스에 대한 미움으로 가득하다. 그는 말한다. "으…… 이 돼지야!"

'성냄'의 정의

성내는 것을 삶에서 부딪치는 작은 좌절들에 대한 자연스런 반응이라고 생각하는 사람들이 많다. 물론 일부 지혜로운 그리스도인들은 화를 다스리는 문제를 기도 제목으로 삼기도 한다. 그러나 대부분은 이것에 대해 그리 심각하게 생각하지 않는다.

당신을 화나게 하는 사람을 은혜로 대하게 해달라고 주님께 마지막으로 구한 것이 언제인가?

우리는 성내는 것에 대해 훨씬 심각하게 받아들여야 한다. 그것은 사랑의 반대말이기 때문이다. 고린도전서 13장 5절은 사랑에 대해 "성내지 아니하며"라고 기록하고 있다. 화는 자비의 반대말이다. 화는 단순한 불평이 아니다. 미움이다.

바울이 내린 사랑의 정의를 반대말로 접근하는 것은 처음이다. 앞에서 언급한 것처럼 이 책은 사랑장의 내용을 순서대로 다루지 않을 것이다. 예수님의 일생을 시간에 따라 살펴보며 사랑장과 연결시킬 것이다.

그러나 먼저 용어의 정의를 확실하게 해야 한다. 바울은 '사랑은 무엇인가?', 그리고 '사랑이 아닌 것은 무엇인가?'로 사랑을 정의했다. 어떤 개념의 반대 개념을 분명하게 정의하면 원래의 개념이 보다 충실하고 명료해지기 때문이다. 바울은 사랑이 "성내지 않는 것"이라고 말한다. 바울이 '성냄'에 사용한 헬라어 'paroxunetai'에는 다양한 의미가 있다. 한 표준 헬라어 사전은 이 단어를 '쉽게 자극받는'이라고 기록한다.[35] NIV 성경은 "쉽게 화내는"이라고 번역한다. 마찬가지로 찰스 핫지는 "화를 잘 내는"이라고 정의한다.[36] 안소니 디슬턴은 언어학적으로 보다 자세히 분석하여 이 단어가 단순한 화나 노골적인 분노, 혹은 그 중간의 상태를 가리킨다는 결론에 이르렀으며 영어에서는 'exasperated'라는 단어가 가장 적합한 표현이라고 말한다.[37]

흥미롭게도 데이비드 가렌드 David Garland는 "사랑은 '심술궂지' 아니하며"라고 해석했다.[38] 이외에 다른 해석도 가능하다. 사랑은 무뚝뚝하거나 토라지지 않는다. 사랑은 발끈하지 않는다. 사랑은 쉽게 흥분하거나 비난을 쏟아내지 않는다. 사랑은 함부로 말을 내뱉거나 타인의 말을 무시하지 않는다. 사랑은 불쾌함을 드러내지 않는다. 사랑은 화가 났을 때 하고 싶은 행동들을 함부로 하지 않는다.

아마도 고린도 교인들이 이런 죄를 짓고 있었던 것 같다. 그러지 않았다면 바울이 굳이 성내는 것은 사랑이 없는 죄라고 가르칠 필요가 없었을 것이다. 고린도교회가 신학, 우상 숭배, 성적 부도덕, 영적 은사에 대한 분쟁이 있었던 것을 감안하면, 그들이 화를 제어하는 데 문제가 있었을 거라고 예상할 수 있다. 말다툼은 사람을 화나게 하기 때문이다.

우리도 같은 문제로 고민한다. 우리도 고린도교회 교인들처럼 타락한 사람들로 가득한 세상에서 살고 있다. 사람들은 우리를 자극하고, 짜증나게 하고, 화나게 한다. 우리 모두는 이 모든 상황 속에서 성장해야 한다. 물론 "사랑은 성내지 아니하며"라는 말씀에는 겉으로 화를 표현하는 것도 포함된다. 그러나 먼저 안에서 화가 났기 때문에 겉으로 표현되는 것이다. 루이스 스미즈Lewis Smedes는 이것을 "성내기 쉬운 영적 상태"라고 부른다.[39] 따라서 마음에서 화가 날 때 대처하는 법을 배운다면 예수님처럼 사랑하는 법도 배울 수 있다.

긴 하루를 마칠 때

이 특별한 사랑을 이해하기 위해 예수님의 공생에 초기에 있었던 사건을 하나 살펴보자.

예수님께서 갈릴리호수에서 말씀을 가르치시고 기적을 행하실 때이다. 아직 예루살렘으로 가셔서 십자가에 죽으시고 부활하시기 전이었다. 복음서들은 제자들이 화가 났지만 예수님은 그렇지 않았던 사건에 대해 기록한다. 예수님과 제자들의 차이점을 살펴보면 예수님처럼 온화하게 사랑하는 법을 배울 수 있을 것이다.

예수님의 열두 제자가 첫 번째 전도여행에서 돌아올 때였다. 예수님은 제자들을 둘씩 짝 지어 보내셨다. 그리고 그들에게 돈이나 양식을 가져가지 말고 회개를 선포하며 병자들을 고치고 귀신을 쫓아내라고 명하셨다(막 6:7~13).

제자들은 하나님의 능력으로 말미암아 사람들이 죄에서 돌이키는 것을 목격했다. 사탄에게 사로잡혀 있던 영혼들이 구원을 받았다. 타락한 세상에서 병든 몸을 이끌고 살아가던 사람들이 온전해졌다. 격앙된 목소리로 하나님께서 하신 일들을 예수님께 보고하는 제자들의 모습이 그려진다. "사도들이 예수께 모여 자기들이 행한 것과 가르친 것을 낱낱이 고하니"(막 6:30).

아마도 전도여행은 무척 고됐을 것이다. 제자들은 모든 이야기를 나눈 후 금세 지쳐버렸다. 예수님은 사랑으로 그들을 돌보시고 쉬게 하셨다. "너희는 따로 한적한 곳에 가서 잠깐 쉬어라." 마가는 이들에게 '한적한 곳'이 필요했던 이유를 설명해준다. "이는 오고 가는 사람이 많아 음식 먹을 겨를도 없음이라"(31절).

어려운 사람을 돕는 사역은 쉴 틈을 허락하지 않는다. 더 큰 도움을 필요로 하는 사람이 끊임없이 찾아오기 때문에 때때로 휴식을 취할 필요가 있다. 그래서 예수님과 제자들은 배를 타고 한적한 곳으로 갔다(32절).

여기서 우리는 빌립과 바돌로매를 비롯한 제자들을 부러워하지 않을 수 없다. 그들은 잠시나마 예수님과 휴식 시간을 함께할 특권을 얻지 않았는가. 하지만 안타깝게도 상황은 그들의 바람대로 흘러가지 않았다.

이스라엘에서 예수님의 인기가 하늘 높이 치솟을 때였다. 그분의 가르침과 병 고침을 원하는 사람들이 끝없이 줄지어 서 있었다. 그들은 카메라만 없을 뿐 파파라치가 영화배우들을 쫓아다니는 것처럼 예수님을 따라다녔다. 그들은 호수 건너편에 떠 있는 예수님의 배를 발견하고 물가로 서둘러 달려갔다. "그들이 가는 것을 보고 많은 사람이 그들인 줄 안지라 모든 고을로부터 도보로 그 곳에 달려와 그들보다 먼저 갔더라"(33절).

제자들이 몰려드는 사람들을 보고 실망했다면 이해할 수 있다. 또 언제 쉴 기회를 얻겠는가. 그런데 예수님은 곧 물가로 가서서 "큰 무리를 보시고 그 목자 없는 양 같음으로 인하여 불쌍히 여기사 이에 여러 가지로 가르치셨다"(34절).

늘 그렇듯, 예수님의 가르침은 하루 종일 계속되었다. 제자들은 점점 피곤해졌고 배도 몹시 고팠다. 결국 날이 저물었다. 제자들이 예수님께 와서 말했다. "이 곳은 빈 들이요 날도 저물어가니 무리를 보내어 두루 촌과 마을로 가서 무엇을 사 먹게 하옵소서"(35~36절).

인간적인 관점에서 본다면 제자들의 제안은 매우 합리적이고 실질적이다. 사람들은 분명 배고팠을 것이다. 제자들은 말할 것도 없다. 시간은 늦었는데 그들은 요기할 시간조차 없지 않았는가! 수천 명이 마을로 들어가 먹을 것을 사기에는 너무 늦은 시간이었다. 집으로 돌아가야 했다. 거듭 말해 그들의 제안은 합리적이었을지 모른다. 그러나 제자들은 짜증이 났고 화가 났다. 그들의 인내심은 바닥이 났고 성이 차오르기 시작했다. 결국 그들은 예수님의 설교를 끊고 명령조로 말했다. "저 사람들 좀 보내세요!" 그들이 예수님께 다가가기 전에 속으로 무슨 생각을 했을지, 서로 무슨 말을 했을지 그려진다. "배고파!", "이 사람들은 왜 우리를 내버려 두지 않는 거야!", "예수님은 왜 끝낼 줄 모르시는 거지?"

하지만 예수님의 반응은 그들과 달랐다. 그날의 예수님의 말씀과 행동 속에서 그분의 사랑을 볼 수 있다. 먼저 예수님은 제자들의 요구를 다시 그들에게 돌리셨다. "너희가 먹을 것을 주라"(막 6:37). 애초에 제자들이 책임지려는 마음이 있었다면 왜 사람들을 먹이지 않았겠는가? 제자들은 분명 어이없다고 생각했을 것이다. 비아냥거리는 대답만 봐도 그들은 분명히 짜증 나 있다. "우리가 가서 이백 데나리온의 떡을 사다 먹이리이까"(37절).

결국 예수님께서 사람들을 먹이셨다. 예수님은 떡 다섯 개와 물고기 두 마리를 취하여 축사하시고 모든 사람에게 나누어주셨다. 그리고 오천 명에 이르는 사람이 배불리 먹었다(42절). 그렇게 예수님은 자기 백성들에게 떡을 먹이셨다. 빈궁한 무리와 몰아붙이는 제자들을 향해 성을 내지 않으셨다. 광야에 있는 그들에게 만나를 먹이셨다.

성냄의 본질

이 이야기의 교훈은 무엇인가? 예수님의 사랑을 살펴보기 전에 제자들과 그들이 성낸 과정을 좀 더 자세히 살펴보자. 그들의 행동을 통해 우리의 성내는 기질에 대해 많은 것을 배울 수 있기 때문이다. 첫째, 제자들은 누가 성을 내는지 말해준다. 사람은 누구나 성을 낸다. 열심히 주님을 섬기는 사람도 예외가 아니다. 바울은 고린도 교인들에게 사랑은 "성내지 아니한다"고 말했다. 교회에서 예수님을 위해 열심히 일하는 사람들에게 쓴 것이다. 그리스도인도 얼마든지 성을 낼 수 있다.

제자들이 완벽한 예다(동시에 완벽하지 않은 예이기도 하다). 그때까지 그들은 기적을 행하고 하나님 나라를 선포함으로써 주님을 섬겼다. 그리고 지금은 맨 앞줄에 앉아 예수님께서 가르치시고 기적을 행하시는 모습을 바라보고 있다.

그런데 한껏 고양된 흥분이 가라앉기도 전에 그들은 짜증을 내고 있다. 예수님 때문에 성을 내고 있다.

예수님과 동행하던 제자들이 화가 났다면 우리도 그럴 수 있다. 우리가 누구이고, 하나님을 위해 무엇을 했는지는 상관없다. 분노는 우리에게 커다란 영적 걸림돌이 될 수 있다. 성이 날 때마다 우리는 문제의 실체를 정확히 보아야 한다. 그 실체는 바로 우리가 사랑하지 못했다는 사실이다.

사랑장에 사랑은 성내지 아니한다고 분명히 기록되어 있다. 그렇다면 누가 성을 내는가? 바로 사랑이 없는 사람이다. 즉 사랑이 없는 까닭에 우리는 성내는 죄를 범한다.

또한 제자들의 모습 속에서 언제 화나기 쉬운지를 알 수 있다. 그들은 하루의 긴 여정을 마칠 때, 배가 고프고 피곤할 때 죄에 유혹당했다.

이런 일은 우리 모두에게 일어날 수 있다. 몸이 연약하면 영적 위험에 빠지기 쉽다. 그러므로 평소보다 쉽게 짜증이 날 땐 무언가를 먹거나 마셔야 한다. 아니면 잠깐이라도 쉬어야 한다. 이것은 매우 사소하지만 실질적인 해결책이 될 수 있다. 부모들도 기억하라. 자녀들이 쉽게 화를 낸다면 그들의 필요를 적절히 채워주어야 한다. 그것은 그들이 죄를 이길 수 있도록 돕는 길이다.

뿐만 아니라 제자들이 죄에 유혹된 것은 그들이 하나님을 위해 무언가를 성공적으로 이룬 직후였다는 사실에 주목하라. 이 또한 하나님을 열심히 섬기는 자들이라면 누구나 경험해봤을 법한 일이다. 가장 강력한 유혹은 우리가 하나님의 나라를 위해 바쁘게 일하고 난 직후에 찾아온다. 그 이유는 사탄이 잃어버린 영역을 되찾기 위해 필사적으로 일하기 때문이다. 따라서 성을 내고픈 유혹을 이기려면 육체적으로나 영적으로 연약할 때, 특별한 기도와 성령님의 도우심이 필요하다는 것을 생각해야 한다.

선교사들은 사역의 열매가 맺힐 때 하나님의 은혜를 구해야 한다. 밤늦게까지 열심히 공부한 학생도 하나님의 은혜를 구해야 한다. 하루 종일 바쁘게 일하고 집에 돌아오는 부모들도 하나님의 은혜를 구해야 한다. 연약해진 우리는 하나님의 능력으로만 강해질 수 있기 때문이다.

우리는 제자들을 통해 성이 나면 다른 사람들을 대하는 태도가 어떻게 달라지는지도 알 수 있다. 사람들은 기본적으로 자신을 화나게 한 사람과 아무것도 하지 않으려고 한다. 오랫동안 식사 시간만 기다리다 화가 난 제자들은 예수님께 사람들을 보내버리라고 청한다. 제자들이 예수님과 사람들을 떼어놓으려고 한 것은 이때뿐이 아니다. 그들은 예수님의 축복을 받기 위해 아이들을 데리고 온 사람들에게도 똑같이 대했다(눅 18:15~17).

화가 날 때 우리는 사람들과 멀어진다. 심지어 우리 때문에 그들이 예수님으로부터 멀어진다 해도 우리의 마음은 가족, 이웃, 친구, 동료들로부터 점점 달아난다.

뿐만 아니라 제자들은 사람들이 그들의 문제를 알아서 해결하기 바랐다. 하나님께서 자신들의 도움이나 섬김을 통하여 그들의 실질적인 필요를 채워주실 거라는 믿음이 없었다. 오히려 궁핍한 그들을 밀어내려 했다. 제자들은 그들에게 정말로 필요한 것이 무엇인지 알려고 하지 않았다. 그들의 문제가 자신들에게 어떤 영향을 주는지에만 관심을 기울였다. 제자들은 마치 배고프고 지친 사람들이 걱정되니 그들을 어서 보내라는 듯이 말한다. 그러나 실상은 자신들이 원하는 것, 즉 평온과 고요를 얻고 싶었을 뿐이다. 이렇듯 누군가를 도우려는 행동도 때로는 이기적인 마음에서 출발할 때가 있다.

성이 난 사람은 다른 사람을 이와 같이 대한다. 그들의 필요보다 자신의 필요를 앞세운다. 아니 가능하면 그들의 필요를 아예 외면해 버린다. 그러므로 진짜 문제는 그들이 아니라 우리 자신이다. 우리는 이 사실을 인정해야 한다. 그러지 않으면 우리의 그릇된 반응을 모두 그들의 탓으로 돌려버린다. "아! 그 사람 때문에 정말 미치겠어!" 이 말은 나의 죄악된 태도에 대한 직접적이고 전적인 책임이 다른 사람에게 있다는 뜻이다. 물론 그들에게 아무 잘못이 없다는 말이 아니다. 그들에게 문제가 있을 때도 있다. 그러나 영적으로 문제가 되는 것은 '나를 화나게 하는 그들'이 아니라 '쉽게 화내는 나'다.

너무 쉽게 화가 나는가? 잘못된 것들에 대하여 그릇된 방법으로 성을 내는가? 필요 이상으로 화가 나는가? 그것은 당신 안에 사랑이 없다는 확실한 증거다. 조나단 에드워즈 Jonathan Edwards는 말했다. "사랑은 분노에 역행한다. 사랑은 사소한 것 때문에 분노에 굴복하지 않는다."[40]

사소한 것에 화가 나는가? 옆 사람의 운전 습관 때문에, 누가 부탁한 일 때문에, 청소도 안 하고 물건을 제자리에 두지 않는 가족 때문에, 친구가 한 일, 혹은 하지 않은 일 때문에 당신의 삶이 조금 불편해져서 분이 나는가? 그것은 당신에게 사랑이 없기 때문이다. "그 사람이 한 번만 더 그렇게 하면 정말이지 평생 동안 후회하게 해주겠어! 평생 자기 탓만 하며 살게 해주지!" 이렇게 다른 사람에게 탓을 돌리기 전에, 우리에게 예수님의 더 큰 사랑이 필요하다는 사실을 인정해야 한다.

우리는 제자들의 모습을 통해 화가 날 때 하나님께 어떻게 반응하는지도 볼 수 있다. 누군가에게 성을 냈는가? 그렇다면 당신은 그 사람뿐 아니라 하나님도 사랑하지 못한 것이다.

앞에서 살펴본 것처럼 제자들은 예수님의 사역에 대해 조금 빈정거리는 태도로 말했다. 제자들은 예수님께서 가르치고자 하신 것, 즉 그분은 언제든 우리의 필요를 채워주실 수 있다는 사실에 별 관심이 없었다. 오히려 건방진 태도로 예수님께 이야기했다.

화란 이런 것이다. 성냄은 하나님의 능력을 부정하는 것이다. 하나님의 도우심을 구하지 않고 성내는 쪽을 선택하는 것이다. 돈이나 시간이 없을 때, 혹은 문제가 점점 커질 때 성내는 쪽을 택했는가? 그것은 당신의 필요를 채워주실 하나님을 신뢰하지 않았다는 증거다. 우리는 하나님께 시선을 돌리는 대신 문제만 크게 보고 하나님을 향해 성을 낸다.

루이스 스미즈는 이렇게 성을 낼 때 우리의 영혼에 일어나는 일을 어거스틴의 말을 빌려 표현했다. "오 주님, 우리는 당신과 화해하기 전에는 늘 성이 나 있습니다."[41]

이와 같이 성내는 것은 하나님과의 관계와 직접적인 연관이 있다. 따라서 우리는 그것을 심각한 영적 문제로 받아들여야 한다. 분노는 다른 사람에게 상처를 주는 것에 그치지 않는다. 하나님과 우리의 관계도 막아버린다.

사랑의 증거

쉽게 성을 내는 사람들뿐 아니라 우리 모두에게 필요한 것은 예수님의 더 큰 사랑이다. 나는 예수님께서 오천 명을 먹이신 마가복음의 이야기 속에 그 사랑이 담겨져 있다는 사실에 감사한다. 그 이야기에는 우리가 좇아야 할 모범뿐 아니라 우리의 삶을 용납허주신 구세주, 우리의 분노를 사랑으로 바꾸실 수 있는 그분의 사랑이 달겨있다.

이 이야기에서 예수님은 모든 일을 제자들과 정반대로 행하셨다. 예수님은 우리와 전혀 다른 분이시기 때문이다. 그분은 성내지 않는 것이 무엇인지를 보여주시는 살아있는 증거다. 곧 예수님은 사랑이시다.

예수님도 제자들만큼이나 피곤하고 배고프셨을 것이다. 예수님은 하루 종일 온 힘을 다해 사람들을 가르치시고 그들의 병을 고쳐주셨다. 설교자라면 누구나 알 것이다. 이것은 매우 고된 일이다. 한 설교학 교수는 1시간 설교하는 것이 4시간의 고된 육체노동만큼 힘이 든다고 말했다. 그러나 예수님은 군중을 그냥 보내지 않으셨다. 그들이 머물고자 할 때 성내지도 않으셨다. 예수님은 그들을 계속 축복하셨다. 떡과 하나님의 말씀으로 오천 명을 먹이신 것을 보면, 성내지 않고 사랑할 때 어떤 일들이 일어나는지 알 수 있다.

예수님께서 사랑하시는 모습을 보라. 예수님의 사랑은 궁핍한 자들에게 이끌리는 사랑이다. 예수님은 제자들처럼 그들을 밀어내지 않으시고 가까이에 두셨다. 예수님은 사람들이 물가로 몰려들 때부터 그렇게 하셨다. 그래서 배를 떠나 그들에게 가셨다. 마가는 예수님께서 그들을 사랑하셨기 때문에 그렇게 하셨다고 기록한다. "예수께서 나오사 큰 무리를 보시고 그 목자 없는 양 같음으로 인하여 불쌍히 여기사 이에 여러 가지로 가르치시더라"(막 6:34). 예수님은 잠깐 쉬는 것보다 그들의 필요를 더 중요하게 여기셨다. 나의 문제보다 다른 사람의 필요를 선택하는 것, 이것이 사랑이다. 사랑은 내가 갖고 있는 문제 때문에 섬김을 제한하지 않는 것이다. 우리의 섬김이 하나님의 말씀을 전하는 기회로 이어지는 경우라면 말할 필요도 없다. 섬길 수 있는 기회를 이기적인 욕심으로 결정해서는 안 된다. 하나님의 뜻과 우리의 소명, 우리의 도움이 필요한 사람들을 향한 긍휼의 마음으로 결정해야 한다.

마더 테레사의 삶을 통해 사랑은 우리를 도움이 필요한 사람들에게 이끌어준다는 사실을 알 수 있다. 처음 그녀가 구해준 한센병 환자는 캘커타 거리에서 죽어가고 있었다. 그 환자는 자신을 데려다가 먹이고 씻기는 테레사에게 물었다. "왜 저에게 이런 친절을 베푸시나요?" "당신을 사랑하니까요."[42] 이것이 사랑이다. 사랑은 도움이 절실한 이웃을 멀리하지 않는다. 오히려 그들에게 다가간다. 예수님은 사랑과 긍휼로 충만하여 지칠 줄 모르고 종일 무리를 가르치셨다.

이윽고 저녁 먹을 시간이 되어 제자들은 무리를 보내라고 청했지만,

예수님의 사랑의 마음은 여전히 그들에게 향하셨다. 그래서 예수님은 오병이어의 기적을 행하셨고 수많은 무리를 먹이셨다. 예수님은 하늘에 계신 아버지를 바라보고 이 기적을 행하셨다. 이 또한 사랑이다. 하나님께서 필요를 채워주시리라 믿는 것, 이것이 사랑이다.

제자들은 자신들이 갖고 있는 것 외에는 생각할 수 없었기 때문에 사람들을 쫓아 보내려 했고 예수님께 빈정거리며 말했다. 그들에게는 오천 명을 먹일 음식이 없었다. 예수님의 상황도 그들과 다르지 않았다. 하지만 예수님은 기적의 능력을 주실 하나님을 신뢰했다.

몇 개의 떡과 물고기만 있다면 당신도 기적을 행할 수 있다는 것이 이 이야기의 교훈일까? 그렇지 않다. 하나님의 능력과 은혜를 신뢰할 때 이웃을 섬길 수 있는 사랑의 힘을 얻을 수 있다는 것이 이 이야기의 교훈이다.

때때로 우리에게 우리의 능력을 넘어서는 문제를 가지고 찾아오는 사람들이 있다. 그들은 우리가 대답할 수 없는 질문을 던지고, 우리에게 없는 것을 달라 하고, 우리가 할 수 없는 일을 요구하기도 한다. 우리는 이런 사람들 때문에 화가 난다. 그러나 사랑이란 우리 손에 있는 것을 가지고 하늘에 계신 하나님께로 시선을 돌리는 것이다. 그리고 우리의 능력을 뛰어넘는 하나님의 방법을 통하여 우리의 삶이 축복이 되게 해달라고 구하는 것이다. 예수님은 그렇게 사랑하셨다. 예수님은 하나님을 신뢰하셨다. 성령 하나님을 의지하고 성부 하나님께 기도하는 가운데 예수님의 마음은 삼위일체이신 하나님의 능력으로 충만해졌다.

사랑 없는 자들을 사랑하기

예수님은 우리도 그렇게 사랑하기 원하신다. 어떻게 해야 관대하고 평화롭고 성내지 않는 사랑을 배울 수 있을까? 예수님처럼 하나님의 사랑을 신뢰하고 성령님의 도움을 구하면 된다. 우리를 향한 예수님의 사랑으로도 배울 수 있다.

마가복음 이야기의 또 한 가지 놀라운 사실은 예수님께서 제자들을 대하시는 모습이다. 제자들은 예수님께 화가 나 있었지만 예수님은 그들에게 성내지 않으셨다. 오히려 다른 사람들에게 보이셨던 긍휼을 그들에게도 베푸셨다.

그날 오천 명의 무리만 떡과 물고기를 먹은 것이 아니다. 마가는 "다 배불리 먹고"(막 6:42)라고 기록한다. 그중에는 분명 제자들도 포함되었을 것이다. 그렇지 않았다면 엄청난 양의 음식이 남았을 것이다.

제자들은 "남은 떡 조각과 물고기를 열두 바구니에 차게 거두었다"(43절). 이것은 하나님의 능력과 예비하심을 각인시키기 위한 실물교육이었다. 열두 제자들에게 바구니 한 개씩을 남기신 것이다!

그래서 이 사건은 '오천 명을 먹이신 예수님'이 아니라 '오천 명과 열두 제자를 먹이신 예수님'이라고 불러야 한다. 예수님은 한껏 성이 난 제자들, 우리까지 성나게 하는 제자들까지도 배불리 먹이셨다. 그들을 사랑하셨기 때문이다.

이와 같이 제자들을 향한 예수님의 사랑은 우리에게도 적용된다. 하나님께서 행하신 일, 혹은 행하지 않으신 일 때문에 성을 내고 짜증을 내는 나에게 하나님은 단 한 번도 성내지 않으신다. 귀찮아하지 않으신다. 여전히 나를 사랑하신다. 하나님을 화나게 하는 나의 모든 죄가 예수님께서 죽으신 그 십자가의 피로 가려졌기 때문이다. 당신의 죄도 가려졌다. 예수님의 사랑으로.

그러므로 이제 우리도 예수님처럼 사랑해야 한다. 성내지 않고 화내지 않는 사랑을 해야 한다.

우리는 매일같이 우리를 화나게 하는 사람들을 만난다. 그들을 과연 어떻게 대해야 할까? 당신의 기도에 사랑으로 응답하시는 예수님께 더 큰 사랑을 구하라. 그러면 사랑으로 그들을 대할 수 있을 것이다. 헨리 드럼먼드의 말을 기억하라. "더러운 것을 제거한다고 영혼이 깨끗해지는 것이 아니다. 위대한 사랑, 새로운 영, 곧 그리스도의 영이 들어가야 깨끗해진다. 그리스도의 영은 우리 속으로 들어가 영을 깨끗하고 맑게 만들며 모든 것을 변화시킨다."[43]

그런 예수님의 사랑이 가득할 때 우리는 다른 사람들 때문에 겪는 불편함도 기꺼이 감당할 수 있다.

우리가 알지 못하는 사람들, 아무도 기억해주지 않는 거리에서 고통당하는 사람들, 버려진 고아들, 전쟁으로 삶이 피폐해진 사람들의 문제까지 돌아보게 된다.

더 이상 나눠줄 게 없다고 생각하는 순간에도 우리는 예수님의 사랑으로 다시 사랑할 수 있다. 다른 사람들뿐 아니라 하나님께 화가 나는 순간에도 예수님의 사랑이 있으면 우리는 그분을 다시 신뢰하고 나아갈 수 있다.

예수님의 사랑만 있다면 우리를 성나게 하는 모든 순간이 예수님처럼 사랑할 수 있는 좋은 기회로 변한다. C. S. 루이스는 『네 가지 사랑』 The Four Loves에서 이렇게 말했다. "우리가 일상 속에서 겪는 관계의 갈등과 실패는 본래 우리에게 사랑이 부족하다는 사실을 증명한다. 우리에게는 보다 큰 무언가가 필요하다."

우리는 보통 우리를 화나게 하는 상황이나 사람이 변해야 한다고 생각한다. 하지만 루이스는 몇 가지 예를 든다. 사람들은 이렇게 말한다. "어렸을 때 내가 운만 좋았어도……." 이에 대해 루이스는 "아이들은 모두 짜증날 때가 있다."라고 말한다. 그리고 아내들이 "남편이 조금만 날 배려해주고 좀 더 부지런하면 좋을 텐데."라고 말하는 것에 반해 남편들은 "아내가 변덕 좀 그만 부리고 센스가 있다면 좋을 텐데."라고 말한다고 설명한다.[44]

이와 같이 우리는 모두 다른 사람을 화나게 하는 태도와 행동을 가지고 있다. 그렇다고 모든 상황에 분노로 대응할 수는 없다. 성이 나는가? 그럴 때 변해야 할 것은 바로 우리의 마음이다. 우리의 마음을 예수님의 평화의 사랑으로 채워야 한다.

2009년 필라델피아 필리스 팀과 워싱턴 내셔널스 팀의 야구 경기가 있었다. 그 경기 현장에서 작지만 놀라운 사랑, 성내지 않는 사랑의 장면이 그려졌다. 필리스 팀의 팬이었던 스티브 몬포르토는 세 살 된 딸과 함께 경기를 관람하고 있었다. 그때 파울볼이 관중석을 향해 날아왔고 몬포르토는 재빠르게 난간 쪽으로 몸을 기울여 파울볼을 잡았다. 야구팬이라면 누구나 꿈꿔봤을 일이 일어난 것이다.

그는 자랑스러운 표정으로 딸 에밀리에게 공을 주었다. 그러자 에밀리는 공을 다시 난간 밖으로 던져버렸다. 그 광경을 바라보던 사람들은 아쉬운 한숨을 내쉬었다. 딸의 손에서 공이 빠져나가는 것을 바라본 몬포르토도 놀라움을 금치 못했다. 그러나 그는 성내지 않고 어린 딸을 부드럽게 안아주었다. 딸을 사랑하는 아버지의 모습이었다.

우리를 향한 하나님의 사랑도 이와 같다. 하나님께서 우리 손에 들려주신 선물은 우리의 힘으로 절대 잡을 수 없다. 우리가 무엇을 하고 있는지 깨닫지 못한 채 그것을 버릴 때도 있다. 그러나 하나님은 성내지 않으시고 여전히 우리를 사랑하신다. 그리고 자유를 주시며 가서 그 사랑으로 다른 이들을 사랑하라고 말씀하신다. 은혜를 주시며 우리의 사랑을 버렸던 이들을 찾아가 다시 사랑하라고 말씀하신다.

하나님께서 당신에게 맡기신 사람들은 누구인가? 당신도 예수님처럼 그들을 사랑할 수 있는가?

사랑은 이웃의 약함이
드러나는 것을 기뻐하지 않는다.

_ 헨리 드럼먼드

Chapter 04

사랑의
거룩한 기쁨

사랑은 불의를 기뻐하지 아니하며 진리와 함께 기뻐하고 -고린도전서 13장 6절

그 여자를 돌아보시며 시몬에게 이르시되 이 여자를 보느냐 내가 네 집에 들어올 때 너는 내게 발 씻을 물도 주지 아니하였으되 이 여자는 눈물로 내 발을 적시고 그 머리털로 닦았으며 너는 내게 입맞추지 아니하였으되 그는 내가 들어올 때로부터 내 발에 입맞추기를 그치지 아니하였으며 너는 내 머리에 감람유도 붓지 아니하였으되 그는 향유를 내 발에 부었느니라 이러므로 내가 네게 말하노니 그의 많은 죄가 사하여졌도다 이는 그의 사랑함이 많음이라 사함을 받은 일이 적은 자는 적게 사랑하느니라 -누가복음 7장 44~47절

2009년은 유명한 종교개혁 지도자 존 칼빈의 탄생 500주년이 되는 해였다. 칼빈은 제네바라는 도시에 진리와 자비, 기쁨의 말씀을 전한 설교자였다. 2009년 여름, 전 세계에서 수백 명의 그리스도인이 칼빈의

성 피에르 성당을 찾았다. 성 피에르 성당은 제네바 호수가 내려다보이는 언덕 높은 곳에 자리하고 있다. 그들은 함께 모여 하나님께 예배하고 종교개혁이 스위스와 전 세계에 깨우쳐 준 놀라운 진리들을 다시금 듣고자 했다. 그 진리는 곧 하나님의 주권과 성경의 유일무이하고 궁극적인 권위, 오직 그리스도를 믿음으로 구원에 이르는 은혜다.

그런데 칼빈이 탄생한 지 500년이 되던 전날 밤, 성당 앞 호숫가에서는 사뭇 다른 축제가 열렸다. 매년 열리는 제네바 호수 퍼레이드를 기념하여 3,000여 명의 사람들이 길거리에서 춤을 추고 있었다. 축제의 분위기는 쾌활하거나 즐겁지 않았다. 뭔가 소란스럽고 반항적이었다. 동성애자, 이성애자 할 것 없이 사람들은 술에 취해 옷을 벗고 추잡하게 행동했다. 다음 날 아침, 거리는 쓰레기가 즐비했다. 그리고 쓰레기들 사이로 집에 가지 못한 사람들이 엉망이 된 채 웅크리고 누워있었다.

한 도시에서 너무나 다른 두 개의 축제가 열렸다. 한 축제의 초점은 온전히 하나님을 향하였고 축제가 끝난 후 사람들은 타락한 세상 속에서 그리스도를 위해 살아갈 힘을 얻었다. 또 다른 축제의 초점은 인간의 쾌락에 맞춰져 있었다. 그리고 그것은 사람들의 마음을 더욱 공허하고 외롭게 만들었다. 나는 두 개의 상반된 광경을 직접 목격했다.

축제 다음 날 아침, 나는 이른 아침의 태양이 물 위에서 반짝거리는 호숫가에서 조깅을 했다. 한 청년이 충혈된 눈으로 핸드폰에 소리를 지르고 있었다. 밤새도록 그곳에 있었던 그는 조금도 행복해 보이지 않았다. 친구라고 생각했던 사람들이 그를 혼자 내버려둔 채 떠났기 때문이다.

당신은 어떤 축제에 참여하겠는가? 누구의 영향을 받으며 살고 싶은가? 당신은 그릇된 선택으로 삶을 낭비하는 친구들을 보며 나만은 도덕적으로 우월하다는 생각에 행복을 느끼는가, 아니면 그들의 죄를 마음 아파하며 복음을 전하기 원하는가?

성경은 이 두 마음을 구분하는 것이 바로 사랑이라고 말한다. 사랑은 불의를 기뻐하지 아니하며 진리와 함께 기뻐하기 때문이다(고전 13:6).

두 가지 기쁨

사도바울은 고린도 지역의 초대 그리스도인들을 위해 이 편지를 썼다. 고린도는 오늘날의 제네바처럼 경제적으로 풍요롭고 성적으로 자유로운 도시였기에 그곳 사람들은 예수님을 받아들인 후에도 불의를 즐기고 싶은 충동에 이끌렸다. 따라서 바울은 그들에게 사랑은 거룩한 것이라고 가르쳤다.

사실 '불의'와 '진리'라는 말의 의미가 너무 광범위하기 때문에 사랑을 설명하기 위해 그 단어들을 사용한 바울의 의도를 정확히 파악하기는 힘들다.

조나단 에드워즈는 이 구절을 다음과 같이 표현했다. "사랑은 삶을 이루는 것 중 모든 악한 생각과 반대되며 모든 선한 생각과 일치한다."[45] 마찬가지로 고든 피도 동일한 현실의 양면을 불의와 진리라고 보았다. 즉 사랑은 경건한 모든 것과 어울리고, 경건하지 않은 모든 것을 거스른다고 말했다.

그리스도의 사랑으로 충만한 사람은 복음을 증거하는 행동 속에서 기뻐한다. 그는 이미 모든 승리를 이루었고, 모든 용서를 얻었기에 자비할 수 있다. 그는 불의를 즐기지 않는다. 전쟁이나 가난한 자들에 대한 억압 같은 광범위한 불의뿐 아니라 형제자매의 타락이나 자녀의 악행 등 개인적인 불의도 즐기지 않는다. 다른 사람의 넘어짐이 기쁨이 될 수 없다.[46]

성경이 말하는 진리는 우리가 아는 것뿐 아니라 행하는 것까지 가리킨다. 우리는 보통 진리의 반대말이 거짓이라고 생각한다. 그러나 성경은 '불의' 라고 가르친다. 이것은 어느 철학자가 말한 "범주의 오류"와 다르다. 진리란 단순히 믿는 것에 그치지 않고 우리가 행하는 것이라는 깨달음이다. 그리스도인들은 진리를 행하고(요일 1:6) 진리 안에서 행하는(요삼 1:3) 사람들이다. 후에 바울은 이렇게 편지한다. "우리는 진리를 거슬러 아무 것도 할 수 없고 오직 진리를 위할 뿐이니"(고후 13:8).

따라서 "진리"란 믿음과 행위 모두 의롭고 선한 것이다. 에드워즈는 말한다. "진리는 모든 미덕과 경건뿐 아니라 성경의 모든 위대한 진리를 알고 인정하는 것이다. 그리고 그 지식을 삶 속에서 동일하게 실천하는 것이다."[47] 그러므로 불법과 부도덕 등의 모든 불의는 이러한 진리에 역행한다.

고린도전서 13장 6절 말씀을 이해하려면 사람들이 왜 불의를 기뻐하는지 알아야 한다. 가장 분명한 대답은 "불의를 행하는 사람은 불의를 사랑한다"는 것이다. 험담하기 좋아하는 사람은 남의 비밀을 이야기하는 것을 사랑한다. 도둑은 남의 물건을 훔치는 것을 사랑한다. 학대하는 사람은 사람들에게 상처 주는 것을 사랑한다. 성적인 죄를 짓는 사람은 육체적 쾌락을 주는 음탕한 행위를 사랑한다. 즉 죄인들이 사랑하는 것은 다름 아닌 죄다.

그러나 6절에 사용된 단어를 살펴보면 그와 다른 의미임을 알 수 있다. 바울은 사랑이 불의"를"epi 기뻐하지 않는다고 말한다. 죄인이 자기의 불의를 기뻐한다는 의미였다면 바울은 사랑이 불의 "안에서"en 기뻐하지 않는다고 말했을 것이다. 즉 사랑이 불의"를" 기뻐하지 않는다는 말은 곧 불의가 기뻐하는 사람 외부에 있다는 의미다.[48] 따라서 이 본문에서 사랑이 기뻐하지 않는 것은 다른 사람의 불의, 죄다.

때때로 사람들은 다른 사람이 죄짓는 것을 좋아한다. 그들을 보면서 같은 죄를 지어도 된다는 안도감이 생기기 때문이다. 이것이 앞서 말한 제네바 호수 퍼레이드에서 일어난 일이다. 다른 사람들이 술에 취해 음란한 행동을 할 때 그 속에 끼는 것은 어렵지 않다. 하지만 사랑은 그러지 않는다. 진정한 사랑은 하나님의 거룩을 소중히 여기기 때문이다. 따라서 불의를 기뻐하고픈 유혹에 빠지지 않도록 조심해야 한다.

바울은 보다 구체적인 문제들을 마음에 담아두고 있었던 듯하다. 고린도전서는 바울이 고린도 교인들에게 쓴 편지라는 사실을 기억해야 한다.

그리스도인들에게도 하나님이 싫어하시는 많은 죄들을 보며 기뻐하고 싶은 유혹이 있다. 뿐만 아니라 다른 사람, 특히 우리가 인정하지 않는 사람들이 죄짓는 모습을 보며 왠지 모를 만족감을 느낄 때도 있다. 어쩌면 이런 마음은 비그리스도인들보다 더 심할 수도 있다.

예를 들어 다른 교단이나 경쟁 교회의 목사가 수치스러운 죄에 빠졌을 때, 반대편 정당의 정치인이 치명적인 사건에 휘말렸을 때 도덕적인 우월감에 빠지는 것은 어쩔 수 없는 우리의 모습이다. 뭔가 석연찮던 사람이 결국 그 길에 빠졌을 때 우리에게 찾아오는 죄악된 행복감이다.

하지만 사랑은 그런 행복감을 허락하지 않는다. 사랑은 불의를 기뻐하지 않기 때문이다. 헨리 드럼먼드는 "사랑은 이웃의 약함이 드러나는 것을 기뻐하지 않는다."라고 말한다.[49] 오히려 사랑은 "진리와 함께 기뻐"한다. 여기서 기뻐한다는 말은 '불의를 기뻐하지 아니하며'에 사용된 것과 다른 단어sunchairein로 보다 강렬한 의미를 담고 있다. 다시 말해 진리"를" 기뻐하는 사람이 아닌, 진리"와" 기뻐하는 사람이 더 큰 기쁨을 누린다.

확실한 진리를 붙잡고 사는 사람은 성령이 충만한 상태로 살아간다. 이것이 사랑이 주는 거룩한 기쁨이다. 진리와 의로운 것을 좇을 때 찾아오는 기쁨이다. 불의가 주는 행복감은 절대 이 기쁨으로 이어질 수 없다. 일부 신학자들은 바울이 여기서 분명하게 복음을 말하기 때문에 정관사를 사용했다고 이야기한다.[50] 그들의 말에 따르면 사랑이 기뻐하는 것은 단순한 진리가 아니라 그the 진리, 곧 복음의 진리다. 예수님이 우리 죄를 위하여 십자가에서 죽으시고 다시 살아나셔서 영생을 약속하신 그 복음의 진리다. 이 해석이 가진 문제점은 지나치게 정관사에 얽매일 수 있다는 점이다.

성경은 복음의 진리뿐 아니라 사랑이 감당하는 모든 종류의 진리를 담고 있다. 그것은 하나님의 인격에 담긴 진리, 그분의 사랑과 거룩함,

은혜와 의로움이다. 그리고 하나님의 말씀의 진리, 구약과 신약의 한 절 한 절이 완전하며 틀림이 없다는 진리다. 또한 창조의 진리, 하나님의 능력과 아름다움을 증거하는 진리다. 그리고 그리스도인의 믿음에 관한 모든 놀라운 진리들이다. 하나님의 주권과 아버지, 아들, 성령의 삼위일체, 새 하늘과 새 땅의 영광 등을 말한다.

그러나 그리스도인의 신앙의 중심이 되는 진리가 하나 있다. 이 진리는 그 어떤 진리보다 크고 거룩한 기쁨을 가져다준다. 우리는 이 진리에 기대어 살아가며 사랑한다. 그리고 이 진리를 기뻐한다. 이 진리는 잃어버린 자들, 궁핍한 자들을 향한 하나님의 은혜다. 바울은 "사랑은 진리와 함께 기뻐한다"는 말 속에서 하나님의 은혜의 진리만 마음에 두지 않았을지도 모른다. 그러나 은혜의 진리만큼 사랑하는 마음에 거룩한 기쁨을 가져다주는 진리는 없다.

시몬과 죄 많은 여인

어느 날 밤, 예수님이 참여하신 저녁 식사의 이야기는 이 진리, 혹은 불의를 기뻐하는 것과 진리와 함께 기뻐하는 것의 차이를 잘 설명해 준다. 그것은 시몬과 어느 죄 많은 여인의 이야기다. 그 이야기에서 우리는 '나는 이 둘 중 누구와 같은가?' 라는 질문을 던지게 된다. 율법을 잘 지키는 사람에 가까운가, 아니면 죄인에 가까운가? 이야기 속에 담긴 거룩함과 진리, 기쁨의 상호 작용을 살펴보다 보면, 우리는 하나님의 은혜에 마음을 열게 되고 사랑의 능력을 깨닫게 된다.

누가복음은 바리새인 중 한 명, 시몬이라는 사람이 예수님을 저녁식사에 초대했다고 기록한다. 시몬이 예수님을 초청한 명확한 이유는 알 수 없다. 그러나 예수님께서 하나님으로부터 온 진짜 선지자인지 아닌지를 살펴보려 한 것은 분명하다(당연히 예수님은 참 선지자이시다). 예수님은 그의 초청을 받아들이셨고 "이에 바리새인의 집에 들어가 앉으셨다"(눅 7:36).

예수님께서 식사 초대에 응하신 것은 전혀 이상하지 않다. 복음서에는 식사 테이블에 앉으신 예수님의 모습이 자주 등장한다. 그러나 이 상황은 조금 어색하다. 너무도 다른 부류의 사람들이 식사 테이블에 마주 앉았기 때문이다. 물론 예수님께서 회당의 지도자들이나 지역의 종교 지도자들과 식사를 하신 적도 있었다. 그러나 그들은 예수님의 사역을 못마땅하게 여기거나 신학에 대해 토론하는 등, 좋은 의도를 가지고 접근한 적이 거의 없었다. 대부분의 경우 예수님은 세리나 죄인처럼 많은 사람이 꺼리는 사람들과 식사하셨다. 사랑에 굶주린 사람들은 늘 "세리와 죄인의 친구"(눅 7:34)이신 예수님의 주위를 맴돌았다.

보통은 바리새인과 세리가 한 자리에 있을 일이 없다. 그런데 이날 저녁 식사에서는 두 개의 다른 세계가 충돌하였다. 그리고 이야기는 더욱 극적으로 전개되었다.

"그 동네에 죄를 지은 한 여자가 있어 예수께서 바리새인의 집에 앉아 계심을 알고 향유 담은 옥합을 가지고 와서 예수의 뒤로 그 발 곁에 서서 울며 눈물로 그 발을 적시고 자기 머리털로 닦고 그 발에 입맞추고 향유를 부으니"(눅 7:37~38)

누가는 예수님이 식사시간에 "기대어 앉으셨다recl.ning"고 기록한다. 다시 말해 예수님은 당시의 의례대로 한 쪽으로 기대어 다리를 뻗은 채 식사하셨다.

초대받지 않은 손님이 식사 시간에 불쑥 나타나는 것은 우리에게 이상하게 느껴진다. 그러나 예수님 시대에는 이런 자리가 격리된 공간이 아니라 훤히 트인 마당에 차려지곤 했다. 따라서 그 여인도 다른 사람들처럼 그곳에 들어올 수 있었다. 오늘날 정원 파티나 마을 축제에 지나가던 사람들이 자연스럽게 참여하는 것과 비슷하다.

그렇게 자리에 참석한 여인은 그동안 아무도 예수님께 하지 않았던 일을 했다. 그녀는 분명 예수님의 설교를 들었을 것이다. 방금 전 예수님께서 세례요한과 하나님 나라에 대해 말씀하실 때도 군중 속에 있었을 것이다(눅 7:24~30). 그리고 예수님이 저녁 식사에 초대되셨다는 이야기도 듣게 되었을 것이다. 그녀는 급히 집으로 달려가 가장 귀한 보물, 향유를 담은 옥합을 가지고 오며 생각했다. '예수님께서 식사하실 때 향유로 그분의 발을 씻겨드리자! 내가 가진 가장 귀한 보물을 그분께 드리자!'

그녀는 예수님의 발 앞에 섰다. 그리고 그분을 향한 사랑과 기쁨에 압도되어 울기 시작했다. 얼마나 울었는지 예수님의 발 위에 떨어진 눈물을 닦아야 할 정도였다. 감격의 눈물이 그녀의 뺨을 타고 흘러내려 구세주의 발 위로 떨어졌다. 그녀는 긴 머리를 늘어뜨려 눈물을 닦기 시작했다. 그리고 그분의 발에 입 맞추고 또 입 맞추었다(누가가 사용한 강조 동사는 이 행위가 반복적으로 일어났음을 가리킨다).

그 여인의 행동을 이해하려면 먼저 당시의 문화를 이해해야 한다. 예수님 당시에 누군가의 발을 닦아주는 것은 종들에게 주어진 천한 임무였다. 그리고 어느 정도 신분이 있는 여자들은 절대 사람들 앞에서 머리를 늘어뜨리지 않았다. 보통의 여자들은 자기만의 공간이나 사랑하는 남편 앞에서만 머리를 늘어뜨렸다.[51] 즉 그녀는 향유보다 더 크고 귀한 것을 예수님께 드렸다.

예수님 앞에서 그분의 발을 닦아드린 행위는 그녀에게 '거룩한 사치'였다. 마치 세상에 예수님과 그 여인, 두 사람만 있는 것 같았다. 그녀의 보물, 그녀의 눈물, 그녀의 머리카락, 그녀의 입, 모든 것이 오직 예수님만을 위해 존재했다. 여인은 사랑의 향기를 담아 자신의 마음을 온전히 쏟아부었다.

시몬의 실수

이 모든 것을 지켜본 시몬은 기가 막혔다. 예수님은 여인의 헌신을 거룩한 것으로 받으셨지만 바리새인 시몬은 부적절한 죄라고 여겼다. 점잔을 빼느라 큰소리로 말하지는 못했지만 속으로 분개했고 거북해했다. 그는 스스로 의롭다고 생각했기 때문에 그녀를 판단했다. 그리고 속으로 생각했다. "이 사람이 만일 선지자라면 자기를 만지는 이 여자가 누구며 어떠한 자 곧 죄인인 줄을 알았으리라"(눅 7:39) 시몬의 이 모진 말은 혼자 하는 생각조차 조심해야 한다는 사실을 일깨워준다. 잠깐 스치는 생각도 천 개의 죄가 될 수 있기 때문이다.

시몬은 결국 예수님이 참 선지자가 아니라고 생각했다. 물론 그의 생각은 틀렸다. 그러나 그의 논리대로라면 그럴 만했다. 예수님이 여자의 정체를 알고 계시다면 그녀와 아무 관계가 없을 거라고 생각했기 때문이다. 그런데 예수님은 그녀가 자신을 만지고 발에 입 맞추는 것을 막지 않으셨다. 시몬은 예수님이 그녀에 대해 아무것도 모르시는 게 분명하다고 생각했다. 즉 예수님은 하나님과 특별한 관계도 아니고 진리에 대한 지식도 없다고 결론내릴 수밖에 없었다.

또한 바리새인 시몬은 그 여인을 정죄했다. 누가가 언급했듯 그녀는 "마을의 여자"a woman of the city였다. 이것은 창녀를 부드럽게 표현한 말이다. 분명 그녀는 죄인이었다. 그것은 모두가 인정하는 사실이다. 누가가 그녀를 죄인이라 불렀을 때(37절), 그는 따옴표를 사용하지 않았다. 즉 누가는 여자가 거룩하지 않다는 사실을 있는 그대로 전했다. 시몬도 그녀를 죄인이라고 불렀다(39절). 그녀도 그 사실을 알고 있었다. 그녀가 예수님을 찾아온 것도 그 때문이었다. 그녀는 자신이 용서가 필요한 죄인이라는 것을 알고 있었다. 물론 예수님도 알고 계셨다. 심지어 예수님은 그녀의 죄가 "많다"고 말씀하셨다(47절). 따라서 시몬이 예수님에 대해서는 잘못 알고 있었지만 여자와 그녀의 불의에 대해서는 정확히 알고 있었다고 해도 과언이 아니다.

잠시 후 시몬은 자신에 대해 말했다. 아마도 그것이 그가 저지른 최대의 실수일 것이다. 그는 여자를 "죄인"이라 불렀다. 그 말은 자신은 그녀와 다른 부류의 사람이라는 뜻이었다. 자신은 의인이라는 생각이 부지불식간에, 하지만 아주 분명하게 전달되었다.

그는 그녀에 대하여 아주 경멸하는 투로 말했다. "이런 여자"sort of woman라는 말은 "나처럼 의롭지 않은 여자"라는 말과 다르지 않다.

사실 시몬은 그 여자의 불의를 기뻐하고 있었다. 그녀의 불의에 동참하고 싶어서 기뻐한 것은 아니다. 다만 그녀의 죄를 이용하여 자신의 의로움을 확증하고 싶었다. 그는 여자의 불의를 기뻐하며 자신의 영적 자만심에 한껏 불을 지폈다. 주위에 나보다 큰 죄인이 있는 한 나는 하나님 앞에서 충분히 괜찮은 사람이라고 생각하며 기뻐하는 것, 그것이 우리의 모습이다.

만일 누군가 시몬에게 "당신은 불의를 기뻐하고 있소."라고 말했다면 그는 매우 강하게 항변했을 것이다. 그는 죄를 지적당하는 것을 견디지 못하는 사람이기 때문이다. 39절 말씀이 이를 증명한다. 그는 예수님의 발을 "만지는haptetai" 여자의 행동을 못마땅해했다. 이 단어는 간혹 성적 의미로 사용되기도 했다(고전 7:1 참조). 따라서 바리새인 시몬의 눈에는 그녀가 예수님의 발을 닦는 것이 아니라 애무하는 것이었다. 그는 그 순간을 함께 기뻐할 새도 없이 정죄해버렸다.

이와 같이 시몬은 분노에 사로잡혀 죄를 지었다. 창녀의 죄보다 더 큰 죄, 바로 교만의 죄였다. 그는 자기의 의로움을 자랑했다. 그래서 은혜를 구할 필요가 없었다. 잃어버린 자들에게 사랑을 보여줄 수도 없었고 궁핍한 죄인들을 향한 하나님의 은혜의 진리를 함께 기뻐할 수도 없었다. 시몬의 눈에 그들은 하나님의 용서를 구하기에 너무 큰 죄인일 뿐이었다. 예수님이 거룩하다 하신 것을 정죄하였으나 정작 그가 정죄한 사람은 단 한 명, 바로 자신이었다.

사랑 없는 바리새인

내가 무엇보다 분명하게 전하고픈 진리 중 하나는 죄에 빠진 자는 물론 누구에게나 부어주시는 하나님의 은혜다. 예수님도 똑같은 마음이셨다. 그분의 모든 가르침에는 목적이 있었다. 예수님은 십자가에 죽으시고 세상을 용서하사 다시 살아나심으로 당신의 목적을 완전히 성취하셨다. 그 목적은 사람들이 죄에서 돌이켜 하나님이 거저 주시는 은혜를 받아들이도록 돕는 것이었다. 예수님은 불의를 기뻐하지 않으시고 늘 진리와 함께 기뻐하며 사랑으로 결정하셨다.

우리는 이 이야기에서 그런 예수님의 사랑을 만난다. 죄 많은 여인을 용서하고 그녀를 변호해주시는 모습, 또 자기 의에 빠져 있는 바리새인을 대하시는 모습 속에서 그 사랑을 만난다.

예수님은 온전히 진리 안에서 행하셨다. 시몬과 그의 사랑 없는 마음에 대해서도 예외가 아니었다. 예수님은 시몬에게 죄인들을 향한 하나님의 은혜를 보여주기 원하셨다. 그리고 은혜로 용서 받은 자가 경험하는 사랑을 그도 경험하기 원하셨다. 그래서 예수님은 그의 가치관을 송두리째 바꿔놓을 이야기를 하나 들려주셨다. "빚 주는 사람에게 빚진 자가 둘이 있어 하나는 오백 데나리온을 졌고 하나는 오십 데나리온을 졌는데 갚을 것이 없으므로 둘 다 탕감하여 주었으니 둘 중에 누가 그를 더 사랑하겠느냐"(눅 7:41~42). 이 질문은 오히려 함정이 있지 않을까 싶을 정도로 답이 분명하다. 시몬도 마치 속임수를 고려한 듯 망설이며 대답했다. "내 생각에는 많이 탕감함을 받은 자니이다"(43절). 그렇다. 두 남자 모두 빚을 탕감받았지만 거의 2년 치 월급을 탕감 받은 사람이 탕감해주는 사람을 더 사랑할 것이다.

예수님은 용서와 사랑의 영적 경제학을 가르치셨다. 즉 많이 용서받은 사람이 더 많이 사랑한다. 예수님의 가르침은 거기서 끝나지 않았다. 예수님은 훌륭한 설교자답게 이 이야기를 개인적인 적용으로 이끌어가셨다. 빌려주는 사람과 빚진 자 두 사람의 이야기는 그날 저녁 식사에 함께한 예수님과 두 죄인의 이야기다. 그리고 (그가 깨달았는지는 알 수 없으나) 두 죄인 중 한 명은 바리새인, 곧 시몬이다.

예수님은 이야기를 적용하시기 위해 아이러니한 질문을 던지셨다. "이 여자를 보느냐?" 당연히 시몬은 그녀를 보았다. 그녀가 나타난 후 시몬은 잠시도 그녀에게서 눈을 뗄 수 없었다. 예수님은 여인과 바리새인을 대조하여 말씀하셨다. "내가 네 집에 들어올 때 너는 내게 발 씻을 물도 주지 아니하였으되 이 여자는 눈물로 내 발을 적시고 그 머리털로 닦았으며 너는 내게 입맞추지 아니하였으되 그는 내가 들어올 때로부터 내 발에 입맞추기를 그치지 아니하였으며 너는 내 머리에 감람유도 붓지 아니하였으되 그는 향유를 내 발에 부었느니라"(눅 7:44~46).

예수님의 말씀처럼 두 사람은 너무도 극명한 차이를 보였다. 좋은 주인은 자기 집을 찾아온 손님의 양 볼에 입을 맞추고 머리에 기름을 부어준다. 그러나 시몬은 기본적인 환대의 절차를 이행하지 않았다. 반면 죄 많은 여인은 평소보다 더 낮은 모습으로 자신의 가장 값진 것을 드렸다. 그녀는 수건과 대야를 사용하는 대신 자신의 눈물로 예수님의 발을 씻기고 머리카락으로 닦았다. 그리고 예수님의 머리에 기름을 붓는 대신 값비싼 향유를 드렸다. 이보다 더 순종적인 사랑은 없을 것이다.

이 모든 행동은 두 사람의 마음 상태를 보여주었다. 그리고 예수님은 이 두 사람의 차이가 사랑이라고 말씀하셨다. 그런 차이가 나게 된 이유는 바로 용서다. 예수님은 모든 사람이 듣는 가운데 시몬에게 말씀하셨다. "이러므로 내가 네게 말하노니 그의 많은 죄가 사하여졌도다 이는 그의 사랑함이 많음이라 사함을 받은 일이 적은 자는 적게 사랑하느니라"(47절). 예수님은 시몬을 가리켜 사함을 받은 일이 적으니 적게 사랑한다고 말씀하셨다. 바리새인이었던 그의 마음이 그대로 드러나 버렸다. 그는 모든 신학과 선악의 기준을 파악했지만 사랑하는 방법은 알지 못했다. 그가 사랑하는 방법을 알았다면 그런 식으로 예수님을 맞이하지는 않았을 것이다. 그 여인의 불의를 기뻐하지도 않았을 것이다. 사랑은 그렇게 하지 않기 때문이다. 시몬은 그동안 하나님의 은혜를 한 번도 경험하지 못했다. 그래서 죄인이 누리는 하나님의 은혜에 함께 기뻐할 수 없었던 것이다.

폴 밀러는 이렇게 정리한다. "시몬은 다음과 같이 믿었다. 그래서 그 여인 때문에 충격을 받지 않을 수 없었다. ①나는 여자처럼 큰 죄를 지어본 적이 없다. ②그러므로 나는 여자보다 괜찮은 사람이다. ③그래서 예수님께 구할 것이 아무 것도 없다"[52]

솔직히 우리 마음에도 사랑이 없다. 당신은 이번 주에 한 번이라도 용서받은 죄인의 귀한 사랑을 예수님께 보여드렸는가? 기도 가운데 그분의 임재를 기뻐하고, 찬양 가운데 그분에게 입 맞추었는가? 희생 제물로 값비싼 보물을 드렸는가? 종의 자세로 그분을 섬겼는가? 진리와 함께 기뻐할 때, 사랑은 이 모든 일들을 가능케 한다.

그렇다면 당신이 다른 사람들을 대하는 태도를 생각해보라. 혹시 당신은 주위의 '죄인들'을 귀찮아하고 있지 않은가? 그들의 약함에 마음 아파하는가, 아니면 그들을 유혹하는 문제들이 나에게 없다는 것을 속으로 기뻐하는가? 하나님이 다른 죄인의 삶에도 큰일을 행하실 수 있다는 사실을 잊고 있지 않은가? 당신은 가난하고 궁핍한 사람들을 어떻게 대하는가? 그럴 만하여 곤경에 빠졌으니 도움을 받을 자격도 없다고 생각하지는 않는가? 당신의 마음에 사랑이 있다면 이런 생각이 흘러나오지 않을 것이다. 사랑은 불의를 기뻐하지 않기 때문이다.

사랑의 원천

우리에게 사랑이 없다는 사실을 깨달았는가? 그렇다면 이제 몇 가지 실제적인 질문을 던져야 한다. 더 큰 사랑은 어디서 찾아야 할까? 하나님과 이웃을 향한 사랑 안에서 자라가려면 무엇이 필요할까? 어떻게 해야 예수님처럼 사랑하는 법을 배울 수 있을까?

예수님이 시몬에게 하신 말씀 속에서, 사랑은 자신의 죄를 완전히 인정할 때 시작된다는 것을 알 수 있다. 시몬의 사랑은 적었다. 용서받은 일이 적었기 때문이다. 그러나 용서받은 일이 적었던 것은 용서받아야 할 죄가 많다는 사실을 인정하지 않았기 때문이다.

우리도 바리새인과 다르지 않다. 사랑하지 못하는가? 십자가 앞으로 가져가야 할 만큼 우리의 죄가 많음을 인정하지 않기 때문이다. 그 결과는 자기 의다. 자기 의는 우리의 영혼을 서서히 잠식해버린다.

시몬과 우리 모두에게 필요한 것은 이 이야기 속의 죄 많은 여인이 얻은 것이다. 예수님은 그녀를 사랑하시고 용서하셨다. 예수님은 하나님의 은혜의 진리를 기뻐하며 이렇게 말씀하셨다. "네 죄 사함을 받았느니라"(눅 7:48). 그리고 예수님은 그녀에게 믿음의 확신을 주시고, 평안을 약속하시고, 사랑받은 대로 이웃을 사랑하라는 기쁨의 명령과 함께 그녀를 보내셨다. "네 믿음이 너를 구원하였으니 평안히 가라"(50절). 이와 같은 사랑을 하고 싶지 않은가? 죄 많은 여자를 용서하시고 사랑 없는 바리새인의 비밀을 덮어주기까지 사랑하셨던 예수님이 우리도 사랑하신다. 예수님은 불의를 기뻐하지 않으시고 하나님의 은혜의 진리 안에서 기뻐하신다. 그분의 용서는 당신의 마음을 만지고 당신의 눈가를 촉촉하게 할 것이다. 예수님은 당신이 저지른 모든 죄악, 아무에게도 말할 수 없는 비밀과 다시 생각하고 싶지 않은 끔찍한 일까지 모두 십자가에 못 박아주셨다.

용서받는 것, 정말로 용서받는 것이 무엇인지 알게 되면 다른 사람을 무시하지 않는다. 당신이 결코 의롭지 않음을 알기에 더 이상 진실을 피하지도 않는다. 기준에 미치지 못하는 자신을 가리려고 우월한 척할 필요도 없다. 당신은 하나님의 용납하심과 다른 사람을 용납할 수 있는 은혜를 누리게 된다. 하나님께서 있는 그대로의 나를 사랑하신다는 사실을 깨달을 때 우리에게는 사랑할 수 있는 능력이 생긴다. 불의를 기뻐하지 않고, 모든 죄인에게 베푸시는 하나님의 은혜의 진리를 함께 기뻐한다. 그리고 사랑이 하는 일을 준비하게 된다. 용서할 준비가 된다. 섬길 준비가 된다. 예수님을 향해 마음의 보물을 쏟아낼 준비가 된다.

조급함은 우리 마음에 독초와도 같다.
우리의 생각에서 하나님을
제외시켜버리기 때문이다.
_ 존 샌더슨

Chapter 05

사랑은
기다리는 것

사랑은 오래 참고 -고린도전서 13장 4절

예수께서 본래 마르다와 그 동생과 나사로를 사랑하시더니 나사로가 병들었다 함을 들으시고 그 계시던 곳에 이틀을 더 유하시고 -요한복음 11장 5~6절

한 노인과 그의 아내가 집 차고에 앉아 있었다. 그들은 지난 60년간 그래왔듯이 함께 앉아 이야기하고 있었다. 아내는 알츠하이머를 앓고 있었다. 그래서 그녀의 시간은 어머니가 돌아가신 후 매일 밤 일터와 술집에서 돌아오시는 아버지를 위해 불을 켜고 저녁을 차리던 십대 시절을 헤매고 있었다. 그날 밤도 아내는 집으로 돌아가 아버지를 챙겨드려야 한다고 떼를 썼다. 노인은 다정한 목소리로 그녀를 타일렀다.

"여보, 내가 무슨 말을 할지 알고 있지요?"

"네, 아버지는 50년 전에 돌아가셨다고 말할 거잖아요. 하지만 난 아버지가 나를 기다리고 있을 것만 같아요. 날 집에 데려다주지 않으면 절대 차에서 내리지 않겠어요."

노인은 다시 말했다. "하지만 여보, 여기가 우리 집이라오. 이 예쁜 집에서 아들과 같이 살고 있지 않소." 하지만 아내는 더욱 단호하게 대답했다. "아뇨! 여기 말고요, 집으로 가요!"

그렇게 대화는 계속되었다. 결국 집으로 돌아온 아들이 차고에 있는 그들을 발견했다. "아버지, 도대체 얼마나 여기 계셨던 거예요?"

아버지가 대답했다. "글쎄다. 한 두 시간 된 것 같구나."[53]

대부분의 사람들은 두 시간은 고사하고 2분 동안 설명하는 것도 힘들어한다. 그런데 이 노인은 다른 사람들이 평생 걸려 배우는 것을 배웠다. 아니 평생이 걸려도 배우지 못할 수 있다. 그는 사랑의 인내를 아는 사람이었다.

인내

바울이 고린도 교인들을 위해 그린 사랑의 초상화는 "사랑은 오래 참고"(고전 13:4)로 시작된다. 이 말씀에 우리의 마음이 힘든 것은 바울의 의도를 이해하지 못해서가 아니다. 그것을 행하지 못하기 때문이다.

마크 트웨인 Mark Twain의 말이 생각난다. "성경에서 나를 괴롭히는 말씀은 내가 이해하지 못하는 부분이 아니다. 내가 이해하는 부분이다!"

오래 참음에 대한 사도바울의 가르침을 이해하는 것도 그리 어렵지 않다. 실행에 옮기는 것이 어려울 뿐이다.

그러나 예수님께서 삶으로 보여주신 이 사랑을 성령님이 어떻게 우리의 삶 속에서 실행하시는지 살펴보기 전에 해야 할 일이 있다. "사랑은 오래 참고"라는 말씀을 통해 바울이 전하고자 한 메시지가 무엇인지 먼저 분명하게 이해해야 한다.

킹제임스 성경은 "사랑은 오래 견디고love suffereth long"라고 번역한다. 성경에서 사용된 "인내makrothumei"의 진짜 의미를 제대로 해석한 것이다. 사랑은 "오래 견디는 것"이다. 다시 말해 사랑은 "화를 잘 참고 성급히 자신의 권리를 주장하거나 원망하지 않는 것"이다.54 예수님은 원수를 이런 사랑으로 대하라고 가르치셨다. 고린도전서 13장 7절에서도 사랑은 "모든 것을 참으며 모든 것을 견디느니라"라고 다시금 가르친다.

그러나 오래 참음은 원수들만을 위한 것이 아니다. 우리의 이웃에 대해서도 필요하다. 리온 모리스Leon Morris는 바울이 말하는 인내가 "사람들을 향한 인내"라고 말했다.55 우리와 똑같이 부족함 많고 타락한 사람들과의 관계 속에서 만나는 수많은 문제들을 참아내는 능력, 그것이 오래 참음이다. 그와 가장 유사한 말은 관용forbearance이다. 안소니 디 슬턴은 "더디 성내는long-tempered"이라는 말을 좋아했다. 그리고 영어에는 왜 그런 단어가 없는지 의아해했다.56 어쩌면 쉽게 성내는 사람은 너무 많고 더디 화내는 사람은 찾아보기 힘들어서인지도 모르겠다.

'인내'란 말을 정의하기에 앞서 고린도전서 13장의 모든 덕목은 단순히 명사나 형용사가 아닌 동사라는 사실을 기억해야 한다.

바울이 말한 인내는 능동적인 행위다. 따라서 가장 좋은 번역은 "사랑은 인내하며 기다리고"이다. 성경의 다른 말씀들도 이 진리를 가르친다. 전도서 말씀은 이렇게 전한다. "참는 마음이 교만한 마음보다 나으니"(전 7:8) 신약성경도 예외가 아니다. 사도바울은 데살로니가에 보내는 첫 번째 편지에서 동역자들에게 이렇게 권고한다. "게으른 자들을 권계하며 마음이 약한 자들을 격려하고 힘이 없는 자들을 붙들어 주며 모든 사람에게 오래 참으라"(살전 5:14).

성경은 인내를 배우려면 하나님의 성품을 닮으라고 명한다. 하나님은 성내기를 더디 하시며 가장 좋은 때까지 기다리신다. 바울도 로마에 보내는 편지에서 하나님의 "용납하심과 길이 참으심"이 그분의 "인자하심"의 일부이며 그로 말미암아 우리가 회개에 이를 수 있다고 가르친다(롬 2:4). 따라서 '인내'라는 하나님의 성품이 없었다면 우리는 구원을 얻지 못했을 것이다.

하나님은 끊임없이 우리를 참으신다! 하나님은 우리의 죄를 품고 계시지도 않고, 오래 참지 못하는 우리를 정죄하지도 않으신다. 우리가 회개할 기회를 얻기 전에 멸하지도 않으신다. 오히려 우리가 회개할 때까지 참고 기다리신다.

바울은 이러한 하나님의 오래 참음을 몸소 경험한 사람이다. 본래 바울은 복음을 핍박하고 하나님의 나라를 거스르던 사람이었다. 그런 그에게 성령 하나님은 부활하신 그리스도를 계시하셨다. 바울은 하나님께서 자기에게 행하신 일들이 죄인을 영원한 생명으로 이끄는 그리스도의 "완전한 인내"의 결과라고 말한다(딤전 1:16).

당신은 오래 참으시는 하나님의 사랑을 경험한 적이 있는가? 이제 더 이상 사랑을 단순한 지식으로만 받아들이지 말고 당신의 삶을 온전히 예수 그리스도께 드리는 원동력으로 삼으라. 그렇게 되려면 예수님께서 인내하셨듯이 인내하라는 하나님의 명령에 순종해야 한다.

그 명령에 순종하는 것이 얼마나 힘든지 설명할 필요가 있을까? 우리는 우리가 얼마나 참을성이 없는지 잘 알고 있다. 따라서 그 죄의 심각성을 더 깨달아야 할 필요는 없다. 우리에게 필요한 것은 성령님의 도우심이다.

우리가 얼마나 성미가 급한지 모르는 사람들을 위해 존 샌더슨John Sanderson은 인생의 절망적인 순간들에 대해 몇 가지 질문을 던졌다. "약속 시간에 늦었는데 왜 하필 지금 타이어에 펑크가 나는 거야?", "회사 사람들이 온다는데 청소기는 왜 고장 난 거야?" 그리고 가장 중요한 질문은 이것이다. "왜 우리는 이런 일들이 일어날 때마다 불행해하고 좌절하는 걸까?"[57]

여기에 몇 가지 질문을 더하는 것은 그리 어렵지 않다. "어쩌다가 이렇게 지저분한(혹은 지나치게 깔끔한) 룸메이트를 만났을까?", "내일이 중요한 프로젝트 마감일인데 왜 우리 딸은 이 시간까지 깨어 있다가 뭘 사달라고 조르는 걸까?", "어쩌다 내가 회사에서 제일 싫어하는 사람이 우리 팀 상사가 된 거지?" 보다 심각한 질문을 던질 때도 있다. "성령님은 저런 사람을 성화시키지 않고 뭐하시는 거지?" 가장 스케일이 큰 질문은 이것이다. "도대체 하나님은 왜 빨리 세상을 바로잡지 않으시는 거지?"

고린도 교인들의 마음에도 분명 이와 비슷한 질문들이 있었을 것이다. 그렇지 않았다면 왜 바울이 사랑의 덕목 중 가장 먼저 인내를 기록했겠는가. 고린도 교인들도 우리만큼 참을성이 없었던 듯하다. 서로를 판단하는 데는 빨랐지만(고전 4:5) 악한 세상에서 성령님의 때를 기다리는 데는 더뎠다. 따라서 그들에게도 우리처럼 '사랑은 기다림'이라는 가르침이 필요했다.

사랑을 증거한 희생

인내하는 사랑을 배우는 데 가장 좋은 말씀은 나사로의 빈 무덤 이야기일 것이다. 요한복음 11장에는 예수님께서 한 남자가 죽을 때까지 기다리셨다가 다시 살리신 이야기가 기록되어 있다. 이 이야기를 통해 예수님은 사랑의 인내를 보이시며 왜 우리도 인내해야 하는지를 가르쳐 주신다.

이야기는 병상에 누운 한 남자로부터 시작된다.

베다니에 사는 나사로, 그는 마리아와 마르다의 오라비로 죽을병에 걸렸다. 그래서 그의 누이들은 예수님께 전갈을 보냈다. "주여 사랑하는 자가 병들었나이다"(요 11:3). 이것은 단지 사실을 전하기 위함이 아니었다. 급히 와주시기 바라는 요청의 메시지였다. 마리아와 마르다는 예수님이 무얼 하고 계시든 어서 오셔서 오라비를 구원해주시길 바랐다. 예수님께서 나사로를 사랑하셨기 때문에 다른 일은 제쳐두고 최대한 빨리 와주시리라 기대했다.

하지만 예수님은 위급한 상황을 느끼지 못하셨는지 조금 무심한, 아니 거부하는 듯한 반응을 보이셨다. "이 병은 죽을 병이 아니라 하나님의 영광을 위함이요 하나님의 아들이 이로 말미암아 영광을 받게 하려 함이라"(4절). 그러나 나사로가 생명을 앗아가는 병에 걸린 것이 아니라는 말씀이었다면 예수님의 말씀은 완전히 틀렸다. 나사로는 죽었기 때문이다.

예수님은 꼬박 이틀이 지나서야 베다니로 가셨다. 얼마나 안타까운 일인가! 결국 예수님께서 베다니에 도착하신 것은 나사로가 죽은 지 나흘이 지난 후였다.

인간적인 관점에서 5절과 6절 말씀을 이해하기란 쉽지 않다. "예수께서 본래 마르다와 그 동생과 나사로를 사랑하시더니 나사로가 병들었다 함을 들으시고 그 계시던 곳에 이틀을 더 유하시고" 특히 6절을 읽을 때, 우리는 예수님께서 나사로의 소식을 듣자마자 베다니로 가시기 바라는 마음이 간절하다. 정말 예수님께서 그들을 사랑하셨다면 서둘러 가셔서 그들을 도와주시지 않았겠는가!

그러나 예수님은 일부러 지체하셨다. 그들이 죽음과 그로 인한 고통을 맛보아야 했기 때문이다. 예수님은 이에 흡족해하시며 제자들에게 말씀하셨다. "나사로가 죽었느니라 내가 거기 있지 아니한 것을 너희를 위하여 기뻐하노니"(14~15절).

내가 만일 제자들 중 한 명이었다면 걱정 때문에 제정신이 아니었을 것이다. 아마도 빨리 가보시라고 예수님을 재촉하다가 나사로를 구하기에는 너무 늦었다는 사실을 알고 분노했을 것이다.

이 이야기의 처음 부분은 흡사 서스펜스 영화의 한 장면과도 같다. 보는 사람의 마음은 급한데 주인공은 너무 느긋하게 행동한다. 관객들은 주인공이 제발 빨리 대처하길 바라며 스크린을 향해 소리를 지른다.

요한은 제자들의 마음이 어떠했는지에 대해 기록하지 않았다. 그러나 마리아와 마르다는 조급했던 것이 분명하다. 그들의 말에 원망이 섞여 있기 때문이다. 예수님께서 도착하셨을 때 마르다의 입에서 나온 첫 마디는 이것이었다. "주께서 여기 계셨더라면 내 오라버니가 죽지 아니하였겠나이다"(요 11:21). 예수님과 그분의 능력에 대한 마르다의 굳건한 믿음과 오라비를 구원할 기회를 잃었다는 슬픔이 뒤섞여 있다. 그때 마리아는 집 안에 있었다. 어쩌면 예수님께서 오신 것을 알고도 모르는 척했는지도 모른다. 마침내 입을 연 그녀도 마르다와 똑같은 말을 했다. 지난 며칠 동안 마리아와 마르다는 오라비의 고통이 사그라지는 것을 보며 예수님이 오시기만을 간절히 기다렸다. 그러나 예수님은 제때 오시지 않았고 예수님이 지체하신 까닭에 결국 그들의 오라비는 생명을 잃었다. 예수님은 그 일이 일어나는 내내 단 한 번도 서둘지 않으셨다. 베다니로 떠나시기까지 꼬박 이틀을 인내하며 기다리셨다. 나사로가 죽었을 때도 예수님은 하나님을 영화롭게 하고 제자들이 그분의 이름을 믿게 하려는 계획이 있다고 말씀하셨다. 마르다에게도 오라비가 다시 살아날 것과 마지막 날 죽은 자들이 살아나리라는 사실을 확신시키시며 예수님께 죽음을 이기는 권세가 있음을 차분히 선포하셨다. 마리아를 위로하실 때도 결코 서두르지 않고 그와 함께 슬퍼하셨다.

그때쯤 무덤 주위로 사람들이 몰려들기 시작했다. 그리고 예수님이 지체하신 것을 비난했다. "맹인의 눈을 뜨게 한 이 사람이 그 사람은 죽지 않게 할 수 없었더냐 하더라"(37절). 그렇다. 예수님께서 이틀 동안 꾸물거리지만 않으셨어도 나사로의 죽음을 막으실 수 있었다!

그러나 예수님이 무덤 앞에서 나사로를 향해 살아나라는 명령을 내리시자, 예수님의 지체로 벌어진 일들은 더 이상 문제가 되지 않았다. "돌을 옮겨 놓으라." 마르다는 예수님이 너무 늦게 오셔서 이제는 가망이 없다고 말했다. "주여 죽은 지가 나흘이 되었으매 벌써 냄새가 나나이다"(39절). 하지만 예수님은 침착하게 대답하셨다. "내 말이 네가 믿으면 하나님의 영광을 보리라 하지 아니하였느냐"(40절). 그것을 증명하듯 예수님은 두 번째 명령을 내리셨다. "나사로야 나오라"(43절). 예수님은 목소리만으로 죽은 자를 무덤에서 나오게 하는 놀라운 기적을 행하셨다. 생명을 희생시킨 기다림 같았으나 결국 예수님의 기적을 위한 완벽한 장치였음이 증명되었다. 놀랍게도 나사로는 다시 살아났다!

이 이야기는 예수님의 인내뿐 아니라 사랑을 증거한다. 요한복음 11장은 온통 예수님의 사랑, 곧 나사로를 향한 사랑, 마리아와 마르다를 향한 사랑, 제자들을 위한 사랑의 증거들로 채워져 있다. 나사로가 죽을 때까지 내버려두신 예수님의 사랑이 의심될 때마다 죽은 자가 무덤에서 걸어 나온 11장의 결말을 기억해야 한다. 예수님께서 지체하신 이유가 무엇이든 그분이 나사로를 사랑하지 않았기 때문은 아니다.

이야기가 끝날 때쯤 우리는 그분의 기다림이 사랑의 표현이었음을 알 수 있다. 제임스 보이스 James Boice도 요한복음 11장 주해에서 예수님이 더디 오시는 것은 바로 '사랑' 때문이라고 말한다.[58]

모든 것을 주관하시는 하나님

요한복음 11장은 예수님의 인내의 사랑만 가르치지 않는다. 왜 우리가 하나님에 대하여 조급해하지 말아야 하고, 인생에서 부딪히는 여러 환경과 다른 사람들을 인내해야 하는지 가르쳐준다.

사랑은 왜 기다리는가? 첫째, 하나님께서 항상 모든 것을 주관하시기 때문이다. 마리아와 마르다는 모든 게 엉망이 되었다고 생각했다. 오라비는 죽어가고 하나님이 도와주신다 해도 이미 너무 늦어버렸다고 믿었다.

우리도 마찬가지다. 더 이상 상황을 통제할 수 없다고 느낄 때 우리는 인내심을 잃기 시작한다.

아이들은 부모를 참지 못한다. "내가 하고 싶은 걸 하게 좀 내버려 둬요!" 부모들도 자녀에 대해 조급해한다. "너는 언제야 정신을 차릴 거니?" 학교에서는 졸업 후 하나님께서 우리에게 명하신 것들을 행하기 위해 배우는 시간에 쫓긴다. 직장에서는 일하는 데 방해되는 동료를 참지 못한다. 마트에서는 게으르거나 일을 못하는 사람들 때문에 인내심을 잃는다. 주말에는 내 계획대로 움직여주지 않는 친구들 때문에 힘들어한다.

사람들이 때로 내 뜻을 몰라주거나, 내가 생각하는 가장 좋은 방법에 장단을 맞춰주지 않는 것은 당연한 일이다. 그런데도 우리는 하나님이 일하실 때까지 기다리지 못하고 다른 사람들에게 '하나님 노릇'을 하려고 한다.

다른 사람을 인내하지 못하는 마음 뒤에는 하나님을 인내하지 못하는 마음이 숨어 있다. 우리의 가정과 직장, 관계를 예수 그리스도의 주권 앞에 정말로 내려놓으면 하나님의 때까지 인내하며 기다릴 수 있다. 그러지 않으면 우리에게는 스스로 모든 것을 주관하려는 속성이 있기 때문에 그것이 실패로 돌아갔을 때 인내심도 바닥나 버린다.

요한복음 11장은 우리 눈에 그렇게 보이지 않을 때조차 하나님께서 항상 주관하고 계시다는 것을 보여준다. 본문 내내 예수님은 모든 것을 주관하고 계신다. 그분은 처음부터 이야기의 결말을 알고 계셨다. 나사로가 아프다는 소식을 들었을 때, 예수님은 그가 죽지 않을 거라고 선포하셨다. 이틀 후 나사로가 죽었다. 그러나 모든 상황은 여전히 예수님의 주관 하에 있었다. 그래서 예수님은 말씀하셨다. "우리 친구 나사로가 잠들었도다 그러나 내가 깨우러 가노라"(요 11:11). 사람들은 이렇게 말했을 것이다. "그게 다 무슨 소용이람? 나사로는 이미 죽었는데!" 그러나 생명의 주인이신 예수님은 기적을 통해서라도 그분의 계획에 따라 움직이신다. 죽음조차 그분의 주권을 침범할 수 없었다. 이것을 믿는 것이 하나님을 아는 것이고 사랑하는 것이다. 조나단 에드워즈는 "하나님을 사랑할 때 우리는 만물 안에서 그분의 손길을 보고 그분을 이 세상의 주관자이자 섭리의 주인으로 인정하며, 모든 상황 속에 숨겨진 그분의 뜻을 고백하게 된다."라고 말했다.[59]

하나님은 지금도 이 세상을 주관하신다. 우리가 인내심을 잃을 때마다 이 사실을 기억해야 한다. 참된 사랑은 이 진리가 드러날 때까지 참아낸다.

존 샌더슨은 이렇게 말했다. "우리의 분노는 전능하신 하나님께서 우리를 위해 만들어 놓으신 시간표를 거스른다. 우리는 하나님이 세워놓으신 계획을 인지하지 못할 때가 많다. 기다림과 상실, 혹은 실패 때문에 좌절하는 것 같지만 사실은 그 계획을 인지하지 못하기 때문이다. 그래서 조급함은 우리 마음에 독초와도 같다. 우리의 생각에서 하나님을 제외시켜버리기 때문이다."[60]

당신의 생각에서 하나님을 제외하지 말라. 오히려 하나님께서 지금도 주관하고 계시다는 사실을 늘 신뢰하라. 제임스 보이스는 "지금의 상황이 어떻게 끝날지, 왜 이런 일이 우리에게 일어나는지 알 수 없지만 이 모든 일이 그리스도의 사랑에서 시작되었고 그분의 섭리 아래 있다는 사실은 알 수 있다"라고 말했다.[61] 이것을 깨닫고 믿으며 살아갈 때, 우리는 하나님께서 모든 것을 주관하신다는 믿음 안에서 인내를 가지고 사랑할 수 있다.

일하시는 하나님

인내해야 하는 또 한 가지 이유가 있다. 그것은 바로 하나님께서 일하시기 때문이다. 하나님은 모든 것을 주관하실 뿐 아니라 당신의 백성들의 삶 속에서 착한 일을 행하신다. 즉 하나님은 우리를 위하여, 또 자신의 영광을 위하여 일하고 계신다.

예수님께서 처음 나사로의 소식을 들으셨을 때 그의 병은 "하나님의 영광을 위함이요 하나님의 아들이 이로 말미암아 영광을 받게 하려 함이라"(요 11:4)라고 말씀하셨다. 나사로가 죽은 후 이제 더 이상 예수님이 할 수 있는 일이 없을 거라고 마르다가 의심할 때도 예수님은 이렇게 말씀하셨다. "내 말이 네가 믿으면 하나님의 영광을 보리라 하지 아니하였느냐"(40절). 요한복음 11장에서 일어나는 모든 일은 한 가지 목적, 곧 우주를 움직이는 한 가지 목적을 위한 것이다. 바로 하나님의 영광이다.

믿으면 보게 된다. 하나님은 자신의 영광을 나타내시기 위해 늘 일하신다. 무엇보다 예수님은 제자들 안에서 일하셨다. 그래서 그들이 예수님의 인내와 능력을 배울 수 있었다. 그들에게는 이 모든 일이 믿음 안에서 성장할 수 있는 좋은 기회였다. 나사로가 죽었을 때 예수님께서 기뻐하셨던 이유는 죽음을 이기는 그분의 능력을 제자들이 믿게 되는 기회가 될 수 있었기 때문이다.

하나님은 마르다의 삶 속에서도 일하셨다. 그녀는 동생 마리아에 대해 참지 못했던 적이 있다. 마리아가 맘에 들지 않는다고 예수님께 하소연을 하기도 했다(눅 10:38~42). 그랬던 그녀가 이제는 예수님의 말씀을 듣고 믿음 안에서 성장할 준비가 되어 있었다. 오라비가 죽었지만 그녀는 믿음으로 고백했다. "그러나 나는 이제라도 주께서 무엇이든지 하나님께 구하시는 것을 하나님이 주실 줄을 아나이다"(요 11:22).

예수님은 마르다에게 부활에 대해서도 가르치셨다. 그녀는 죽은 사람이 살아나는 것은 미래의 일이라고만 생각했다. 그러나 예수님은 바로 지금 자신에게 죽음을 이기는 능력이 있음을 가르치셨다. "나는 부활이요 생명이니 나를 믿는 자는 죽어도 살겠고 무릇 살아서 나를 믿는 자는 영원히 죽지 아니하리니 이것을 네가 믿느냐"(요 11:25~26). 그녀는 예수님을 믿었는가? 성령님이 그녀의 마음에 믿음의 일을 행하셨는가? 마르다는 놀라운 신앙을 고백한다. "주여 그러하외다 주는 그리스도시요 세상에 오시는 하나님의 아들이신 줄 내가 믿나이다"(27절).

하나님은 마리아의 삶 속에서도 일하셨다. 그녀는 무덤 앞에서 울고 계신 예수님을 보면서 고통당하는 자들을 향한 구세주의 사랑을 느꼈다. 나사로의 죽음을 슬퍼하던 자들도 마찬가지였다. 하나님은 그들의 삶 속에서도 일하고 계셨다. 그들 앞에서 놀라운 기적을 행하심으로 당신의 영광을 드러내셨다.

하나님은 언제나 일하신다. 그분은 모든 것을 주관하시는 분이다. 또한 당신의 영광을 보이기 위해 일하시며 우리가 그분을 알 수 있도록 도우신다. 인내심을 잃을 때마다 우리는 이 사실을 기억해야 한다. 그러면 하나님께서 하시는 일을 이해할 수 없을지라도 그분이 여전히 일하고 계신다는 사실에 의지할 수 있다. 하나님의 주권적인 선하심을 믿으면 우리의 마음이 낙심하지 않을 뿐 아니라 다른 사람들을 사랑하는 데 관심을 기울이게 된다.

삶이 내 뜻대로 되지 않을 때에도 하나님은 여전히 일하신다. 그런 일은 매일 일어난다. 인적 없는 바닷가에서 차가 고장나버린 부부가 하루 종일 발만 동동 구르고 있다. 그러던 중 누군가를 만나게 되고 그에게 복음을 전한다. 엄마와 딸이 동네 문구점을 다 돌았는데도 꼭 맞는 준비물을 찾지 못해 낙심한다. 그러다가 마지막으로 들른 가게에서 곧 전학 올 아이의 엄마를 만나게 되고 아이 때문에 초조한 그녀를 따뜻하게 격려한다. 이렇게 하나님은 늘 우리의 삶 곳곳에서 일하신다. 사람들 눈에는 우리가 하나님의 일을 하느라 바쁜 것처럼 보일 수도 있다. 그러나 사실 우리 속에서 바쁘게 일하시는 분은 하나님이다.

그러므로 이제는 문제와 사람들 때문에 조급해하는 대신 하나님의 임재를 연습해야 한다. 이렇게 기도하라. "주님, 지금 마음이 너무 조급해서 견딜 수가 없습니다. 겉으로 드러나지는 않지만 이 상황의 중심에 주님이 계신 것을 압니다. 그리고 주님께서 선한 일을 행하고 계시다는 것도 압니다. 하나님께서 하시는 일을 보게 하시고, 비록 볼 수 없을 때라도 하나님께서 일하고 계심을 믿도록 도와주시옵소서."

하나님은 늘 더 좋은 것으로 우리의 영혼을 채우시고 그분의 이름을 높이시기 위해 우리의 생각과 상상 이상으로 바쁘게 일하신다. 그래서 지혜로운 사람은 하나님이 일하실 때까지 기다리며 조급함에 지배당하지 않는다. 하나님의 영광을 위하여 예수님의 사랑이 우리를 통해 일하시도록 인내한다.

고난 중에도 사랑이 있다

하나님은 모든 것을 주관하신다. 하나님은 끊임없이 일하신다. 모두 사실이다. 그러나 이러한 진리를 안다고 해서 우리가 고난을 면할 수 있는 것은 아니다. 이것이 요한복음 11장이 인내에 대하여 가르쳐주는 또 하나의 교훈이다. 즉 사랑은 고난 중에도 기다린다.

"사랑은 고난을 견디고" 고린도전서 13장 4절의 또 다른 해석이다.

우리가 인내해야 하는 이유 중 하나는 인생을 살다보면 수많은 고난을 만나기 때문이다. 하나님은 이 모든 고난을 통하여 인내와 소망을 이루신다(롬 5:3~4).

우리는 요한복음 11장에서 인생의 가장 아픈 고난들, 곧 질병과 죽음, 슬픔을 만난다. 이야기 속에 등장하는 모든 사람이 고난을 당했다. 나사로는 침상에 누워 질병의 고난을 당했다. 그의 누이들은 오라비가 죽어가는 모습에 비통해하며 하나님께서 이런 일들을 허락하신 이유를 이해하려고 몸부림쳤다. 친구들은 하나가 되어 이 모든 슬픔을 나누었다. 그들은 모두 예수님께 사랑받는 자들임에도 불구하고, 혹은 사랑받기 때문에 고난을 겪었다. 이것은 매우 중요한 영적 교훈이다. 우리가 고난을 당하는 것은 하나님이 우리를 사랑하시지 않아서가 아니다.

요한복음 11장에 등장하는 모든 사람이 고난을 당했지만 예수님보다 더 큰 고난을 당한 사람은 없었다. 예수님이 마리아를 대하시는 모습에서도 알 수 있다. "예수께서 그가 우는 것과 또 함께 온 유대인들이 우는 것을 보시고 심령에 비통히 여기시고 불쌍히 여기사"(요 11:33). 구세주의 마음이 친구들의 슬픔에 무너져내렸다. 여기서 요한은 아주 강렬한 감정을 가리키는 단어를 사용했다. 예수님의 영혼 깊은 곳에서부터 상실의 슬픔과 죽음의 공포에 대한 격정이 흘러나왔다. 그리고 그것은 성경에 짧게 기록된, 자연스럽고도 놀라운 결과로 나타났다. "예수께서 눈물을 흘리시더라"(35절). 곁에 섰던 자들은 그 눈물의 의미를 알고 있었다. "보라 그를 얼마나 사랑하셨는가"(36절).

물론 예수님께서 나사로의 소식을 듣자마자 베다니로 오셨거나 멀리서라도 고쳐주셨다면 이 모든 일은 일어날 필요조차 없었을 것이다. 그러나 예수님은 고통 중에도 하나님의 영광을 위해 인내하며 기다리셨다. 누구에게나 그렇듯 기다림은 예수님께도 힘든 일이었다.

그러나 사랑은 기다린다. 예수님이 고난의 시간을 견디시는 모습 속에서 우리도 인내를 배운다. 또한 예수님은 고난이 끝날 때까지 인내하는 우리를 사랑으로 보호해주신다. 예수님은 우리의 마음을 이해하신다. 희생이 따르는 기다림이 무엇인지도 알고 계신다. 그래서 하나님은 우리에게 고난을 견디라고 명하는 동시에 우리를 도와주고 위로해줄 구세주 예수님을 보내주신다. 인내심을 잃고 조바심이 날 때마다 우리는 이 사실을 기억해야 한다. 예수님은 우리가 세상에서 겪어야 할 고통을 알고 계신다. 그러므로 우리는 고난을 허락하신 그분의 동기를 판단할 것이 아니라 그분의 사랑 안에서 삶을 해석하는 법을 배워야 한다.[62]

모든 고통이 끝나는 날

우리가 인내해야 하는 마지막 이유는 하나님께서 결국에는 선한 길로 인도하실 거라고 약속하셨기 때문이다. 그래서 사랑은 하나님이 우리의 모든 눈물을 닦아주시는 그날까지 기다리고 또 기다린다.

나사로가 살아난 기사를 통해 하나님께는 모든 것을 바로잡는 능력이 있다는 사실을 분명히 알 수 있다. 예수님은 나사로가 아프다는 소식을 듣는 즉시 기적을 행하실 수 있었다. 하지만 그것은 건강을 되찾는 기적이지 생명을 되찾는 기적은 아니었을 것이다.

하나님은 그분의 강한 능력을 보이기 위한, 보다 완벽한 계획을 가지고 계셨다. 그래서 예수님은 믿음을 가지고 아버지 하나님의 때를 기다리셨다. 그분의 영광을 드러낼 때가 되자 예수님은 기도를 들으신 하나님께 감사하며 나사로를 명하여 무덤에서 나오게 하셨다(요 11:41~43).

물론 이것은 마지막 부활이 아니었다. 훗날 나사로는 다시 죽었기 때문이다. 그러나 이 기적은 죽음을 이기시는 하나님의 능력을 보여주는 확실한 징조였다.

마지막 날에 하나님의 모든 자녀들은 불멸의 존재로 살아나 영원히 죽지 않을 것이다. 예수님은 자신의 부활을 통해 이 복음의 소망을 확증하셨다. 예수님은 우리의 죗값을 치르기 위하여 십자가에서 죽으셨다. 그리고 자기를 믿는 자들을 위하여 영생의 능력으로 사흘 만에 다시 살아나셨다.

부활하신 예수님께서 다시 오실 때, 죽은 자들이 들리고 모든 것이 제자리로 돌아올 것이다. 모든 불의가 심판받을 것이다. 모든 선한 행위가 보상을 받을 것이다. 모든 자비는 하나님의 영광이 될 것이다. 예수님을 십자가에 못 박은 우리의 모든 죄가 사함을 받을 것이다. 그리스도 안에서 죽은 자들이 모두 부활할 것이다. 모든 것이 우리의 생각과 상상보다 훨씬 더 멋질 것이다. 때문에 야고보는 다음과 같이 권고한다. "그러므로 형제들아 주께서 강림하시기까지 길이 참으라"(약 5:7).

그날이 오면 이 땅에서 얼마나 힘들었는지, 얼마나 오랫동안 다시 오실 주님을 기다렸는지 기억조차 못할 것이다. 마리아와 마르다도 그랬다. 알렉산더 맥클라렌 Alexander Maclaren은 예수님이 오셔서 도와주시기를 기다린 시간이 그들에게 무척 길게 느껴졌을 거라고 말한다. 그는 이렇게 기록했다. "예수님은 이틀, 즉 48시간 동안 대답하지 않으셨다. 더디 가는 그 시간이 그들에게는 영원과도 같았다. 그들은 이렇게 말했을 것이다. "이젠 지쳤어. 예수님은 오시지 않아." 오라비를 무덤에 누이고 그의 죽음을 애통할 때도 슬픔의 시간은 더디게 갔다. 하지만 맥클라렌은 묻는다. "나사로가 다시 살아났을 때 그들은 그 시간들을 기억이나 했을까?"63

나사로가 살아나자 모든 고통이 사라졌다. 마리아와 마르다는 시편 말씀이 진리임을 깨달았다. "울음이 깃들일지라도 아침에는 기쁨이 오리로다"(시 30:5). 고난의 시간이 지나가고 하나님이 주시는 기쁨에 사로잡힌 자에게 고통은 그저 머나먼 기억일 뿐이다.

이 또한 인내심을 잃을 때마다 기억해야 할 진리다. 하나님은 결국 모든 것을 선한 길로 인도하실 것이다. 예수님은 너무 이르지도, 너무 더디지도 않게 행하신다. 예수님은 가장 좋은 시간을 알고 계신다. 나사로와 그의 누이들을 돌아보신 것처럼 예수님은 타락한 이 세상의 고통도 돌아보신다. 그분의 사랑 안에는 우리의 모든 고난이 끝날 계획도 들어있다. 그분의 위대한 날은 가장 좋은 시간에 임할 것이다. 그리고 그날이 오면 우리는 그분의 영광을 보게 될 것이다. 우리는 그분이 그동안 모든 것을 주관하셨고 고난까지도 선한 길로 이끄셨음을 알게 될 것이다. 그래서 우리는 인내해야 한다.

그리스도인은
우리를 자유롭게 하기 위해
십자가에 못 박히시고 다시 살아나신 주님이
주시는 힘으로 이 세상을 섬길 수 있다.
_ 도널드 잉글리쉬

Chapter 06

사랑의 광대함

사랑은 시기하지 아니하며 사랑은 자랑하지 아니하며 교만하지 아니하며 무례히 행하지 아니하며 −고린도전서 13장 4~5절

저녁 먹는 중 예수는 아버지께서 모든 것을 자기 손에 맡기신 것과 또 자기가 하나님께로부터 오셨다가 하나님께로 돌아가실 것을 아시고 저녁 잡수시던 자리에서 일어나 겉옷을 벗고 수건을 가져다가 허리에 두르시고 이에 대야에 물을 떠서 제자들의 발을 씻으시고 그 두르신 수건으로 닦기를 시작하여
−요한복음 13장 3~5절

도구를 보면 그 사람의 직업을 알 수 있다. 어느 날 우리 아들이 유치원에서 아버지의 직업에 대한 질문을 받았다. "아버지는 컴퓨터를 가지고 일하세요." 사실이다. 설교를 준비하는 대부분의 시간을 노트북 앞에서 할애하기 때문이다.

요즘은 거의 모든 사람이 컴퓨터로 일한다. 그러나 보다 전통적인 도구를 사용하는 직업도 적지 않다. 건축가는 연필과 칼, 제도판을, 배관공은 양동이와 공구를 가지고 일한다. 바이올린의 대가는 스트라디바리우스가 필요하다. 이렇듯 모든 직업은 도구를 필요로 한다.

예수님이 어릴 적, 목수인 아버지와 일할 때는 망치와 조각칼 같은 도구를 사용하셨다. 생애를 마치실 즈음에 필요한 도구는 낡은 십자가뿐이었다. 또한 예수님은 십자가의 고난을 겪으시기 전에 겸손한 종의 도구를 취하셨다. 허리에 수건을 두르시고 대야에 물을 떠서 제자들의 더러운 발을 씻기셨다. 온 우주의 주인이신 예수님은 이 놀라운 겸손의 의식을 통해 자기를 부인하는 구원 사역을 증거하시고 모든 제자들에게 겸손한 섬김의 소명을 맡기셨다.

관대함, 겸손, 정중함

우리는 발을 씻기시는 예수님의 특별한 행동 속에서 사도바울이 고린도전서 13장에 기록한 사랑의 정의를 발견한다. "사랑은 시기하지 아니하며 사랑은 자랑하지 아니하며 교만하지 아니하며 무례히 행하지 아니하며"(고전 13:4~5). 이 말씀은 서로 긴밀히 연결되어 우리에게 관대하며 겸손하고 친절하게 살라고 단호하게 명령한다. 그것은 곧 다른 사람들을 우리 자신보다 더 귀하게 여기는 삶이다.

바울은 단어 하나하나를 매우 신중하게 선택했다. 앞으로 살펴보겠지만 바울은 고린도전서 초반부에서 고린도 교인들에게 서로에 대한 태도를 책망할 때도 이와 동일한 어휘를 사용하였다. 그들은 시기하고 자랑하였으며 교만하고 무례했다. 이 모든 것은 사랑이 아니다.

이 단어들은 공통점이 하나 있다. 모두가 인생에서 일어나는 좋은 일에 어떻게 반응해야 하는지 말해준다.[64]

우리는 고난과 실망, 낙심과 같이 힘든 일들을 대하는 것이 얼마나 어려운지 잘 알고 있다. 그러나 성공을 대하는 것도 그만큼 어려울 때가 있다. 시기는 다른 사람의 성공에 대한 악한 반응이다. 그리고 자랑과 교만, 무례함은 자기의 성공에 대한 악한 반응이다.

다른 사람의 성공부터 살펴보자. 신약성경에서 시기zelos를 뜻하는 단어는 원래 '타오르다', 혹은 '끓어오르다'의 뜻을 갖고 있다. 그래서 안소니 디슬턴은 이 말씀을 "사랑은 시기로 타오르지 아니하며"라고 해석했다.[65]

시기는 다른 사람의 성공을 보고 느끼는 고통이다. "다른 사람이 잘되는 것에 대한 분노, 나아가 그것을 파괴하고픈 욕망"이다.[66] 다시 말해 시기란 기뻐하는 이와 함께 기뻐하지 못하는 것이다. 조나단 에드워즈는 이를 "이웃과 나를 비교하여 그들의 성공과 행복에 불만스러워하고 훼방하려는 마음"이라고 하였다.[67]

시기는 분명 미움의 한 형태다. 단지 남이 가진 것을 갖고 싶은 마음이 아니다. 그것을 탐내는 죄다(출 20:17). 시기는 남이 가진 것을 잃어버리기 바라는 욕망이다. 조나단 에드워즈의 말을 한 번 더 빌리자면 "시기하는 사람은 다른 사람의 성공에 기뻐하지 못하고 오히려 괴로워한다. 다른 사람이 높아지고 명예와 부를 얻는 것을 보며 불평한다."[68]

06. 사랑의 광대함　117

요셉과 그 형제들의 이야기가 가장 적절한 예다. 요셉의 형들은 사랑을 독차지하는 요셉을 시기한 나머지 그를 깊고 어두운 구덩이에 던져 버렸다. 아각 사람 하만도 마찬가지다. 하만은 누구나 흠모할 만한 것들을 모두 갖고 있었다. 페르시아 왕국에서 아하수에로 왕 다음가는 사람이 하만이었다. 그럼에도 불구하고 유대인인 모르드개가 자기에게 걸맞은 예를 갖추지 않는다고 노를 발했다. 하만은 자기가 높아진 것에 만족하지 못하고 모르드개를 끌어내리려 했다. 그래서 왕이 모르드개를 특별히 선택하자 시기심에 사로잡혀 그를 죽일 음모를 꾀했다.

일전에 잡지 'New Yoker'에 실렸던 만화도 시기심이 얼마나 악한 것인지 보여준다. 만화에서는 두 마리 개가 술에 취해 이야기했다. "개가 이기는 걸로는 부족해." "암, 고양이가 반드시 져야 한다구!"

고린도 교인들은 이러한 시기의 죄를 짓고 있었다. 이에 사도바울은 고린도전서 3장을 통해 시기와 다툼에 빠진 그들의 죄를 책망했다. 그들은 사회적, 신학적인 차이로 첨예하게 부딪치면서 자기와 다른 은사를 가진 교인들에 대해 경쟁심을 가졌다. 그래서 상대방에게 있는 좋은 것을 보는 대신 그들의 은사를 비판하고 업적을 깎아내렸다.

이런 것은 사랑과 거리가 멀다. 참된 사랑은 "다른 사람의 지위와 명예를 시샘하지 않고 그들의 입장에서 함께 기뻐한다."[69] 또한 사랑은 "다툼이나 허영으로 하지 말고 오직 겸손한 마음으로 각각 자기보다 남을 낫게" 여긴다(빌 2:3). 사랑할 줄 아는 사람은 자신의 위치에 온전히 만족하고, 다른 누군가가 승진을 하거나 칭찬과 인정을 받을 때 그의 성공에도 만족할 줄 안다. 당신과 비슷하거나 당신보다 부족하다고 여겼던 사람이 당신을 앞서갈 때 솔직히 어떤 기분이 드는가? 시기심은 이 시험에 통과할 수 없다. 오직 사랑만이 통과할 수 있다.

우리 인생에 성공이 찾아올 때도 우리는 죄를 짓는다. 우리에게 찾아온 행운을 겸손하게 받아들이는 것은 경쟁자에게 좋은 일이 일어난 것을 보는 것만큼 힘들다. 그러나 성경은 사랑이 교만하거나 자랑하지 않는다고 말한다. 다시 말해 사랑하는 사람은 자신의 업적을 드러내려 하지 않는다. 사랑과 교만은 절대 함께할 수 없다. 자랑하는 사람은 인생이라는 드라마에서 자기가 관심의 중심이 되고자 하지만 사랑하는 사람은 다른 사람들을 향해 스포트라이트를 밝혀주기 때문이다.

대학교 2학년 2학기 때, 나는 파트너와 함께 토론대회에서 좋은 성적을 거두었다. 그때 나는 사랑과 자랑의 차이를 매우 분명하게 깨달았다. 우리는 미국 최고의 대학 대표팀들을 무너뜨리고 결승전을 앞두고 있었다. 그때 내가 정확히 무슨 말을 했는지는 기억나지 않는다. 분명한 것은 스스로 자랑하는 말을 했다는 것이다. 그러자 토론대회 코치 선생님이 나에게 이렇게 말씀하셨다. "필, 허풍 떨지 마라. 네가 얼마나 훌륭한지는 내가 얘기하마." 선생님은 내게 자랑하지 말라고 말씀하셨다. 동시에 사랑이 무엇인지에 대해서도 말씀하셨다. 그날 선생님의 책망은 그가 나를 아끼고 내가 잘하기 바란다는 사실을 분명하게 가르쳐주었다.

자랑은 말로 죄를 짓는 것이다. 우리는 우리 자신이 얼마나 대단한지 알리기 위해 자랑하는 말을 한다. 루이스 스미즈는 이것을 "우리 자신을 광고하고 우리의 이미지를 선전하려는 유치한 캠페인"이라고 부른다.[70]

그러나 "입에서 나오는 것들은 마음에서 나온다"(마 15:18). 그래서 바울은 교만을 행위의 죄라고 못 박은 것이다. 신약 성경에서 사용된 교만phusiosis이라는 단어는 득의양양하고 실제보다 부풀려진 것을 뜻한다. 그래서 안소니 디슬턴의 번역이 더 적절하다. 사랑은 "자신의 가치를 부풀리지 않는다."71

또한 사랑은 무례하거나 불쾌한 행동을 하지 않는다. 무례하다는 단어aschemonei는 예의가 없거나 도리에 어긋나는 모든 행동을 가리킬 때 사용된다. 부적절한 행동에서부터 수치스러운 성적인 죄까지 해당된다. 바울이 본문에서 시기와 교만에 관해 가르치는 상황이므로 여기서 무례함은 우리보다 부족하다고 느끼는 사람들을 대하는 태도를 가리킨다. 다시 한 번 루이스 스미즈의 말을 인용하면 "교만한 사람은 자신에게 득이 되지 않는 사람들, 자기를 돋보이게 하지 못하는 사람들에게 무례하게 대한다."72 설령 타인에게 무례히 행하는 것을 자신의 결점으로 인정하는 사람들도 그것을 그리 심각한 문제로 여기지는 않는다. 그러나 성경은 사람들을 예와 친절로 대하지 않는 것은 사랑이 아니라고 가르친다. 아무리 하찮은 상황에서도 그것은 우리가 반드시 지켜야 할 소명이다.

바울의 편지를 통해 우리는 고린도 교인들이 이런 죄에서 자유롭지 못했다는 사실을 알 수 있다. 그들 중에는 자신의 뛰어난 지혜와 지식을 자랑하는 사람도 있었고(고전 3:18; 14:2) 형제자매들보다 영적으로 우월하다고 허풍 떠는 사람도 있었다(14:37). 허황된 자신감에 사로잡혀 있는 교인도 있었다. 바울은 고린도전서 전반에 걸쳐 계속적으로 교만에 빠진 그들에게 경고한다. "너희가 오히려 교만하여져서"(5:2).

그리고 고린도전서 13장에서도 교만을 언급하며 그린도 교인들에게 있는 영적 문제의 근원을 진단한다. 바로 그들에게 사랑이 없다는 것이다. 그것은 곧 우리의 문제이기도 하다. 우리가 원하는 것을 다른 이가 얻었을 때 우리는 왜 질투심에 사로잡히는가? 내가 한 일을 남이 알아주는 것이 왜 그리 중요한가? 특정 상황에 있는 사람들에게 왜 무례히 행하는가? 그것은 우리가 우리 자신만 사랑할 뿐 다른 사람들을 사랑하지 못하기 때문이다.

영원한 사랑

그런 우리에게 필요한 것은 더 큰 예수님의 사랑이다. 다른 사람을 사랑하는 법을 배우려면 우리를 향한 그분의 사랑과 우리 안에서 자라가는 그분의 사랑을 더 깊이 이해해야 한다. 복음서는 이 사랑으로 가득 차 있다. 요한복음 13장에서 예수님이 제자들에게 행하신 놀라운 일은 그 사랑을 가장 분명하게 가르쳐준다.

예수님은 고난과 죽음을 당하시고 무덤에 장사되기 몇 시간 전에 제자들과 저녁을 함께 하셨다. 요한은 이렇게 기록한다. "유월절 전에 예수께서 자기가 세상을 떠나 아버지께로 돌아가실 때가 이른 줄 아시고 세상에 있는 자기 사람들을 사랑하시되 끝까지 사랑하시니라"(요 13:1).

이 말씀은 예수 그리스도의 영원한 사랑의 증거다. 요한은 예수님이 그때까지 제자들을 사랑하셨다고 말한다.

예수님은 오천 명과 제자 12명을 먹이신 것처럼 기적을 행함으로 사랑하셨다. 눈물로 당신의 발을 닦은 여자에게 하신 것처럼 그들의 죄를 사함으로 사랑하셨다. 나사로에게 하신 것처럼 죽은 자를 살리기까지 사랑하셨다. 이 세상에 계시는 동안 예수님은 당신의 사람들을 사랑하셨다! 그리고 이제 예수님이 떠나실 때가 되었다. 우리의 죄를 위하여 십자가에서 죽으시고 영생의 능력으로 다시 살아나셔서 영광 중에 아버지의 오른 편에 앉으실 때가 되었다. 예수님은 마지막으로 제자들에게 더 큰 사랑을 보여주기 원하셨다. 예수님은 "자기 사람들을 끝까지 사랑하시니라"(요 13:1)라는 말씀처럼 그들에게 "자신의 사랑 전부를" 보여주고자 하셨다.

하나님의 아들이 제자들을 끝까지 사랑하신다는 것은 무슨 뜻일까? 이것은 단지 생을 마치실 때까지, 혹은 우리가 죽는 날까지 사랑한다는 의미만이 아니다. 그보다 더 큰 의미가 있다. 예수님은 모든 것이 끝나는 날까지 우리를 사랑하실 것이다.[73] 여기서 '끝'을 가리키는 헬라어는 '완전' telos을 뜻하기도 한다. 즉 우리를 향한 예수님의 영원한 사랑은 절대 끝나지 않을 것이다. 그 사랑의 완전함 또한 영원할 것이다.

그렇다면 예수님은 이 사랑을 구체적으로 어떻게 보이셨는가? 요한복음 13장 1절은 복음서의 중요한 전환점이다. 예수님은 이제 막 영광 중에 예루살렘에 입성하셨다. 그러나 예수님은 이곳에서 죽음을 맞으셔야 했다. 그래서 12장은 "내가 온 것은 세상을 구원하려 함이로라"(47절)라는 예수님의 선포로 마무리된다. 결국 예수님은 그 말씀 그대로 행하셨다. 곧 우리의 죗값으로 자신의 생명을 바쳐 세상을 구원하셨다.

따라서 요한복음 13장 초반에 예수님이 "그들에게 그분의 사랑 전부를 보여주셨다"는 말씀은 넓은 의미로 십자가에서 죽으시고 무덤에서 다시 살아나 하늘로 들려 올라가신 구세주의 구원 사역을 가리키는 것이라 볼 수 있다.

예수님은 제자들뿐 아니라 우리를 위해 죽으셨고 다시 살아나셨다. 따라서 우리는 모두 그의 것이다. 예수님을 나의 구세주요 주님으로 고백하는 우리는 성령으로 다시 거듭났으며 하나님과 함께 영원히 살 것이다.

우리가 그의 것이라는 말은 곧 예수님께서 우리를 사랑하셨고 지금도 사랑하시며 앞으로도 영원히 사랑하실 거라는 뜻이다.

십자가와 텅 빈 무덤, 영광스런 보좌, 예수님께서 우리를 구원하기 위해 행하신 모든 것이 사랑이었다. 모두 "하나님이 우리를 사랑하신 그 큰 사랑을 인한"(엡 2:4) 것이었다.

"친구를 위하여 자기 목숨을 버리고"(요 15:13) 그에게 영원한 영광을 주기 위해 하늘로 올라가신 이 사랑보다 더 큰 사랑은 없다.

무릎을 꿇는 사랑

이렇게 넓은 범위에서 보면 요한복음 13장 1절은 이후에 일어날 일들에 대한 서문의 역할을 한다. 곧 예수님께서 자기 사람들을 끝까지 사랑하셨다는 요한의 기록은 예수님이 모든 구원 사역을 통해 보여주신 '사랑'을 가리킨다.

물론 요한의 기록은 본문 자체만으로도 해석할 수 있다. 구세주의 완전한 사랑이 바로 다음에 예수님이 행하신 일에 그대로 요약되기 때문이다. 따라서 요한복음 13장 1절은 요한복음 후반부의 요약에만 그치지 않는다. 예수님이 저녁 식사 시간에 제자들에게 행하신 일로 넘어가는 도입부의 역할도 훌륭하게 해낸다.

사람들은 말보다 행동이 더 강하다고 이야기한다. 그렇다. 론 새니 Lorne Sanny는 50년 넘게 네비게이토의 제자훈련 지도자로 사역했다. 그의 가르침으로 수천 명이 인생의 변화를 경험했다. 언젠가 그의 교인들이 그의 목회에 관해 이야기하는 것을 우연히 듣게 되었다. 그들은 어느 주일 아침, 새니가 한 미혼모를 위해 모자와 타이를 벗고 자동차의 타이어를 교체해주는 것을 보았다고 했다. 그리고 그 장면은 새니의 그 어떤 설교보다 그들에게 깊은 인상을 남겼다고 했다.

이와 같이 때로는 겸손에서 우러나오는 작은 섬김이 입으로 말하는 진리를 더 공고하게 만들어준다. 예수님의 목회도 이와 같았다. 예수님은 말씀하시고 행하셨다. 요한복음 13장에서 제자들의 발을 씻기기 위해 수건을 두르고 대야에 물을 떠 오시는 구세주의 모습이 그것을 말해준다. 예수님은 살아 움직이는 설교 속에서 자신의 관대함과 겸손, 정중함을 보여주셨다. 시기하지 않는 그분의 모습이 사랑은 교만하지도, 무례하지도 않음을 드라마틱하게 보여주었다. 그분의 사랑은 우리에게 아낌없이 좋은 선물을 주시며 항상 더 많이 부어주시는 사랑이다.

예수님은 이렇게 낮은 자리에서 섬기시면서도 자신이 누구인지 잊지 않으셨다. 오히려 "아버지께서 모든 것을 자기 손에 맡기신 것과 또 자기가 하나님께로부터 오셨다가 하나님께로 돌아가실 것을 아시고"(요 13:3) 그것을 행하셨다. 예수님은 자신이 하나님의 하나뿐인 아들이며 영광 중에 왔다가 영광 중에 돌아갈 것을 알고 계셨다. 그러나 시기심으로 그 지위를 붙드시거나 사람들을 무례하고 교만하게 대하지 않으시고 낮은 자리에서 제자들을 섬기셨다. 요한은 다음과 같이 기록한다. "저녁 잡수시던 자리에서 일어나 겉옷을 벗고 수건을 가져다가 허리에 두르시고 이에 대야에 물을 떠서 제자들의 발을 씻으시고 그 두르신 수건으로 닦기를 시작하여"(요 13:4~5). 당시 관례에 따르면 저녁 만찬의 주인은 절대 이런 일을 하지 않았다. 주인은 식사 자리에서 절대 일어나지 않고 고상하게 기대어 앉아있었다. 또한 주인은 절대 겉옷을 벗지 않았다. 긴 의복을 아름답게 차려 입었다. 물을 따르거나 수건을 들지도 않았다. 당연히 다른 사람의 발을 씻겨주지도 않았다!

그곳에서 사람들이 발을 씻겨드려야 할 존귀한 분은 예수님 한 분뿐이었다. 시몬의 집에서 여자가 발을 씻겨주었던 사람(눅 7:37~38)도, 베다니의 마리아가 발을 씻겨주었던 사람(요 12:1~3)도 바로 예수님이었다. 그렇게 예수님은 모든 사람의 예상을 뒤엎었다. 주님은 종이 되셨다. 베드로는 이 모든 일을 지켜보았다. 예수님이 식사 자리에서 일어나 사람들의 발을 씻기시는 것을 보았다. 그리고 자기 차례가 되자 예수님께 물었다. "주여 주께서 내 발을 씻으시나이까"(요 13:6). 그의 질문은 이런 뜻이었다. "주님, 설마 제 발도 씻으시려는 것은 아니지요, 그렇죠?" 예수님은 베드로에게 지금은 비록 예수님이 그렇게 하시는 이유를 깨닫지 못하지만 결국 이해하게 될 거라고 알려주셨다(7절).

하지만 베드로는 그냥 넘어가지 않았다. "내 발을 절대로 씻지 못하시리이다"(요 13:8). 베드로는 그런 사람이었다. 늘 자기 생각을 있는 그대로 말했다. 그러나 이번에는 무심코 던진 말 속에 그의 교만한 마음이 드러나버렸다. 그는 예수님께 명령하는 무례를 범하고 말았다. 교만함에 빠진 베드로는 예수님이 그를 섬기도록 내버려두지 않았다. 자기는 너무 깨끗해서 씻을 필요가 없다고 자랑한 것이다. 즉 그의 마음에는 사랑이 없었다. 제임스는 베드로의 마음을 이렇게 설명한다. "그는 예수님께서 자기의 발을 씻겨주시는 것이 옳지 않다고 느낄 만큼 겸손했다. 그러나 주인에게 이래라 저래라 하는 것을 삼갈 정도로 겸손하지는 않았다."[74] 그런 베드로에게 예수님은 이 모든 일이 구원과 관련 있다는 것을 설명해주셨다. "내가 너를 씻어 주지 아니하면 네가 나와 상관이 없느니라"(8절). 그리고 여기서부터 예수님은 비유로 말씀하셨다. 곧 제자들이 죄를 씻음받아야 함을 강조하여 말씀하신 것이다. 예수님께서 베드로에게 하신 말씀은 우리 모두에게도 그대로 적용된다. 우리의 죄는 반드시 씻음받아야 한다.

베드로는 자신이 죄인이라는 것을 마음 깊이 알고 있었다. 애초에 그가 예수님을 따르기로 작정한 것도 그 이유였다. 그래서 역시나 베드로답게 말했다. "주여 내 발뿐 아니라 손과 머리도 씻어 주옵소서!"(9절). 베드로는 발을 씻어야 할 이유가 있다면 더 지나쳐도 나쁘지 않을 거라 생각했다. 조금 전까지 자기 발을 건드리지도 못하게 했던 그가 이제 온몸을 씻겨달라고 요구한 것이다.

예수님은 베드로가 아직 당신의 뜻을 이해하지 못했노라고 사랑으로 설명해주셨다. "이미 목욕한 자는 발밖에 씻을 필요가 없느니라 온 몸이 깨끗하니라 너희가 깨끗하나"(10절). 이 말씀을 이해하려면 먼저 당시의 풍습을 살펴보아야 한다. 당시 저녁 만찬에 초대된 손님은 먼저 목욕을 하고 깨끗한 옷으로 갈아입은 뒤 샌들을 신고 만찬장으로 향했다. 하지만 만찬 장소에 도착할 즈음이면 그의 몸은 여전히 깨끗하지만 발은 더러운 길을 걸어오느라 먼지투성이가 되어버렸다. 그래서 친절한 주인은 종을 시켜 손님의 발을 씻겨주는 것을 당연하게 여겼다.

예수님은 이 관습을 이용하여 심오한 영적 진리를 설명해주셨다. 베드로의 몸이 깨끗하다고 하신 것은 베드로가 이미 하나님 앞에 의롭게 되었다는 의미였다(하지만 유다는 전혀 깨끗하지 않았다. 요 13:2, 10~11). 그렇다고 베드로가 다시는 죄를 짓지 않는다는 말은 아니었다. 우리 모두와 마찬가지로 베드로는 다시 죄를 지었다. 그리고 죄를 지을 때마다 씻음 받아야 했지만 머리끝부터 발끝까지 씻을 필요는 없었다. 그의 믿음으로 말미암아 이미 하나님의 의가 완성되었기 때문이다. 그러나 살아있는 동안에는 죄로부터 완전히 자유로울 수 없었다. 이에 대해 제임스 보이스는 다음과 같이 설명했다. "베드로는 이미 의로운 사람이다. 따라서 죄로 오염된 부분만 씻어내면 될 뿐 죄의 형벌을 피할 필요는 없다."[75] 목욕은 했지만 더러운 길을 걸어 저녁만찬에 찾아온 손님처럼 베드로는 근본적으로 깨끗했지만 여전히 씻어내야 할 부분이 있었다.

우리는 이 대화를 통해 예수님께서 얼마나 베드로와 우리를 사랑하시는지 알 수 있다. 베드로는 예수님이 하시는 일을 알지 못했다. 그러나 예수님은 참을성 있게 설명해주셨다.

베드로는 예수님이 하시는 일을 막았다. 그러나 예수님은 성내지 않고 섬김을 계속하셨다. 또한 베드로는 예수님을 온전히 이해하지 못하고 발뿐 아니라 손과 얼굴까지 씻겨달라고 말했다. 그러나 예수님은 온유하게 그의 구원을 확증시켜주셨다. 요약하자면, 예수님은 성경이 가르치는 사랑을 행하셨다. 예수님은 오래 참으셨고 온유하셨다. 성내지 않으셨다. 또한 베드로의 발을 씻어주시며 교만하거나 자랑하거나 무례하지 않은 사랑을 친히 증거하셨다. 관대하고 겸손하셨다. 여기에 무릎을 꿇는 사랑이 있다.[76] 우리의 죄 때문에 생명을 내어놓는, 기꺼이 우리에게 손을 뻗는 사랑이다. 머지않아 예수님은 십자가에 달려 죽으심으로 당신의 모든 사랑을 보여주실 것이다. 그러나 예수님이 허리에 수건을 두르고 대야에 물을 받고 종의 일을 하신 순간, 사람들은 이미 그 사랑을 목격하였다. 예수님은 우리에게도 동일한 사랑을 주신다. 우리의 어리석은 질문을 참아주시고 계속되는 실수에도 성내지 않으신다. 우리에게 사랑으로 찾아오신 주님은 온유하게 우리를 고치시고 인내로 구원의 도를 가르치신다. 자비로 우리를 씻기시며 낮은 자리에서 우리의 모든 필요를 채워주신다.

가장 낮은 자리에서

또한 예수님은 우리를 동일한 사랑과 겸손한 섬김의 자리로 부르신다. 예수님은 친히 제자들의 발을 씻기시며 우리에게 사랑하는 법을 가르쳐주셨다. 다시 옷을 입고 자리에 앉으신 예수님은 이렇게 말씀하셨다. "내가 너희에게 행한 것을 너희가 아느냐 너희가 나를 선생이라 또는 주라 하니 너희 말이 옳도다 내가 그러하다 내가 주와 또는 선생이 되어 너희 발을 씻었으니 너희도 서로 발을 씻어 주는 것이 옳으니라 내가 너희에게 행한 것 같이 너희도 행하게 하려 하여 본을 보였노라"(요 13:12~15).

예수님의 말씀은 큰 범주에서 작은 범주로 진행된다. 베드로와 제자들이 부르는 것처럼 그분은 주님이시다. 예수 그리스도는 모든 것을 주관하시는 최고의 통치자이시며 하늘과 땅의 주, 하나님이시다. 그러나 그 높고 큰 위엄에도 불구하고, 혹은 그 위엄 때문에 그분은 가장 낮은 자리에 계셨다. 이것은 그분이 보여줄 수 있는 가장 큰 겸손이었다. 하나님의 아들, 우주의 주인께서 섬김을 위해 무릎을 꿇고 구원을 위해 몸을 구부리신 것이다.

예수님께서 우리를 위해 이렇게 하셨으니 우리도 다른 이들에게 동일하게 해야 한다. 예수님께서 말씀하신 것과 행하신 것을 논리적이고도 실제적으로 이해할 때 다음과 같은 결론에 이른다. 우리에게는 크신 하나님이 섬기신 대로 섬기고 그분이 사랑하신 대로 사랑해야 할 사명이 있다. 예수님은 자신의 주장을 이렇게 마무리하신다. "내가 진실로 진실로 너희에게 이르노니 종이 주인보다 크지 못하고 보냄을 받은 자가 보낸 자보다 크지 못하나니 너희가 이것을 알고 행하면 복이 있으리라"(요 13:16~17). 우리는 예수님보다 크지 않다. 아니 훨씬 미약한 존재들이다. 신성이 없는 인간이며, 무한하지 않고 유한하며, 흠 없지 않고 죄 많은 존재들이다. 그러므로 우리가 낮은 자리로 가는 것은 당연하다. 발을 씻겨주시는 구세주를 따르는 자들이라면 우리의 존엄에 걸맞지 않은 섬김이란 없다.

이것을 아는 것만으로는 충분하지 않다. 우리의 소명은 그것을 행하는 것이다. 곧 자기의 교만함을 내려놓고 사랑의 섬김을 위해 삶을 헌신하며 예수님께서 약속하신 축복을 받아 누리는 것이다. 도널드 잉글리쉬Donald English는 이렇게 말한다. "그리스도인은 우리를 자유롭게 하기 위해 십자가에 못 박히시고 다시 살아나신 주님이 주시는 힘으로 이 세상을 섬길 수 있다."77

"나를 좇으라"는 예수님의 명령은 발을 씻기는 행위를 교회의 의례로 삼으라는 뜻이 아니었다(물론 구세주의 겸손을 기리기 위해 서로 발을 씻겨주는 그리스도인들도 있다). 삶의 모든 영역에서 겸손하게 행하라는 명령이었다. 반드시 허리에 수건을 두르고 대야에 물을 받아야 한다는 말씀도 아니다. 다만 필요에 따라 섬김의 도구를 취하라고 명하신다.

예수 그리스도의 주 되심을 인정하는 길은 종이 되신 그분의 길을 따르는 것이다. 시기심으로 가득할 때는 절대 이 명령을 따를 수 없다. 시기심에 빠진 사람은 주는 것보다 받는 것에 집중하기 때문이다. 시기심은 다른 사람이 내 앞에서 무릎을 꿇기 바란다. 자랑하거나 교만한 마음이 있어도 섬길 수 없다. 다른 사람들이 무릎을 꿇고 나만을 섬겨주기 원하기 때문이다. 십자가 앞에 나아가 죄를 고백하고 예수님처럼 사랑하는 방법을 구할 수 있는 겸손한 자만이 무릎을 꿇고 섬길 수 있다.

그렇다면 섬김의 종이 되기 위해 무엇이 필요할까?

우리는 '말'이라는 도구로 섬길 수 있다. 대화를 독차지하거나 자기에게만 사람들의 주의를 끌려고 하지 않는 것, 격려하고 교훈이 되는 말을 해주고 다른 사람들, 궁극적으로는 하나님의 은혜로 주의를 끄는 것, 또한 말을 줄이고 더 많이 들어줌으로써 섬길 수 있다. "나 좀 봐!"라거나 "걔가 어떻게 그 상을 받았는지 이해가 안 돼!"라는 식의 무례하거나 자랑하는 말을 삼가야 한다. 오히려 "네가 승진해서 나도 참 기뻐." 혹은 "네가 가진 재능뿐 아니라 그것을 그렇게 잘 사용할 수 있다는 게 정말 멋지다!"라는 겸손한 말이 좋은 섬김이 된다.

예수님처럼 우리의 손으로도 섬길 수 있다. 행주와 빨래 바구니를 도구 삼아 가정에서 섬겨야 할 사명이 있다. 냄비와 팬으로 주방에서 섬겨야 할 사명이 있다. 그 섬김으로 집 없는 사람들에게 음식을 만들어 줄 수 있다. 양로원에서 휠체어를 밀어주거나 악기를 연주하여 섬길 수도 있다. 고아들에게 집을 만들어주거나 특별한 도움이 필요한 아이들을 안아줄 수도 있다. 의료 혜택을 전혀 받지 못하는 아이들의 가슴에 청진기를 대줄 수도 있다.

마음만 먹는다면 섬김의 자리는 무한하다. 당신의 섬김으로 주님의 겸손을 보여줄 수 있는 곳은 어디인가? 모든 섬김의 기회를 찾아보라. 낮은 자리로 나아가라. 섬김은 내가 아닌 다른 사람의 일이라고 말하지 마라. 그것은 당신이 주님보다 더 크다는 말과 같다. 허리에 수건을 두르시고 사랑의 무릎을 꿇으셨던 예수님, 그분의 섬김을 기억하라. 그리고 종의 도구를 취하라!

소망은 사랑하는 사람들을
포기하지 않는 것이며
아무리 가치 없는 자라도 끊임없이
바로잡아주고 공급해주고
돌보아주는 것이다.
_ 존 크리소스톰

Chapter 07

사랑은
바라고 기대하는 것

사랑은 모든 것을 바라며 −고린도전서 13장 7절

아버지여 내게 주신 자도 나 있는 곳에 나와 함께 있어 아버지께서 창세 전부터 나를 사랑하시므로 내게 주신 나의 영광을 그들로 보게 하시기를 원하옵나이다
−요한복음 17장 24절

1453년, 위대한 도시 콘스탄티노플이 포위되었다. 비잔틴 왕국의 수도였던 콘스탄티노플은 1,000년이 넘도록 끊임없는 공격을 견딘 도시였다. 그러나 이번에는 다르다는 것을 모든 사람이 느끼고 있었다. 도시는 곧 함락될 위기에 처했다. 침략자 오토만 술탄 메흐메트 2세에게는 훈련된 군사들로 이루어진 약 10만 명의 이슬람 군대가 있었다. 그러나 그리스도인이었던 콘스탄틴 11세의 군대는 7,000명도 되지 않았다.

도시를 지키기에는 턱없이 부족한 숫자였다. 육지와 바다 등 자연적·인공적인 방어물이 있었지만 오토만이 가져온 독일의 거대한 대포로부터 콘스탄티노플을 지켜낼 수는 없었다. 453kg에 달하는 포탄이 엄청난 정확성과 파괴력을 자랑하며 1.6km 이상을 날아왔다. 콘스탄티노플의 봉쇄지역을 우회하고 골든 혼으로 군함을 진격시키기 위해 메흐메트는 갈라티아 언덕을 가로질러 둑길 2.4km부터 포탄을 쏘기 시작했다. "영원한 도시"라 불리던 콘스탄티노플이 이슬람 세력 앞에 무너져 내리기 직전이었다.

메흐메트는 최종 공격일을 5월 29일로 잡았다. 술탄이 군사를 정비하는 동안 콘스탄티노플의 시민들은 불길한 예감에 사로잡혔다. 그리고 도시가 함락되기 전날 밤, 그들은 모두 한자리에 모여 세계 역사에서 유례를 찾기 힘든 예배를 드렸다.

콘스탄티노플에는 각기 다른 곳에서 각기 다른 교회의 전통을 가지고 온 많은 그리스도인이 있었다. 그리스, 로마, 러시아, 성지에서 온 주교, 사제, 수사, 수녀, 평신도들이었다. 그들 모두 예수 그리스도를 구세주로 고백했지만 교리와 의례로 깊이 분열되어 그 누구도 함께 예배를 드리지 않았다.

그러나 1453년 5월 28일 밤, 그들은 1,000년이 넘도록 비잔틴 교회의 영적 보금자리의 명성을 지킨 아야 소피아에 모두 모였다. 그리고 그 자리에 참석한 여러 교회의 주교들에게 황제가 용서를 구하며 예배를 시작했다. 그들은 함께 성만찬을 했고 부활하신 그리스도의 대속의 죽음을 선포하며 모두가 그분의 한 지체임을 고백했다.[78]

예배는 자정에 마쳤다. 그리고 몇 시간 후 도시의 고요함은 대포의 공격소리와 함께 사라져버렸다. 아침이 지나갈 무렵 콘스탄티노플은 이스탄불, 이슬람교의 도시가 되어있었다. 그리고 오늘날까지 이슬람교의 도시로 남아있다. 그러나 도시가 무너지기 전, 세계는 교회가 하나 되기를 원하시던 예수님의 기도에 대한 응답을 목격했다. 예수님은 십자가에서 돌아가시기 전날 밤, 아버지께 기도드렸다. "아버지여, 아버지께서 내 안에, 내가 아버지 안에 있는 것 같이 그들도 다 하나가 되어 우리 안에 있게 하사 세상으로 아버지께서 나를 보내신 것을 믿게 하옵소서"(요 17:21).

사랑의 소망

요한복음 17장에 나타난 예수님의 기도는 바울이 고린도전서 13장에 기록한 진리를 증거한다. 곧 "사랑은 모든 것을 바란다"(고전 13:7). 따라서 예수님처럼 교회의 하나됨을 바라는 자라면 모든 것을 기꺼이 바랄 것이다!

이 책의 진행 방법을 기억하는가? 우리는 예수님처럼 사랑하는 법을 배우기 위해 고린도전서 13장 각 절을 문맥 속에서 살펴보고 있다. 또한 사랑의 각 특성이 예수님의 성품과 삶에 어떻게 드러나는지 살펴보고 있다. 이번에는 예수님께서 제자들의 발을 씻기신 직후, 즉 배신당하기 직전에 드렸던 기도를 살펴볼 것이다. 그 기도는 우리에게 사랑의 소망에 대해 가르쳐준다.

사랑에 대한 바울의 찬양시는 후반부로 가면서 절정에 이른다. "모든 것을 참으며 모든 것을 믿으며 모든 것을 바라며 모든 것을 견디느니라"(고전 13:7). 이 말씀은 혼란을 야기할 수 있다. 처음 이 말씀을 대하면 거짓 같기도 하고 심지어 불경스럽게 느껴질 수도 있기 때문이다. 사랑은 "모든 것을 참으며 모든 것을 견디느니라"라는 말씀은 이해할 수 있다. 참된 사랑은 인내하기 때문이다. 그러나 어떻게 성경이 "사랑은 모든 것을 믿으며 모든 것을 바란다"고 말할 수 있는가? 그렇다면 사랑은 거짓도 믿고 절대 일어나지 않을 일도 헛되이 바란다는 말인가?

절대 그렇지 않다! 바울은 사랑이 '누구한테나 쉽게 속아 넘어가고 그야말로 아무것이나 믿어버리는 것'[79]처럼 불합리한 것을 믿거나 현실성 없는 것을 바란다는 의미로 말하지 않았다. 오히려 사랑은 하나님의 능력과 은혜로 말미암아 모든 상황, 아무 소망이 없는 것 같은 상황에서도 소망한다는 말이다.

고든 피는 이렇게 설명했다. "바울은 사랑이 모든 것과 모든 사람이 늘 최고가 될 것을 믿는다는 뜻으로 말하지 않았다. 그것은 믿음을 저버리지 않고 소망을 잃지 않는다는 뜻이었다."[80] 따라서 고린도전서 13장 7절은 다음과 같이 해석할 수 있다. 사랑은 "절대 지치지 않고 후원해주며, 절대 믿음을 잃지 않고, 절대 소망을 버리지 않고, 절대 포기하지 않는다."[81]

여기서 '모든 것'으로 번역된 헬라어 panta는 '항상'으로 번역되기도 한다.[82] 그렇다면 사랑은 절대 소망을 잃지 않으며 하나님의 선하심, 누군가의 삶에서 역사하실 그분의 능력을 '항상' 기대하는 것이다.

신학자들 중에는 이 말씀이 하나님께서 그리스도 안에서 내려주시는 자비에 대한 소망을 강조한다고 보는 이들도 있다.

그러나 바울이 본문을 통해 서로에 대한 사랑을 이야기하는 만큼, 이 소망이 다른 사람들에 대한 소망을 가리킬 가능성이 높다(물론 하나님께서 그들을 위해 그들의 삶에 행하실 일들에 대한 믿음이 있기 때문이다). 수년간 아야 소피아에서 주교로 섬겼던 존 크리소스톰John Chrysostom도 이 말씀을 가지고 "소망은 사랑하는 사람들을 포기하지 않는 것이며 아무리 가치 없는 자라도 끊임없이 바로잡아주고 공급해주고 돌보아주는 것"이라고 설교했다.[83]

그러므로 사랑만 있다면 '소망 없는 상황'이란 없다. 그래서 사도바울도 고린도 교인들에 대한 소망을 거두지 않았다. 바울은 그들의 삶 속에 자리 잡은 모든 죄를 보았고 그들의 교회가 겪는 문제들을 모두 알고 있었다. 하지만 여전히 그들을 사랑했기에 "너희를 위한 우리의 소망이 견고함은"(고후 1:7; 10:15 참조)이라고 말할 수 있었다.

거듭 말하지만 우리에게 예수님의 사랑이 있는 한, 소망이 없을 만큼 어둡고 절망적인 상황은 없다.

사랑은 고통에 신음하는 사람들을 포기하지 않는다. 아무리 어려운 일이 닥쳐도 쉽게 절망하지 않는다. 그 사람의 마음은 절대 변하지 않을 거라고, 깨어진 공동체는 회복될 수 없다고 말하지 않는다. 누군가가 (어쩌면 자기 자신이) "소망이 없어."라고 속삭이며 낙담시킬 때도 사랑은 대답한다. "아니, 그렇지 않아. 난 소망이 있다는 것을 알아. 예수님 안에는 늘 소망이 있어!"

사랑은 모든 것을 바란다. 소망을 저버린다는 말은 사랑하지 않는다는 말과 같다. 사랑은 바라는 것이기 때문이다. 사랑은 죄에 빠진 사람이 복음을 믿게 될 것을 바란다. 사랑은 깨어진 관계가 회복될 것을 바란다. 나의 죄를 거듭 용서해주실 하나님의 은혜를 바란다. 기나긴 고통의 끝에 영적인 성장이 있기를 바란다. 타락했던 형제가 회복되어 하나님 나라의 큰 도구가 될 것을 바란다. 결국 우리 몸이 아파 죽게 되더라도 마지막 날에 다시 들려질 것을 바란다. 사랑은 이 모든 것을 바란다. 그리고 사랑하는 사람들에 대한 소망을 저버리지 않는다. 사랑은 기쁨으로 바란다. 누군가의 삶이 더욱 나아지기를 원하기 때문이다. 사랑은 바랄 수 있다. 사랑의 하나님, 도움이 절실한 사람들에게 베푸시는 그분의 은혜에 대한 온전한 믿음이 있기 때문이다.

소망이 가득한 기도

다시 한 번 이 소망 가득한 사랑의 특성을 예수님의 삶과 사역 가운데서 설명하고자 한다. 우리는 그분의 기도를 통해 예수님의 영이 늘 사랑의 소망으로 가득했음을 알 수 있다. 즉 예수님의 기도만큼 소망으로 가득한 기도는 없었다.

예수님께서 돌아가시기 전날 밤을 떠올려 보자. 우리가 벌써 이 시점까지 왔다는 것이 의아하게 느껴질지도 모르겠다. 그러나 복음서의 1/3 가량이 예수님의 죽음과 그 이후의 사건들을 다룬다는 사실을 기억하라.

마지막 만찬에 참여하신 후 배신을 당한 그날 밤, 예수님은 하나님께 기도하며 제자들을 축복하셨다. 예수님은 사랑하는 사람들을 위해 아버지께 간청하고 또 간청하셨다.

요한복음 17장에서 우리는 예수님의 소망을 들을 수 있다. 그것은 단순히 소원을 나열한 것이 아니었다. 아버지의 응답에 대한 온전한 믿음이었다.

그렇다면 예수님은 무엇을 바라셨는가? 예수님은 자신이 영화롭게 되기를 바라셨다. 하나님이신 아들은 사람이 되기 전, 하늘나라의 영광 중에 거하시며 천사들의 경배를 받으셨다.

그러나 인간의 육신을 입으신 예수님은 하늘의 영광을 내려놓으셨다. 그리고 그것을 되찾기 바라셨다. 죽음 이후 썩어질 육체가 썩지 않을 광채로 빛나기를 바라셨다.

그래서 예수님은 이렇게 기도하셨다.

아버지여 때가 이르렀사오니 아들을 영화롭게 하사 아들로 아버지를 영화롭게 하게 하옵소서 아버지께서 아들에게 주신 모든 사람에게 영생을 주게 하시려고 만민을 다스리는 권세를 아들에게 주셨음이로소이다 영생은 곧 유일하신 참 하나님과 그가 보내신 자 예수 그리스도를 아는 것이니이다 아버지께서 내게 하라고 주신 일을 내가 이루어 아버지를 이 세상에서 영화롭게 하였사오니 아버지여 창세 전에 내가 아버지와 함께 가졌던 영화로써 지금도 아버지와 함께 나를 영화롭게 하옵소서(요 17:1~5).

이 기도는 아버지와 아들이 한 하나님 안에서 서로 영화롭게 하는 삼위일체의 영광을 증거한다. 또한 예수님께 그분을 인격적으로 알고 믿는 사람들에게 영생을 주시는 능력과 권세가 있음을 증거한다. 아울러 영원한 영광을 받으시려는 예수님의 소망도 담겨져 있다. 참으로 예수님은 모든 것을 바라셨다. 죽음 이후에도 영화롭게 될 것을 바라셨기 때문이다.

그 후 예수님은 제자들, 곧 이 땅에서의 예수님의 사역을 함께 목격했고 마지막 만찬에 함께했던 제자들을 위해 기도하셨다. 그리고 그동안 자신이 제자들을 위해 행하신 일들을 열거하셨다.

세상 중에서 내게 주신 사람들에게 내가 아버지의 이름을 나타내었나이다 그들은 아버지의 것이었는데 내게 주셨으며 그들은 아버지의 말씀을 지키었나이다 지금 그들은 아버지께서 내게 주신 것이 다 아버지로부터 온 것인 줄 알았나이다 나는 아버지께서 내게 주신 말씀들을 그들에게 주었사오며 그들은 이것을 받고 내가 아버지께로부터 나온 줄을 참으로 아오며 아버지께서 나를 보내신 줄도 믿었사옵나이다 내가 그들을 위하여 비옵나니 내가 비옵는 것은 세상을 위함이 아니요 내게 주신 자들을 위함이니이다 그들은 아버지의 것이로소이다(요 17:6~9).

예수님은 이것이 모든 사람을 위한 기도가 아님을 분명히 드러내셨다. 예수님은 이 세상 모두가 아닌 자기 사람들을 위해 중보기도하셨다. 아버지가 자기에게 주신 사람들, 하나님의 말씀을 받아 예수님을 하나님의 아들로 고백하는 자들, 곧 하나님께 속한 자들을 위해 기도하셨다. 그리고 그들을 향한 사랑의 소망을 담아 간청하셨다. 예수님은 당신의 사람들이 잘 견디기 바라셨다. 그래서 마지막 날까지 그들을 지켜달라고 하나님께 간구하셨다.

내 것은 다 아버지의 것이요 아버지의 것은 내 것이온데 내가 그들로 말미암아 영광을 받았나이다 나는 세상에 더 있지 아니하오나 그들은 세상에 있사옵고 나는 아버지께로 가옵나니 거룩하신 아버지여 내게 주신 아버지의 이름으로 그들을 보전하사 우리와 같이 그들도 하나가 되게 하옵소서 내가 그들과 함께 있을 때에 내게 주신 아버지의 이름으로 그들을 보전하고 지키었나이다 그 중의 하나도 멸망하지 않고 다만 멸망의 자식뿐이오니 이는 성경을 응하게 함이니이다 지금 내가 아버지께로 가오니 내가 세상에서 이 말을 하옵는 것은 그들로 내 기쁨을 그들 안에 충만히 가지게 하려 함이니이다 내가 아버지의 말씀을 그들에게 주었사오매 세상이 그들을 미워하였사오니 이는 내가 세상에 속하지 아니함 같이 그들도 세상에 속하지 아니함으로 인함이니이다 내가 비옵는 것은 그들을 세상에서 데려가시기를 위함이 아니요 다만 악에 빠지지 않게 보전하시기를 위함이니이다(10~15절).

예수님은 이 땅에서 사역하시는 동안 영적인 위험으로부터 제자들을 보호하셨다. 그러나 이제 곧 예수님은 이 세상을 떠날 것이고, 세상은 예수님을 미워하는 만큼 제자들도 미워할 것이다. 그래서 아버지께서 악으로부터 그들을 보호해주시길 바란 것이다.

예수님은 제자들을 보호해달라고 구하신 뒤, 그들의 성화를 위해 기도하셨다. 당신의 사람들이 거룩해지기 바라신 예수님은 이렇게 기도하셨다.

내가 세상에 속하지 아니함 같이 그들도 세상에 속하지 아니하였사옵나이다 그들을 진리로 거룩하게 하옵소서 아버지의 말씀은 진리니이다 아버지께서 나를 세상에 보내신 것 같이 나도 그들을 세상에 보내었고 또 그들을 위하여 내가 나를 거룩하게 하오니 이는 그들도 진리로 거룩함을 얻게 하려 함이니이다"(요 17:16~19).

예수님은 당신의 사람들이 끝까지 견디는 것을 걱정하신 만큼 그들이 그 과정을 통해 어떤 사람이 될지도 걱정하셨다. 그리고 그들이 거룩함 안에서 자라가기 바라셨다. 그래서 아버지의 말씀이 그들의 영과 마음을 붙들어주시기를 기도하셨다. 예수님의 기도에는 하나님의 계획에 따라 당신의 사람들이 거룩해지기 원하셨던 예수님의 사랑의 소망이 담겨져 있다.

예수님의 기도에서 20절은 중요한 전환점이 된다. 예수님은 19절까지 당신의 원래 제자들을 위해 기도하셨다. 그러나 20절부터 23절까지는 훗날 그분의 제자가 될 모든 사람을 위해 기도하셨다. 우리 죄를 위해 십자가에서 돌아가시기 전날 밤, 온 세상의 구세주이신 예수님은 우리를 마음에 품고 기도의 자리로 나아가셨던 것이다. 예수님은 우리가 하나 되기 바라셨다. 그래서 우리의 영적 화합을 위해 기도하셨다.

내가 비옵는 것은 이 사람들만 위함이 아니요 또 그들의 말로 말미암아 나를 믿는 사람들도 위함이니 아버지여, 아버지께서 내 안에, 내가 아버지 안에 있는 것 같이 그들도 다 하나가 되어 우리 안에 있게 하사 세상으로 아버지께서 나를 보내신 것을 믿게 하옵소서 내게 주신 영광을 내가 그들에게 주었사오니 이는 우리가 하나가 된 것 같이 그들도 하나가 되게 하려 함이니이다 곧 내가 그들 안에 있고 아버지께서 내 안에 계시어 그들로 온전함을 이루어 하나가 되게 하려 함은 아버지께서 나를 보내신 것과 또 나를 사랑하심 같이 그들도 사랑하신 것을 세상으로 알게 하려 함이로소이다(20~23절).

이 기도는 삼위일체에 근거한다. 예수님은 아버지와 아들과 성령님이 뜻과 사랑으로 하나 된 것처럼 우리도 그분과 하나 되고 또 서로 하나 되기를 바라셨다.

오늘날 우리는 교회가 교리와 의례로 분열되는 것을 목격한다. 그러나 예수님은 우리가 서로를 향한 사랑과 예수님이 세상을 구원하기 위해 오신 사랑하는 하나님의 아들이라는 사실을 세상에 알려야 할 거룩한 사명으로 하나 되기를 기도하셨다. 교단이라는 한계를 넘어 모든 그리스도인이 함께 예배하고 도시의 복음화를 위해 힘쓰며 함께 힘을 모아 재해로 고통 받는 이웃을 돕는다면 우리의 하나 됨을 구하셨던 예수님의 기도에 대한 응답이 될 것이다.

마지막으로 예수님은 우리의 영원한 구원을 간구하시며 기도를 마치셨다.

예수님은 우리가 그분의 영광에 들어갈 날을 바라셨다. 이것이 바로 우리가 영원한 집에 들어가며 하나님의 사랑 안에 영원히 용납되기를 간구하셨던 예수님의 기도다.

아버지여 내게 주신 자도 나 있는 곳에 나와 함께 있어 아버지께서 창세 전부터 나를 사랑하시므로 내게 주신 나의 영광을 그들로 보게 하시기를 원하옵나이다 의로우신 아버지여 세상이 아버지를 알지 못하여도 나는 아버지를 알았사옵고 그들도 아버지께서 나를 보내신 줄 알았사옵나이다 내가 아버지의 이름을 그들에게 알게 하였고 또 알게 하리니 이는 나를 사랑하신 사랑이 그들 안에 있고 나도 그들 안에 있게 하려 함이니이다 (요 17:24~26).

예수님은 이렇게 우리와 모든 제자들을 위하여 기도하셨다. 우리의 안위와 성화, 연합과 영광을 위해 간구하셨다. 이것을 "역사상 가장 소망이 가득한 기도"라고 부르는 것은 이 중 어느 하나도 전능하신 하나님의 놀라운 능력 없이 이루어질 수 없는 까닭이다.

우리는 너무나 연약해서 사탄의 유혹으로부터 스스로를 지킬 수 없다. 쉽게 죄에 굴복하기 때문에 스스로를 성화할 능력도 없다. 분열하기 좋아해서 하나가 되기도 힘들다. 죽은 존재이므로 스스로에게 영생을 줄 수도 없다.

그럼에도 불구하고 예수님은 담대하게 우리가 거룩하고 사랑이 넘치는 하나의 교회가 되기 바라셨다. 또한 마지막 때에 이르러 하나님의 사랑 안에 영원히 거하는 그날까지 안전하기를 바라셨다.

모든 소망은 하나님께

이 소망의 근거는 무엇인가? 어떻게 예수님은 불가능해 보이는 것들을 이토록 많이 구하실 수 있었을까? 고린도전서 13장을 안다면 이 질문에 답할 수 있다. 그것은 모든 것을 바라게 하는 사랑 때문이었다. 예수님께는 오직 하나님의 사랑으로부터 흘러나오는 소망이 있었음이 분명하다.

요한복음 17장은 사랑으로 가득하기에 소망도 가득하다. 예수님의 기도를 들으면 그분이 얼마나 우리를 사랑하시는지 알 수 있다.

때로 우리는 우리가 과연 끝까지 해낼 수 있을지 의심한다. 우리가 낙오될까봐, 사탄이 우리를 하나님의 손에서 낚아채 갈까봐 두려워한다. 그러나 예수님의 크신 사랑은 우리가 중도에 하차하거나 이 길에서 돌아서도록 내버려두지 않는다. 그래서 예수님은 우리의 안위를 위해 사랑으로 간구하셨다.

우리는 성화에 관해서도 의심한다. 우리는 때때로 우리가 어떤 죄로부터 완전히 자유로워졌다는 사실을 믿지 못한다. 하지만 예수님의 크신 사랑은 우리가 죄의 노예가 되도록 내버려두지 않으신다. 그래서 하나님의 말씀으로 우리를 거룩하게 해달라고 간구하셨다.

우리에게는 천국과 부활에 관한 의심도 있다. 정말 하나님은 우리를 죽은 자 가운데 살리셔서 영원한 영광으로 인도하실까? 그렇다. 우리를 향한 예수님의 사랑은 너무 크셔서 우리가 그냥 죽어 썩어버리도록 내버려두지 않으신다. 그래서 예수님은 우리가 그분과 영원히 함께 있게 해달라고 간구하셨다. 예수님의 이 소망으로 가득한 간구들은 모두 사랑의 마음에서 비롯되었다.

뿐만 아니라 이 간구들은 또 다른 소망 가득한 사랑으로 넘쳐난다. 그것은 바로 아버지의 사랑이다. 앞서 예수님은 제자들에게 분명히 말씀하셨다. "아버지께서 나를 사랑하신 것 같이 나도 너희를 사랑하였으니"(요 15:9). 이 사랑을 아시는 예수님은 소망을 가지고 기도하실 수 있었다. 이것은 요한복음 17장 24절에서 더 분명히 드러난다. "아버지께서 창세 전부터 나를 사랑하시므로" 여기서 우리는 삼위일체 하나님의 친밀한 사랑을 엿볼 수 있다.

하나님은 창세전부터 한결같이 당신의 아들을 사랑하셨다. 그리고 예수님은 이 사랑이 끊이지 않는다는 사실을 믿으셨다. 우리의 죄를 위하여 목숨을 내어놓으실 때, 아버지가 그를 영광 중에 다시 일으키신다는 것도 알고 계셨다. 부활에 대한 예수님의 소망은 단순한 바람이 아니었다. 아버지의 사랑에 근거한 것이었다.

이것이 전부가 아니다. 아버지는 아들을 향한 사랑으로 아들의 제자들도 사랑하신다. 그래서 예수님은 이렇게 기도하셨다. "또 나를 사랑하심 같이 그들도 사랑하신 것을"(요 17:23). 아버지와 아들 모두 우리를 하나님의 사랑으로 이끌기 원하신다.

아버지께 간구하는 예수님의 기도를 듣는 것은 마치 작은 아이가 싱크대 옆에서 입 맞추는 부모를 보며 사랑으로 가족이 하나 되는 것을 느끼는 것과 같다. 아이는 놀라움과 기쁨 속에서 부도가 나누는 사랑의 깊이를 느끼는 동시에 그 사랑에 이끌려 동참하고 싶어진다. 부모가 나누는 감정을 모두 느낄 수는 없지만 자기도 모르는 사이 그 사랑에 동참하게 된다.

그러므로 우리는 사랑으로 말미암아 아버지와 아들과 영원히 함께한다. 우리는 아버지의 사랑 안에 귀속된 자들이다. 때문에 예수님은 담대하게 소망에 찬 기도를 드릴 수 있었다.

예수님의 기도는 아버지의 사랑의 성품에 근거한다. 예수님은 아버지가 우리를 얼마나 사랑하시는지 알고 계셨기 때문에 아버지가 그 기도를 듣고 응답하실 것도 확신했다. 그것은 모든 것을 바라는 사랑이다. 우리는 아버지와 아들의 사랑 안에서 요한복음 17장의 사랑을 발견할 수 있다.

소망을 품으라

하나님의 사랑의 능력은 우리 마음에도 동일한 바람을 넣어주신다. 예수님처럼 사랑한다면 우리도 사랑하는 사람들의 삶을 향해 모든 것을 바랄 수 있게 된다.

예수님이 소망을 발견하신 바로 그곳에서 우리도 소망을 발견한다. 그곳은 아버지의 사랑이다. 우리는 성령님을 통해 그 사랑을 받는다.

"소망이 우리를 부끄럽게 하지 아니함은 우리에게 주신 성령으로 말미암아 하나님의 사랑이 우리 마음에 부은 바 됨이니"(롬 5:5).

이 사랑의 선물은 아버지 하나님으로부터 흘러나온다. 조나단 에드워즈는 말한다. "사랑은 바라는 것이다. 사랑의 영은 아이의 영이기에 하나님을 향한 이 영이 충만하면 충만할수록 하나님을 바라고 아버지이신 그분께 달려가는 것이 보다 자연스러워진다."[84]

당신은 아버지의 사랑 안에서 바라고 있는가? 예수님은 말씀하셨다. "아버지께서 친히 너희를 사랑하심이라"(요 16:27). 이 약속은 매우 견고하여 삶의 주춧돌로 삼기에 전혀 부족함이 없다. 당신은 사랑하는 아버지에게 달려가는 어린아이처럼 하나님께 도움을 구하는 법을 알고 있는가?

헨리 드럼먼드는 스코틀랜드인이었던 어느 목사님에 대해 이야기했다. 어느 날 목사님은 병으로 죽어가던 아이를 찾아갔다. 그리고 잠시 후 병실을 떠나며 고통 속에 있던 아이의 이마에 손을 올려놓고 이렇게 말했다. "애야, 하나님은 널 사랑하신단다." 그러자 아이는 벌떡 일어나 힘을 다해 외쳤다. "하나님이 나를 사랑하신대요! 하나님이 나를 사랑하신대요!"[85] 그것은 하나님 아버지의 사랑에 감격한 자녀의 모습이었다. 아이의 마음은 새로운 소망으로 가득 찼다.

우리의 소망은 아버지 하나님의 사랑, 그리고 아들이신 예수 그리스도로부터 시작된다. 예수님은 우리를 사랑하셨기 때문에 우리가 그분의 영광을 볼 수 있기를 구하셨다. 뿐만 아니라 그분의 사랑은 우리를 위해 십자가에서 죽으신, 우리의 죄를 위해 생명을 버리신 사랑이었다.

그 사랑이 영원한 까닭에 우리의 소망도 영원히 끊어지지 않는다.
 또한 이 소망은 하나님의 사랑으로 말미암기 때문에 절대 우리를 실망시키지 않는다. 이 소망은 단순한 바람이 아니다. 계획대로 일을 추진하고 우리의 기대대로 문제를 해결하는 것과는 다르다. 오히려 우리의 참소망이신 예수님, 그분이 주신 사랑의 약속이다. 루이스 스미즈는 다음과 같이 말했다.

참소망이란 질병이 치료되고 문제를 해결하고 고통이 끝나기 바라는 것, 그 이상의 개념이다. 질병과 어려움, 고통에도 불구하고 인생을 향한 하나님의 뜻과 이유가 있을 거라는 확신이 있기 때문이다. 소망은 모든 아픔과 죽음을 넘어 결국 승리하실 예수 그리스도의 약속을 바라는 것이다. 이 소망이 있으면 문제가 해결되지 않더라도 찬양하며 오늘을 살고 기대로 내일에 맞설 수 있는 용기를 얻게 된다.[86]

 우리는 다른 사람들을 향해서도 이 소망을 품을 수 있다. 우리가 아무리 그들을 사랑한다 해도 그들의 문제를 해결해주기란 쉽지 않다. 믿는 자들은 끊임없이 죄와 씨름한다. 그리고 그들의 가족은 계속해서 재정적인 문제로 힘겨워한다. 부모들은 싸우고 자녀들은 실패하며 친구들은 질병과 죽음으로 괴로워한다. 그러나 우리가 그들을 사랑할 때, 우리는 하나님이 하실 수 있는 일들을 포기하지 않게 된다.
 예수님의 기도대로 우리 안에 그분의 사랑이 있다면, 예수님은 우리에게 베풀어주신 것을 그들에게도 베풀어주신다. 아무 근거 없이 좋은 것만 바라라는 것이 아니다. 예수님 안에 소망이 있으므로 가장 좋은 것을 구하라는 것이다.

요한복음 17장에서 예수님이 우리를 위해 기도하신 것처럼 우리도 그들을 위해 기도할 수 있다. 우리가 그들의 안위를 위해 기도할 때, 하나님은 우리의 소중한 사람들을 사탄으로부터 지켜주실 것이다. 우리가 그들의 성화를 위해 기도할 때, 현재의 시험으로 말미암아 그들의 삶에 믿음과 소망, 경건한 모든 은혜들이 더해질 것이다. 그리고 그들이 마지막 날에 영광 가운데 들려지기를 구할 수도 있다.

당신은 하나님의 영광을 볼 수 있게 해달라고 누군가를 위해 기도한 적이 있는가? 그렇다면 당신은 사랑하는 사람들을 위해 "모든 것을 바란" 것이다. 예수님의 영광을 보기 원하는가? 그것은 교회의 연합과 영광을 바라셨던 예수님의 기도가 응답되기를 바라는 것이다.

나는 터키를 여행하던 중 아야 소피아 박물관에 서서 성소를 내려다 볼 수 있는 멋진 기회를 얻었다. 그곳은 수천 명의 성도가 그리스도의 이름으로 모여 예배했던 곳이다. 콘스탄티노플이 이슬람의 손에 무너지기 전날 밤, 온 도시의 그리스도인이 하나님의 한 백성으로 모여 기도했던 바로 그곳이다.

성소에 서 있으니 아야 소피아가 더 이상 그리스도인의 예배 처소로 사용되지 않는 현실이 슬펐다. 알라와 마호메트의 이름이 적힌 거대한 원판이 성소에 걸려있었고 전면의 제단은 메카 방향으로 놓여 있었다. 메카는 영예와 영광이 오직 한 분이신 하나님으로부터 거짓 선지자에게 옮겨졌다는 확실한 증거다.

그 광경에 슬프기만 했던 것이 아니다. 나는 화가 났다. 이 타락한 세상에는 우리를 슬프고 화나게 하는 것이 너무 많다. 하지만 눈앞에 펼쳐진 것들을 보고 있는 내 마음에 사랑의 소망이 솟아났다. 언젠가 터키의 형제자매들이 바른 목적으로 아야 소피아에 돌아오는 소망이었다. 그들이 모든 열방을 향해 문을 열고 예수 그리스도를 찬미하는 소리로 아야 소피아의 천장을 가득 메우는 소망이었다.

지금은 불가능해 보이지만 당신의 삶에서, 또 사랑하는 사람들의 삶에서 이루어지기 바라는 일들이 있는가? 섬기는 교회, 가난과 씨름하는 지역 사회, 해외 선교를 향해 바라는 바가 있는가?

그 바람이 하나님의 사랑으로 말미암은 것이라면 그것은 덧없는 바람과 소원이 아니다. 예수님이 바라신 대로 바라는 것이다. 예수님이 사랑하신 대로 사랑하고 있기 때문이다. 그러므로 이제는 하나님께서 하실 일들을 기대하면 된다.

예수님은 분명 가장 선하고
거룩한 삶을 사셨다.
자기를 위해 애쓰며 살지 않으셨다.
오직 자기 자신만을 위해
애쓰며 살아가는 사람,
자기의 유익만 생각하고 구하는 사람만큼
추하고 악한 사람은 없다.

_ 존 칼빈

Chapter 08

사랑은 자기의 유익을 구하지 않는 것

사랑은 자기의 유익을 구하지 아니하며 —고린도전서 13장 5절

조금 나아가사 얼굴을 땅에 대시고 엎드려 기도하여 이르시되 내 아버지여 만일 할 만하시거든 이 잔을 내게서 지나가게 하옵소서 그러나 나의 원대로 마시옵고 아버지의 원대로 하옵소서 하시고 —마태복음 26장 39절

누구도 예상치 못했던, 잔인할 정도로 솔직한 순간이었다. 그 친구는 익명으로 남고 싶겠지만, 공개하겠다! 그는 바로 내 처남 제프다.

어느 주일 예배에 참석한 제프는 아주 큰 목소리로 찬양을 했다. 사람들이 이상하게 쳐다보기 시작했고 제프는 무엇인가 잘못됐음을 감지했다. 분명 그의 목소리 때문은 아니었다. 그는 아름다운 목소리를 가지고 있었다. 문제는 가사였다. 모든 사람이 아들레이드 폴라드Adelaide

Pollard의 찬송을 부르고 있었다. "주님의 뜻을 이루소서! 주님의 뜻을 이루소서!" 그런데 제프는 그와 조금 다르게, 그리고 보다 솔직하게 불렀다. "나의 뜻을 이루소서!" 그는 온 힘을 다해 찬양하고 있었다. "나의 뜻을 이루소서!"

월트 위트먼Walt Whitman에게는 미안한 일이지만 이것은 진정한 "나 자신의 노래A Song of Myself"였다. 이기적인 죄인들이 부르기 좋아하는 노래, 하지만 교회에서는 부르려 하지 않는 노래다.

솔직히 인생을 살다 보면 하나님의 뜻보다 우리 뜻대로 살고픈 때가 많다. 선택권만 주어진다면 우리는 자신의 외모, 건강, 성적, 월급 등 우리를 힘들게 하는 모든 상황을 통제하려 할 것이다. 따라서 우리 마음대로 이 찬양 가사를 바꿔 쓴다면 아마도 이렇게 될 것이다.

> 나의 뜻을 이루소서, 주님! 나의 뜻을 이루소서!
> 오늘만이라도 제가 여기를 통제하도록 내버려두소서.
> 저에게는 당신이, 당신이 하실 일이 필요치 않으니,
> 저에게는 제 계획이 있사오니 주님은 그냥 쉬시옵소서!

나를 버리는 사랑

우리는 대부분 이기적이고 자기중심적으로 살아간다. 그러나 그것은 사랑과 정반대되는 삶이다. 성경은 "사랑은 자기의 유익을 구하지 아니하며(고전 13:5)"라고 가르치기 때문이다.

위대한 신학자 조나단 에드워즈도 "자비의 영은 이기적인 영의 정반대다."라고 말했다.⁸⁷ 또한 그는 두 가지를 이렇게 정의했다. "이기심은 마음을 좁히고 자기 자신만 아는 것이며, 사랑은 마음을 넓히고 다른 사람들을 향하는 것이다."⁸⁸

불행하게도 많은 사람이 하나님께서 뜻하신 태도나 행위의 정반대의 모습으로 살아가고 있다. 결과적으로 우리의 마음은 점점 좁아진다. 고린도전서 13장을 읽을 때마다 마음이 힘든 것도 그 때문이다. 사랑으로 하는 모든 것이 우리에게는 불가능한 것 같고, 사랑이 절대 하지 않는 것들은 우리가 늘 하는 일 같다. 그것은 우리가 다른 사람, 심지어 하나님보다도 우리 자신을 더 사랑하기 때문이다. 데이비드 가렌드는 고린도전서 13장에 나타난 사랑의 정의를 모두 살펴본 후 이렇게 결론지었다. "사랑이 하는 모든 일은 인간의 자아가 통제하지 않는 일이다. 그러나 사랑이 하지 않는 모든 일은 인간의 자아가 통제하는 일이다."⁸⁹

고린도전서 13장의 말씀들을 지키기 어려운가? 그렇다면 우리의 삶이 이기적인 자기애에 지배되고 있다는 분명한 증거다.

물론 좁은 의미에서 우리는 우리 자신을 사랑해야 한다. 이웃을 나 자신처럼 사랑하라는 예수님의 명령에는 자기 자신을 긍정적인 마음으로 돌보아야 한다는 전제가 들어있다(마 19:19 참조). 그러나 예수님은 우리의 사랑을 자기 이익에만 국한시키지 말라고 가르치셨다. 일부러라도 다른 사람을 사랑하려고 노력하며 나 자신을 최우선으로 여기려는 유혹을 뿌리치라고 가르치셨다. 즉 다른 사람들을 사랑하는 또 하나의 방법은 바로 자기의 유익을 구하지 않는 것이다.

고린도전서 13장 5절을 번역하고 해석하는 방법에는 여러 가지가 있다. 사랑은 "자기의 유익을 구하지 않는다"는 말은 사랑은 "이기적이지 않다NIV"는 말과 같다. 사랑은 이기적인 야망을 좇거나 다른 사람들을 희생시켜 이익을 얻지 않는다. 고든 피는 "사랑이란 자기 이익, 자기 정당화, 자기 가치에 현혹되지 않는 것"이라고 정의한다.[90] 우리는 여기에 "자기"로 시작되는 다른 문구를 추가할 수 있다. 즉 사랑은 자기 이득이나 자기 편의를 위해 살지 않는다. 자기만족을 추구하지 않고 오히려 자기를 부인한다.

지금이 다양한 종류의 사랑을 살펴보기에 가장 좋은 시점인 듯하다. 다음에 언급되는 사랑은 모두 신약성경에 등장한다. 첫 번째 '에로스'는 욕망의 사랑이다. 헌신적인 사랑이 아니라 누군가로부터 무언가를 얻어내려는 사랑이다. 그래서 신화의 에로스(혹은 큐피드)는 활과 화살로 무장한 사냥꾼으로 등장한다. 즉 에로스는 소유하려는 사랑이다. 두 번째 '필리아'. 이것은 형제의 사랑이나 가족 간의 사랑을 뜻한다. 가족, 교회, 도시나 국가에 속한 사람들 사이의 관계에 근거한 사랑이다.

그리고 마지막으로 바울이 고린도전서 13장에 언급한 사랑, 즉 '자비'라고도 번역되는 '아가페'다. 예수님을 닮은 사랑은 이 아가페뿐이다. 이 사랑은 에로스 같이 로맨틱한 애정으로 나타나거나 필리아처럼 가족 관계에 기인하지 않는다. 아가페는 진심으로 다른 사람들을 축복하는 순수한 사랑이다.

사실 고린도 교인들이 힘들어했던 부분이 바로 이것이었다. 그들은 헌신적으로 서로를 사랑하지 못하고 자기의 유익만을 고집했다. 특히 우상 논란처럼 신학적인 이견이 있을 때는 더욱 그랬다(고전 10장 참조). 성만찬 때는 다른 형제자매들을 기다리지 않고 먼저 먹어버리는 교인들도 있었다(고전 11:21~22). 그와 비슷한 일은 예배 중에도 일어났다. 다른 사람이 말할 차례인데도 자기 얘기만 계속하는 사람들이 있었다(고전 14:26~33). 때문에 10장에서 바울은 13장과 거의 동일한 어휘를 사용하여 고린도 교인들에게 권고했다. "누구든지 자기의 유익을 구하지 말고 남의 유익을 구하라"(고전 10:24). 즉 누가 먼저냐, 누가 더 크냐 등의 기독교 의례의 비본질적인 문제를 놓고 누가 옳고 그른지 따지는 것보다 더 중요한 것은 바로 '다른 사람들을 어떻게 사랑하느냐?'이다.

비록 안 좋은 예이긴 하지만 우리는 고린도 교인들의 모습을 보며 우리의 사랑을 점검할 수 있다. 우리는 논쟁에 휘말렸을 때 다른 사람의 입장을 먼저 생각하는가? 물자가 넉넉지 않을 때 양보할 준비가 되어 있는가? 누군가 이야기하고 싶어 할 때 내가 하고 싶은 말을 참고 들어줄 수 있는가?

안타깝게도 우리 대부분은 고린도 교인들처럼 이런 부분에서 어려움을 겪는다. 이기심이 깊게 자리 잡은 서양 문화에서 자기애는 미덕으로 여겨진다. 자신의 필요를 최우선으로 여기는 것이 정신 건강의 지표라고 말한다. 심지어 어느 저명한 심리학자는 "인생에서 가장 중요한 소명은 자기 자신을 사랑으로 돌아보는 것"이라고 말했다.[91]

사람들은 평생 자기 사랑을 멈추지 않는다. 자기 경력을 쌓느라 늘 바쁘고 남들보다 앞서기 위해 애쓰며 살아간다. 공공의 이익보다는 자기의 기쁨을 위해 돈을 사용한다. 가족을 대하는 모습을 봐도 사람들이 얼마나 자기를 사랑하는지 알 수 있다. 자녀를 무시하거나 가차없이 몰아붙이는 부모들, 배우자를 버리고 노인들을 방치하는 사람들이 허다하다. 이것이 자기와 사랑에 빠진 사람들이 살아가는 모습이다. '워싱턴 포스트'에 게재된 배우 셜리 맥클레인 Shirley MacLaine의 글은 이러한 우리의 모습을 너무도 정확하게 묘사했다.

> 평생 우리 곁을 떠나지 않는 사랑은 자기 자신과의 사랑이다. 인생을 되돌아보며 당신이 지금까지 어디에 있었고 또 어디로 가고 있는지 생각해보라. 일과 사랑, 결혼과 자녀, 고통과 행복 등 이 모든 것을 자세히 살펴보면 당신이 그동안 함께 잠들었던 이는 자기 자신, 옷 입힌 사람도 자기 자신이었음을 깨닫게 될 것이다. 당신에게 남은 유일한 것은 자기 자신을 완성하는 일이다. 나 또한 평생 그런 것들을 좇으며 살아왔다.[92]

하지만 사도바울은 이와 다른 생각을 가지고 있었다. 그는 고린도전서 13장 5절뿐 아니라 디모데후서 3장 2절에서도 자기를 사랑하는 것이 말세의 징조라고 했다. 그래서 그는 세상과 다른 삶을 살려고 노력했다. 때문에 고린도 교인들에게 이렇게 말할 수 있었다. "나와 같이 모든 일에 모든 사람을 기쁘게 하여 자신의 유익을 구하지 아니하고 많은 사람의 유익을 구하여 그들로 구원을 받게 하라"(고전 10:33). 이것은 바울의 목회 철학이자 그가 성공적으로 복음을 전할 수 있었던 핵심 이유였다. 그는 자기 자신보다 다른 사람들을 위해 살았으며 자신의 유익을 구하기보다 복음 전파를 위해 힘썼다.

우리도 바울과 같이 헌신적인 삶을 위해 부름 받은 자들이다.

- "내가 그리스도를 본받는 자가 된 것 같이 너희는 나를 본받는 자가 되라"(고전 11:1).

겟세마네 동산에서

예수님을 본받으라는 바울의 권고에 따라 예수님의 구원 사역과 그분이 친히 보이신 사랑의 삶으로 돌아가보자.

예수님의 삶은 사랑 그 자체였다. 고린도전서 13장에 기록된 사랑의 모든 특성은 예수님의 삶에서 참 생명력을 얻는다. 앞에서 살펴본 것처럼 예수님의 사랑은 그 어떤 사랑보다 오래 참고 온유하며 시기하거나 자랑하지 않는다. 또한 그 어떤 사랑보다 자기의 유익을 구하지 않고 끊임없이 다른 사람들의 유익을 구하는 사랑이다. C. S. 루이스는 하나님의 "사랑의 선물"은 "사랑하는 사람에게 가장 좋은 것을 주고 싶어 하는 것"이라고 하였다.[93]

예수님은 단 한 번도 당신의 뜻을 주장하지 않으시고 우리의 구원을 위한 길을 가셨다. 이것이 예수님께서 평생 하신 일이다. 바울은 빌립보서 2장에서 "각각 자기 일을 돌볼뿐더러 또한 각각 다른 사람들의 일을 돌보아 나의 기쁨을 충만하게 하라"(4절)고 권고한 뒤 자신뿐 아니라 다른 사람들을 위하는 삶의 가장 완벽한 예는 사람이 되신 예수님의 삶이라고 말한다.

예수님은 하늘의 모든 영광을 포기하셨다. 하나님의 아들이 사람이 되셨다. 만물의 주인이신 그분이 종이 되라는 부르심에 순종하신 것이다. 예수님은 자기 목숨을 지키지 않고 우리를 위해 내어주셨다. "자기를 낮추시고 죽기까지 복종하셨으니 곧 십자가에 죽으심이라"(빌 2:8). 때문에 단 한 순간도 당신의 뜻을 고집하지 않으셨다. 그분은 평생 자기 자신이 아닌 다른 이들을 위해 사셨다.

복음서에는 예수님이 자기 뜻대로 해야 할지 말아야 할지 고민하셨던 순간이 기록되어 있다. 그리고 그 고민 앞에서 예수님은 오직 사랑으로만 가능한 길을 택하셨다. 그 결정은 바로 거룩한 땅, 겟세마네 동산에서 이루어졌다.

예수님께서 돌아가시기 전날 밤, 곧 제자들과 마지막 만찬을 나누고 그들의 발을 씻기시고 교회의 연합과 순결을 위해 소망의 기도를 드리셨던 바로 그날 밤이다. 머지않아 예수님은 제자에게 배신당하고 죽으실 것이다. 그러나 십자가의 고통과 죽음을 맞으시기 전에 예수님은 결정을 내리셔야 했다.

마태는 예수님과 제자들이 "겟세마네라 하는 곳"에 갔다고 기록한다(마 26:36). 겟세마네는 예루살렘 건너편 감람산에 있는 동산이었다. 한적한 곳에 이르자 예수님은 제자들에게 말씀하셨다. "내가 저기 가서 기도할 동안에 너희는 여기 앉아 있으라"(36절). 그러고는 베드로와 야고보, 요한을 데리고 동산 안쪽으로 들어가셨다. 이것은 평범한 기도 모임이 아니었다. 성경은 예수님에 대해 "고민하고 슬퍼하사"(37절)라고 기록한다. 이는 아주 격한 감정을 묘사할 때 사용되는 단어다. 예수님은 세 명의 제자에게 말씀하셨다. "내 마음이 매우 고민하여 죽게 되었으니 너희는 여기 머물러 나와 함께 깨어 있으라"(38절).

예수님은 자신에게 닥칠 무서운 고난을 기도로 대면하셨다. 여기서 우리는 우리를 구원하시기 위해 주님께서 얼마나 큰 고통을 감내해야 했는지 조금이나마 이해할 수 있다. 예수님은 십자가의 고통과 죽음 앞에 섰다. 당시 십자가 형벌은 죽음에 이르는 가장 그릇스런 방법이었다. 뿐만 아니라 예수님은 하나님 아버지와 분리되는 고통까지 겪어야 했다. 즉 예수님은 인간의 죄라는 무거운 짐을 질 것이고 이 짐을 질 때 하나님은 그를 외면하고 벌하고 저주하여 죽음에 이르게 하실 것이다. 이에 대해 청교도 목사였던 리처드 백스터 Richard Baxter는 다음과 같이 정리했다. "우리 구세주의 고통은 죽음의 두려움 때문이 아니었다. 죄를 미워하시는 하나님의 분노에 대한 깊은 깨달음이었다. 우리의 희생 제물이 되신 주님은 죽음보다 더 무서운 고통을 감내하셔야 했다."[94]

따라서 "내 마음이 매우 고민하여 죽게 되었으니"라는 주님의 말씀은 과장이 아니다. 누가는 동일한 예수님의 기도 장면을 이렇게 묘사했다. "땀이 땅에 떨어지는 핏방울 같이 되더라"(눅 22:44). "매우 고민되어 죽게 되었다"는 말씀은 예수님이 갈보리로 가시기 전 이미 겟세마네에서 죽을 것만 같았다는 의미다. B. B. 워필드 B. B. Warfield는 이렇게 설명한다. "그 중요한 고비에서 주님은 인간의 가장 근원적인 고통과 마주하신다. …… 이 정신적인 고통 앞에서 십자가 형벌의 육체적인 고통은 잊혀진다. 우리 주님은 십자가에서 죽으셨지만 십자가에서 죽으신 것이 아니다. 마음의 고통, 곧 정신적인 괴로움으로 죽으셨다."[95]

아버지의 원대로 하옵소서

예수님은 이 궁극의 고통이라는 중압감 속에서 겟세마네 동산에 오신 목적을 좇아 기도하셨다. "조금 나아가사 얼굴을 땅에 대시고 엎드려 기도하여 이르시되 내 아버지여 만일 할 만하시거든 이 잔을 내게서 지나가게 하옵소서 그러나 나의 원대로 마시옵고 아버지의 원대로 하옵소서"(마 26:39).

우리는 예수님이 아버지께 십자가 형벌의 대안을 구하신 모든 이유를 알 수 없다. 그러나 "잔"이라는 말이 단서가 될 수는 있다.

구약성경에는 두 종류의 잔이 등장한다. 하나는 시편 23편의 "넘치는 잔", 시편 116편의 "구원의 잔"과 같은 축복의 잔이다. 또 하나는 선지자 이사야 시대에 예루살렘이 마셨던 "분노의 잔"(사 51:17), 예레미야가 열방에게 예언했던 "진노의 잔"(렘 25:15)과 같은 저주의 잔이다. 그중 예수님이 마시게 될 잔은 바로 이 분노의 잔, 하나님의 쓰라린 심판의 잔이었다.

그러므로 예수님께서 십자가의 대안을 구하신 것은 놀라운 일이 아니다. 예수님은 철저하게 혼자였다. 가장 가까운 제자들도 연약함 때문에 예수님과 함께 한 시간도 깨어 기도하지 못했다. 예수님은 두려웠다. 당연히 죄 때문이 아니었다. 죽음의 고통, 그리고 죄를 향한 하나님의 분노를 견뎌내야 하는 마음의 고통 때문이었다. 사람이라면 누구나 십자가 형벌 앞에서 느낄 두려움을 예수님도 느끼셨다. 영적·정신적 고통은 그보다 훨씬 컸다. 곧 예수님은 버려질 것이다. 아버지 하나님은 우리의 죄를 십자가에 못 박고 그를 외면하실 것이다.

십자가 형벌이 있던 전날 밤, 예수님은 당신의 뜻을 고집할 수 있었다. 인간의 죄를 짊어지지 않겠다고, 하나님의 진노를 당하지 않겠다고, 십자가에 못 박히지 않겠다고 결정하실 수 있었다. 그럼에도 불구하고 하나님의 아들은 아버지 앞에서 자기의 뜻을 내려놓았다. 사랑의 순종을 몸소 보여주셨다.

예수님은 우리에게 가르쳐주신 대로 기도하셨다. "뜻이 이루어지이다"(마 6:10). 이렇게 세 번 기도하셨다. 처음 기도는 다음과 같았다. "내 아버지여 만일 할 만하시거든 이 잔을 내게서 지나가게 하옵소서 그러나 나의 원대로 마시옵고 아버지의 원대로 하옵소서"(마 26:39). 42절의 기도도 그와 비슷하다. "내 아버지여 만일 내가 마시지 않고는 이 잔이 내게서 지나갈 수 없거든 아버지의 원대로 되기를 원하나이다" 이후 마태는 "또 그들을 두시고 나아가 세 번째 같은 말씀으로 기도하신 후"라고 기록한다(44절).

똑같은 기도를 반복하신 것을 보면 예수님은 진심으로 그 고통을 원치 않으셨던 것 같다. 인간이신 예수님은 구원의 다른 길이 있기를 바라셨다. 그러나 다른 길은 없었다. 우리의 죄를 속하는 길은 온전한 피의 희생을 드리는 것뿐이었다. 그래서 예수님은 아버지의 뜻에 순종하셨다. 당신의 뜻을 주장하지 않고 인간으로서의 고민을 내려놓으며 아버지를 기쁘시게 하는 길을 택하셨다.

우리는 예수님의 기도가 변화되는 과정을 통해 예수님의 순종을 볼 수 있다. 예수님의 간청은 조금씩 바뀌었다. 처음에는 "할 만하시거든"이라고 구하셨다.

그러나 두 번째는 "(만일) 이 잔이 내게서 지나갈 수 없거든"이라고 구하셨다. 여기서 만일은 가정의 의미가 아니다. 때때로 '만일' if은 이미 자명한 이유를 들 때 사용되기도 한다.

예를 들어보자. 한 아이가 "만일 지금 제가 자야 할 시간이라면 이야기 좀 들려주시겠어요?"라고 물었다면 여기서 만일은 "……니까"라는 의미이다. 따라서 예수님은 겟세마네 동산에서 아버지께 이렇게 간구하신 것이다. "이 잔이 내게서 지나갈 수 없으므로 아버지의 원대로 되기를 원하나이다." 다른 가능성을 원하셨지만 결국 한 가지 길밖에 없는 현실을 인정하신 것이다.

우리는 예수님의 기도를 무관심하게 들을 수 없다. 우리의 구원이 아직 불확실한 상태이기 때문이다. 예수님이 겟세마네에서 결단하지 않으셨다면 갈보리의 사건은 일어나지 못했고 갈보리의 사건이 없었다면 우리는 영광에 이르지 못한다. 그래서 예수님은 그렇게 기도하셨다.

우리 구세주 예수님은 우리의 구원을 이루기 위해 죽으셨다. 우리를 사랑하셨기 때문이다.

고린도전서는 자신의 뜻을 고집하지 않는 것이 사랑이라고 가르친다. 따라서 예수님께서 아버지의 뜻을 따르기로 결정한 것은 사랑 때문이다.

자기의 권리, 자기의 계획, 자기의 편안함과 욕심, 자기의 생명까지 내어놓기로 결정하는 것, 그것이 사랑이다. 바로 예수님께서 보여주신 사랑이다.

남을 먼저

예수님은 우리도 그 사랑으로 살 수 있도록 도와주시고 능력을 더하신다. 곧 자기의 뜻을 주장하지 않고 남을 먼저 생각하는 사랑이다.

존 칼빈은 말했다. "그분은 분명 가장 선하고 거룩한 삶을 사셨다. 자기를 위해 애쓰며 살지 않으셨다. 오직 자기 자신만을 위해 애쓰며 살아가는 사람, 자기의 유익만 생각하고 구하는 사람만큼 추하고 악한 사람은 없다."[96]

안타깝게도 칼빈이 말한 "가장 선하고 거룩한 삶"을 찾아보기란 매우 힘들다.

우리는 대부분 나 자신을 위해 분투하며 매 순간 나 자신만 생각하고 나의 이익을 얻을 기회만 기다리며 살아간다. 교회도 예외가 아니다. 바울은 젊은 목회자였던 디모데를 보내면서 슬픈 현실을 인정했다. "이는 뜻을 같이하여 너희 사정을 진실히 생각할 자가 이밖에 내게 없음이라 그들이 다 자기 일을 구하고 그리스도 예수의 일을 구하지 아니하되"(빌 2:20~21).

C. S. 루이스도 우리의 사랑의 한계를 보여주기 위해 어떤 문학작품에 대한 평론가의 짧은 비평을 인용했다. 바로 윌리엄 모리스William Morris의 아주 그럴듯한 제목의 시, '사랑은 충분하다'였다. 이에 대해 비평가는 단 두 단어로 답했다. "그렇지 않다."[97] 그 비평가는 인간의 사랑이 결코 충분할 수 없음을 강조하였다. 사람들의 마음속에 있는 사랑은 매일매일 바닥나버린다. 우리를 동일하게 사랑해주지 않는 사람들을 계속 사랑하기란 쉽지 않다. 고난 중에 있는 사람들을 돌보다가도

쉽게 지쳐버린다. 그들을 사랑하려고 노력하지만 자기를 향한 사랑 때문에 계속 주저한다.

  자기를 향한 사랑은 작은 아파트에 들여놓은 킹사이즈 침대와도 같다. 이리저리 침대를 옮겨보지만 도무지 어찌할 바를 모르는 것이다.

  자기를 향한 사랑도 마찬가지다. 우리 마음에 다른 사람들의 자리를 만들려고 해도 너무 큰 나 자신이 계속 방해를 한다. 그러므로 우리에게 필요한 것은 더 큰 예수님의 사랑이다. 에이미 카마이클Amy Carmichael이 구했던 사랑이 우리에게도 필요하다.

> 사랑하는 주님, 우리가 사랑하게 하소서.
> 주님, 사랑이 무엇입니까?
> 사랑은 나의 생명을 소생시키고
> 나를 십자가 앞으로 이끌어
> 나의 십자가를 지게 합니다.
> 사랑이 있기에 당신은
> 당신의 사람들을 위해
> 당신의 생명을 기쁘게 내려놓았습니다.
> 주님, 이 사랑을 내게 영원히 부어주소서.[98]

  우리는 받은 사랑만 줄 수 있는 존재다. 하나님께 감사하자. 우리는 이미 분에 넘치는 사랑을 받았다! 하나님의 아들이 우리의 구원을 이루시기 위해 자신의 뜻을 내려놓으셨다.

그러므로 이제 우리는 성령의 능력과 임재 안에서 다른 사람에게 그분의 사랑을 보여줄 수 있다. '사랑한다'는 건 바로 이런 것이다. 즉 "하나님이 예수 그리스도 안에서 우리를 대하신 것처럼 다른 사람들을 대하는 것"이다.[99]

예수님은 거듭 말씀하셨다. "내 계명은 곧 내가 너희를 사랑한 것 같이 너희도 서로 사랑하라 하는 이것이니라"(요 15:12). "새 계명을 너희에게 주노니 서로 사랑하라 내가 너희를 사랑한 것 같이 너희도 서로 사랑하라"(요 13:34). 하나님께서 전에는 사랑하라고 말씀하시지 않았기 때문에 "새 계명"이라고 부르신 것이 아니다. 이제부터는 사랑의 소명이 예수님의 인격과 사역이라는 새로운 능력과 함께한다는 뜻이다. 예수님은 우리의 이기적인 죗값을 치르기 위해 십자가에서 죽으셨다. 그리고 무덤에서 살아나 영원한 승리를 완성하셨다. 십자가의 형벌과 부활이 있기에 예수님은 우리에게 사랑할 능력을 부어주실 수 있다.

예수님처럼 사랑하는 것은 최대한 자신의 뜻을 내려놓고 다른 사람들을 배려하는 것이다. 이런 기회는 어디서나 찾을 수 있다. 룸메이트를 위하여 냉장고에 음식을 남겨놓고 조리대를 깨끗이 정리하는 것이 사랑이다. 아이들이 형제자매에게 양보하고 다음에는 무얼 하고 놀지 친구들에게 물어보는 것도 사랑의 표현이다. 아빠나 엄마가 무언가를 이야기하면 하던 일을 멈추고 순종하는 것도 사랑이다. 부부가 주변을 정리하여 서로 섬기는 것도 사랑이다. 힘든 하루가 끝날 즈음, 당신은 배우자가 당신을 위해 무언가 해주길 바라는가, 아니면 그를 위해 당신이 할 수 있는 일을 찾는가?

그와 같은 사랑의 섬김은 교회에서도 이어져야 한다. 현재 그렇지 못하다면 우리는 더욱 힘써 섬겨야 한다. 누구나 교회와 목회에 관한 각자의 생각이 있다. 그러나 우리의 사랑이 넉넉하다면 자기의 주장을 멈추고 다른 사람이 일할 수 있도록 기다려주어야 한다.

자기의 뜻을 주장하지 않는 것과 돈이나 자산을 사용하는 문제는 서로 밀접한 관련이 있다.

고린도전서 13장 5절은 다음과 같이 해석할 수도 있다. "사랑은 자기의 소유를 구하지 아니하며" 이것은 정확히 지금 우리의 모습이다. 우리는 너무 많은 것을 가지고 있다. 수많은 통계 자료에 의하면 미국의 그리스도인들은 많이 소유할수록 더 적게 베푼다고 한다.[100] 우리는 너무 많은 것을 소유하고 있지만 베푸는 것은 거의 없다. 인색함은 사랑이 없다는 증거다. 자기의 뜻을 내려놓으면 내려놓을수록 우리는 다른 사람들을 우선하게 되고 우리 자신보다는 목회와 가난한 사람들, 전 세계의 하나님 나라를 위해 물질을 사용하게 된다. 이에 대해 조나단 에드워즈는 "자비의 영이 임해야 자원하는 마음으로 소유를 나눌 수 있다."라고 말했다.[101]

또한 자기의 뜻을 주장하지 않는 것은 시간을 사용하는 방법과도 연관이 있다. 시간도 우리가 가진 매우 소중한 자원이기 때문이다. 당신의 일과를 돌아보며 스스로 질문해보라. 당신은 삶의 목표와 야망을 위해 얼마나 많은 시간을 사용하는가? 그리고 당신 자신보다 사랑하는 누군가를 위해서는 얼마만큼의 시간을 떼어놓는가?

당신의 뜻을 주장하지 않고 예수님처럼 사랑하기 원하는가?

그렇다면 "나의 뜻대로 하옵소서"가 아니라 예수님처럼 "아버지의 뜻대로 하옵소서."라고 기도해야 한다.

아들레이드 폴라드Adelaide Pollard는 이 기도에 감명을 받아 하나님께 순종을 맹세하는 찬송시를 썼다.

1902년, 폴라드는 아프리카에 선교사로 가기 원했다. 그러나 충분한 재정을 마련할 수 없어 모든 계획이 엉망이 되어버렸다. 낙심한 폴라드는 어느 날 한 기도 모임에 참석하였다. 그리고 그곳에서 어느 할머니의 기도를 듣게 되었다. "주님이 우리를 통해 무엇을 하시든 저는 상관없어요. 우리의 삶 속에서 주님의 뜻을 이루시기만 바랄 뿐이에요."[102] 그날 밤, 집으로 돌아간 폴라드는 찬송시를 써내려갔다.

> 주여! 당신의 뜻을 이루소서. 당신의 뜻을 이루소서!
> 흔들리는 저의 영혼을 붙들어주소서!
> 모든 사람이 언제나
> 내 안에 살아계신 그리스도를 보게 될 그날까지,
> 당신의 성령으로 채워주소서!

우리 안에 온전히 거하시는 예수님의 사랑이 우리를 통해 다른 사람에게까지 흘러가는 것, 이것이야말로 예수님처럼 사랑하기 원하는 자들의 소원이다. 우리가 자기 뜻만 주장한다면 이 소원은 절대 현실이 될 수 없다. 오직 예수님처럼 아버지 앞에서 우리의 뜻을 내려놓을 때, 하나님께서 우리의 소원을 이루실 것이다.

수치와 조롱을 참으신 주님,
나를 대신하여 고난 받으셨네.
그의 피로 내 죄를 덮으셨네.
할렐루야! 나의 구세주!

_ 필립 블리스

Chapter 09

사랑은 모든 것을 견디는 것

사랑은 모든 것을 참으며 모든 것을 견디느니라 -고린도전서 13장 7절

이에 총독의 군병들이 예수를 데리고 관정 안으로 들어가서 온 군대를 그에게로 모으고 …… 그에게 침 뱉고 갈대를 빼앗아 그의 머리를 치더라 희롱을 다한 후 홍포를 벗기고 도로 그의 옷을 입혀 십자가에 못 박으려고 끌고 나가니라
-마태복음 27장 27, 30~31절

루마니아의 전도자 리처드 범브란트 Richard Wurmbrand는 자신의 베스트셀러 자서전의 제목대로 '그리스도를 위해 고난당한' 사람이었다. 유대인으로 태어난 그는 20대 후반에 남은 인생을 예수님께 바치기로 결심했다. 그리고 몇 년 후 복음 전도자가 되었을 때, 소비에트 연방이 루마니아를 점령하여 공산주의가 기독교를 내몰기 시작했다.

그러나 범브란트는 위험한 상황에서도 복음 전하는 일을 멈추지 않았고 어느 날 교회로 가던 중 비밀경찰에게 납치되어 결국 공산주의 치하의 감옥에서 14년이라는 세월을 보내야 했다. 투옥 기간 동안 범브란트는 지독한 고통을 경험했다. 온갖 조롱과 구타뿐 아니라 뜨거운 곳과 차가운 곳을 옮겨가며 고문당하고 세뇌와 학대를 견뎌야 했다. 공산주의자들은 끊임없이 그에게 말했다. "이제 아무도 너를 사랑하지 않아. 이제 아무도 너를 사랑하지 않아. 이제 아무도 너를 사랑하지 않아."

그런 고난 속에서도 리처드 범브란트는 복음에 대한 믿음, 예수 그리스도를 향한 소망, 그를 잔인하게 감금한 공산주의자들에 대한 사랑을 저버리지 않았다. 그가 이 모든 박해와 고난을 견딜 수 있었던 힘은 무엇이었을까? 간단하다. 바로 예수님의 사랑이었다. 여기 그가 기록한 '그리스도의 사랑으로 공산주의 무너뜨리기' 라는 글이 있다.

홀로 감금되어 있을 때 우리는 예전처럼 기도할 수 없었다. 당시의 배고픔은 말로 표현할 수 없다. 그들은 계속 거짓을 속삭여 우리를 바보로 만들려고 했다. 우리의 몸은 점점 앙상해졌다. 주기도문이 너무 길게 느껴졌다. 그것을 끝까지 외울 힘조차 없었다. 입으로 계속 되뇌었던 기도는 "예수님, 사랑해요"뿐이었다. 그러던 어느 영광스러운 날, 나는 예수님의 응답을 받았다. "네가 나를 사랑하느냐? 이제 내가 너를 얼마나 사랑하는지 보여주마." 갑자기 내 마음에서 태양과 같은 불꽃이 타올랐다. …… 나는 우리 모두를 위해 십자가에서 생명을 내어주신 그분의 사랑을 알게 되었다.[103]

범브란트는 자기와 같이 그리스도를 따르다가 투옥된 동료들의 삶 속에서도 동일한 사랑을 목격했다.

나는 공산주의 감옥에서 그리스도인들을 보았다. 그들은 23kg의 체인을 발에 건 채 벌겋게 단 쇠부지깽이로 고문을 당했다. 소금 한 덩어리를 억지로 삼킨 뒤 물도 없이 지내야 했다. 굶주리고 채찍으로 맞고 추위에 떨면서도 그들은 공산주의자들을 위한 뜨거운 기도를 멈추지 않았다. 이것은 인간의 생각으로는 절대 이해할 수 없는 일이다! 이것은 그분이 우리 마음에 넣어주신 그리스도의 사랑이다.[104]

사랑하기 때문에

사도바울도 그리스도를 위해 고난을 당한 사람이다. 그 또한 복음을 전했다는 이유로 감옥에 갇혔고 구타와 학대, 조롱과 고문을 당했다. 그러나 바울은 이 모든 일을 겪고도 구세주를 위해 고난에 참예하는 것을 특권이라고 믿었다. 그리고 그리스도와 하나님 나라의 사랑하는 사람들을 위한 헌신을 멈추지 않았다. 따라서 그가 고린도 교인들에게 쓴 편지는 그가 몸소 경험으로 입증한 진리였다.

"사랑은 모든 것을 참으며 모든 것을 견디느니라"(고전 13:7). 이 말씀은 고린도전서 13장의 사랑의 초상화 중에서도 거의 뒷부분에 등장한다.

사도바울은 고린도전서 13장 1절에서 3절까지 사랑이 없으면 우리가 아무것도 아님을 역설했다. 4절에서 6절까지는 사랑이 하는 것과 하지 않는 것들을 나열했다. 그리고 7절에서는 사랑이 기꺼이 견디는 것에 대해 이야기했다.

'참다'라는 뜻의 헬라어 'stegei'에 대해 그동안 학문적으로 많은 논란이 있었다. 그 단어 자체가 여러 가지 의미로 해석될 수 있기 때문이다. 찰스 핫지는 두 가지 가능성을 제시한다. "이 단어는 '모든 괴로움과 고생을 조용히 참는 것', 그리고 '모든 것을 덮는 것'이라는 두 가지 해석이 가능하다. 곧 다른 사람의 허물을 들추지 않고 숨겨주거나 용서해주는 것이다."[105]

두 번째 가능성을 먼저 살펴보자. 'stegei'는 '덮다', 혹은 '숨기다'로도 해석할 수 있다. 이 단어가 동사로 사용되면 '지붕'이라는 명사와 밀접한 관련이 있기 때문이다. 이 의미대로 해석한다면 사랑은 문제를 덮어주고 비밀로 해야 할 때를 안다는 뜻이 된다.

동일한 단어를 사용하지는 않았지만 베드로도 이와 비슷한 말을 한 적이 있다. "무엇보다도 뜨겁게 서로 사랑할지니 사랑은 허다한 죄를 덮느니라"(벧전 4:8).

물론 죄는 하나님의 영광을 위해, 그리고 죄를 지은 사람의 유익을 위해 드러나야 할 때가 있다. 성경에 등장하는 가장 좋은 예가 아간이다. 여리고 전쟁 이후 아간은 하나님의 것을 훔치는 죄를 범했다. 그때 여호수아는 하나님의 영광을 위해 그의 죄를 드러내었고 사람들 앞에서 스스로 죄를 고백하게 하였다(여호수아 7장 참조).

그럼에도 불구하고 사랑하기 때문에 죄를 은밀히 다루어야 하는 경우도 많다. 루이스 스미즈는 "사랑은 언제 입을 다물어야 할지를 아는 능력"이라고 말한다.[106] 목사와 영적 지도자들이 비공개로 일을 처리하는 것도 그 때문이다. 사랑은 문제를 덮어주는 것이다. 마땅히 드러나야 할 것을 감추기 위해서가 아니라 치유할 시간이 필요한 사람을 보호하기 위해서다. 그래서 NIV 성경은 "사랑은 언제나 보호하며"라고 보다 부드럽게 번역했다.

또한 이 단어는 다른 의미로도 해석될 수 있다. 'stegei'는 지탱하다, 무거운 짐을 들어준다는 의미도 있다. 그 의미대로라면 사랑은 곤경에 빠진 사람을 붙잡아주는 것이다. 즉 "다른 사람의 모든 짐과 궁핍, 문제, 역경과 수고를 참는 것"이다.[107] 그들이 힘든 시간을 보낼 때, 벽과 들보가 지붕을 지탱하듯이 그들을 다시 일으켜 세우는 것이 사랑이다. 이것은 "실로 우리의 질고를 지고 우리의 슬픔을 당하신" 그리스도 예수 안에서 하나님이 우리에게 보이신 사랑이다.

예수님은 우리의 구원을 이루시기 위해 무거운 짐을 짊어지셨다. 성경은 "그가 많은 사람의 죄를 담당"(사 53:12)하셨으며 "친히 나무에 달려 그 몸으로 우리 죄를 담당(벧전 2:24)"하셨다고 기록한다. 예수님은 우리를 구원하시기 위해 우리 죄의 짐을 대신 지실 만큼 우리를 사랑하셨다.

지금까지 살펴본 두 가지 해석 모두 나쁘지 않다. 그러나 세 번째 해석이 가장 적절할 듯하다.

헬라어 'stegei'는 '참다', 곧 우리를 괴롭게 하는 사람들을 포함한 다른 사람들과의 관계에서 오는 모든 문제를 인내한다는 뜻이다.

사랑이라면 당연히 그들의 짐을 들어주기 위해 그들과 함께한다는 뜻이다. 또한 그것은 조금 더 어려운 일, 즉 그들이 우리를 공격할 때 받는 상처까지 모두 참아내는 것이다. 다시 말해 사랑은 무엇이든지 참아내고 계속 사랑하는 것이다. 조나단 에드워즈는 이것을 "그리스도를 위해 모든 고통을 기꺼이 견디는 것"이라고 표현했다.[108]

이 해석이 설득력 있는 이유는 바울이 고린도전서 앞부분과 다른 서신서에서도 'stegei'를 그런 뜻으로 사용했기 때문이다. 그는 고린도전서 9장에서 자신의 목회에 대해 설명하고 변호하면서 이렇게 말했다. "우리가 이 권리를 쓰지 아니하고 범사에 참는 것은 그리스도의 복음에 아무 장애가 없게 하려 함이로다"(12절). 여기서 바울은 다른 사람의 짐을 진다고 말하지 않았다. 그리스도를 위해 치욕을 참는다고 했다. 이와 같이 사랑은 복음을 위해 모든 것을 기꺼이 참는 것이며 또한 참을 수 있어야 한다. 고린도전서 13장 7절 마지막 부분도 이와 비슷하다. 사랑은 "모든 것을 견디느니라"

'모든 것을 참다'와 '모든 것을 견디다'의 차이는 무엇인가? 사실 두 문장의 의미는 매우 비슷하다. 한 가지 다른 점이 있다면 찰스 핫지가 지적한 대로 모든 것을 참는 것은 괴로움이나 고난과 관련되어 있고 모든 것을 견디는 것은 고통이나 박해와 관련되어 있다는 것이다.[109]

핫지는 '참다'라는 뜻으로 사용된 헬라어 동사 'hypomenei'가 '적의 공격에 완강히 맞서다'라는 의미의 군사 용어라고 말한다. 이런 사랑을 가진 사람은 흔들림 없이 "고통과 박해의 공격을 참고 견딜 수 있다."[110] 많은 성경학자들은 이것이 능동적인 용기가 필요한 행위라고 이야기한다. 이것은 "어쩔 수 없이 체념하여 참는 것이 아니라 능동적이고 긍정적인 강한 정신력이다. 치열한 전투 중에도 흔들리지 않는 군인의 끈기와 같다."[111] 또한 "역경 속에서 분투하면서도 강건하게 살아가는 능력"이다.[112]

이런 인내는 신약성경 서신서, 특히 엄청난 용기가 아니면 견딜 수 없는 박해의 상황에 등장한다. 바울은 고린도 교인들에게 보내는 두 번째 편지에서 그가 "환난과 궁핍과 고난과 매 맞음과 갇힘과 난동과 수고로움과 자지 못함과 먹지 못함 가운데서도"(고후 6:4~5) 견뎌냈다고 기록한다. 그리고 그것이 가능했던 것은 "성령의 감화"와 "거짓이 없는 사랑" 때문이었음을 고백한다(6절). 그렇다. 우리가 견딜 수 있는 것은 사랑 때문이다. 하나님을 향한 사랑, 원수들을 향한 사랑 때문이다. 우리가 그들에게 하나님의 사랑을 보여주지 않는다면 그들은 절대 예수님께로 돌이키지 않을 것이다.

바울은 디모데에게 보내는 편지에서 그가 절대 굴하거나 포기하지 않고 죽는 날까지 쉬지 않고 주님을 섬겨야 하는 이유를 다음과 같이 기록하였다. "그러므로 내가 택함 받은 자들을 위하여 모든 것을 참음은 그들도 그리스도 예수 안에 있는 구원을 영원한 영광과 함께 받게 하려 함이라"(딤후 2:10).

사랑이 견디는 것은 언제나 복음을 위해서다. 조나단 에드워즈는 다음과 같이 말했다. "사랑은 절대 패하지 않는다. 사랑은 계속된다. …… 어떤 시련이 다가와도 사랑은 그대로 남아 견디며 멈추지 않는다. 모든 시련에도 사랑은 변함없이 참으며 쉬지 않고 견뎌낸다."[113]

고난당하신 구세주

지금까지 십자가를 지신 예수님의 사랑만큼 모든 것을 견디는 사랑을 분명하고 확실하게 보여주는 것은 없었다. 물론 앞으로도 없을 것이다.

고린도전서 13장이 결혼식에서 많이 선포되는 까닭에 많은 사람이 이 말씀을 결혼과 연관 짓는다. 그러나 이 말씀에 담긴 사랑의 가르침을 깊이 깨달을수록 이 말씀은 죽음과 희생에 관한 것이란 사실이 더욱 분명해진다. 즉 이 말씀을 지배하는 이미지는 웨딩드레스가 아니라 십자가다.[114]

존 크리소스톰은 고린도전서 13장 7절을 이렇게 설교했다. "사랑은 아무리 무겁고 고통스러운 일도, 아무리 모욕적이고 아픈 일도, 그것이 죽음이라 할지라도 모든 것을 참는다."[115] 이것은 바로 예수님께서 세상의 죄 때문에 십자가로 향하시고 그 십자가 위에서 당하신 일이다.

사실 이 땅에서의 예수님의 삶은 고난으로 점철되어 있었다. 하늘의 영광을 버리고 이 세상에 오신 예수님은 초라한 마구간에서 태어나셨다. 어릴 적 이집트로 피난을 가고 고향에서 생명의 위협을 받기도 하셨다. 이 땅에서 머리 둘 곳 하나 없으셨던 예수님의 인생은 고난의 연속이었다. 결국 겟세마네 동산까지 오신 예수님은 피 같은 땀을 흘리며 다가올 형벌에 괴로워하셨다.

그렇게 평생 고난 속에 사신 예수님은 인간으로서의 마지막 밤과 죽음의 날, 가장 큰 고난을 맞이하셔야 했다. 졸고 있는 제자들과 동산에서 기도하시던 예수님은 입맞춤과 함께 배신을 당하셨다. 그리고 늦은 밤, 관원들에게 끌려가셔서 대제사장 앞에서 재판을 받으셨다. 무리들은 예수님을 죽이려고 거짓 증거를 찾기 시작했고 결국 '신성모독'이라는 이름으로 그분께 죄를 뒤집어씌웠다.

그렇게 밤을 지새우고 새벽이 되었을 때, 예수님은 로마의 총독인 본디오 빌라도에게 넘겨졌다. 빌라도는 예수님께 죄가 없다고 판단했다. 그러나 유대인들이 계속해서 예수님을 처형하라고 외치는 바람에 예수님을 갈릴리의 통치자 헤롯왕에게 보냈다.

예수님께서 빌라도의 관저에 계실 때 모든 사람이 소리 질렀다. "십자가에 못 박아라! 십자가에 못 박아라!" 이에 빌라도는 결국 공정한 판결을 포기했다.

빌라도가 아무 성과도 없이 도리어 민란이 나려는 것을 보고 물을 가져다가 무리 앞에서 손을 씻으며 이르되 이 사람의 피에 대하여 나는 무죄하니 너희가 당하라 백성이 다 대답하여 이르되 그 피를 우리와 우리 자손에게 돌릴지어다 하거늘 이에 바라바는 그들에게 놓아 주고 예수는 채찍질하고 십자가에 못 박히게 넘겨 주니라(마 27:24~26).

무고한 자가 당하는 부당한 판결보다 더 큰 고통은 없다. 그러나 이것은 우리 구주 예수님께서 참으신 고난의 일부일 뿐이다. 예수님은 우리의 구원을 위해 사랑으로 이 모든 것을 견디셨다. 재판관조차 그분이 완전히 결백하다는 사실을 알고 있었다. 그럼에도 불구하고 예수님은 사형을 선고받으셨다.

여러 번의 재판을 거치는 동안 예수님은 채찍에 맞으셨다. 마태는 예수님이 채찍에 맞으시는 것에 대해 빌라도가 개의치 않았다고 기록한다. 어쩌면 빌라도는 예수님을 죽이지 않고 괴롭혀 유대인 지도자들을 회유하기 원했는지도 모른다. 만일 그것이 사실이라면 로마의 채찍은 가장 잔인하고도 적절한 형벌 도구다. 금속과 뼛조각들이 박혀 있는 가죽 끈에 죄인의 등이 사정없이 뜯겨나갔다. 기록에 의하면 당시의 가혹한 고문을 견디지 못해 십자가에 못 박히기 전에 죽는 죄인들도 있었다고 한다.[116]

이것은 명백히 잘못된 판결이었다. 예수님이 느끼셨을 공포는 말로 설명하기 힘들다. 그러나 끔찍한 일은 여기서 끝나지 않았다. 예수님은 온 군대가 보는 앞에서 언어와 감정과 육체의 모욕을 당하셨다.

어렸을 때 예수님의 일생을 담은 그림책을 본 적이 있다. 그 책 안에는 괴기한 느낌으로 나의 시선을 잡아끌었던 그림이 있었다. 그것은 히에로니무스 보스 Hieronymus Bosch의 '(가시관을 쓰고) 조롱당하는 그리스도' 다.

그림에는 잔인한 표정을 짓는 사람들이 예수님을 둘러싸고 있다. 철권을 한 병사가 당장이라도 순결하신 예수님의 머리를 가시관으로 누를 것처럼 서 있다. 수척한 얼굴의 한 노인은 예수님이 고통당하시는 모습을 보려는 듯 탐욕스런 눈으로 구세주를 올려다보고 있다. 또 다른 남자는 예수님의 옷을 벗기려고 옷자락을 붙들고 있다.

이처럼 보스는 마태복음에 기록된 사람들의 추악한 장면을 목판 유화에 담아냈다.

이에 총독의 군병들이 예수를 데리고 관정 안으로 들어가서 온 군대를 그에게로 모으고 그의 옷을 벗기고 홍포를 입히며 가시관을 엮어 그 머리에 씌우고 갈대를 그 오른손에 들리고 그 앞에서 무릎을 꿇고 희롱하여 이르되 유대인의 왕이여 평안할지어다 하며 그에게 침 뱉고 갈대를 빼앗아 그의 머리를 치더라(마 27:27~30).

하나님의 아들이 우리의 구원을 위해 사랑으로 견디신 것들을 이해하려면 몇 가지 세부적인 내용을 살펴보아야 한다. 이 모든 일은 예수님을 학대하고 사람들의 웃음거리로 만들어 위협하고 비하하기 위해 계획된 상황이었다. 모든 군대가 모였고 군인들은 곧 자신들이 '재미'를 위해 불려왔다는 사실을 깨달았다.

그들은 먼저 예수님의 옷을 벗겼다. 예수님은 발가벗겨졌다. 하나님의 아들이 완전한 나체가 되어 육체의 고통에 그대로 노출되셨다.

살을 때리자 멍이 들었고 머리를 찌르니 피가 흘렀다. 거기에 차가운 눈빛의 군중들 앞에 벌거벗은 채로 서 있어야 하는 정신적 고통까지 더해졌다.

군사들은 예수님을 비웃기 시작했다. 왕이신 예수님을 조롱거리로 삼았다. 왕은 왕관을 써야 한다며 가시를 엮어서 왕관을 만들었다. 그것을 예수님의 머리 위에 놓고 누르자 왕의 눈썹에서 피가 흘러내렸다. 왕은 예복을 입어야 한다며 홍포를 입혔다. 또한 홀을 들어야 한다며 오른손에 갈대를 들게 했다. 그리고 왕은 다스리는 자라며 그분 앞에 거짓으로 무릎을 꿇고 말했다. "유대인의 왕이여, 평안할지어다!"

이렇게 군사들은 '이스라엘의 왕'이라는 예수님의 정체성을 조롱거리로 만들었다. 이것은 가장 잔인한 계략이다. 신입생을 신입생이라는 이유로 괴롭히고, 키가 작거나 뚱뚱한 사람, 혹은 장애인을 놀리는 자에게는 항변할 말이 없다. 즉 누군가 우리의 진짜 모습을 조롱거리로 삼을 때는 고통을 그대로 당하는 수밖에 없다.

예수님을 향한 조롱은 거기서 멈추지 않았다. 그들은 예수님의 중요한 성품과 행하신 일을 다 조롱거리로 만들었다. 선지자이신 예수님이 조롱당했다. 예수님을 지키던 자들은 그분의 눈을 가리고 때리며 물었다. "선지자 노릇 하라 너를 친 자가 누구냐"(눅 22:64). 하나님 아버지의 아들이신 예수님이 조롱당했다. 예수님을 모욕하는 자들이 말했다. "네가 만일 하나님의 아들이어든 자기를 구원하고 십자가에서 내려오라"(마 27:40). 그분의 기적과 구원의 능력이 조롱당했다. 종교 지도자들은 다음과 같이 비웃었다. "그가 남은 구원하였으되 자기는 구원할 수 없도다"(42절). 예수님의 믿음조차 조롱당했다. "그가 하나님을 신뢰하니 하나님이 원하시면 이제 그를 구원하실지라"(43절).

이 모든 것은 예수님께서 영광을 받으실 이유이지 수치를 당하실 이유가 아니었다!

예수님은 왕 중의 왕이요, 가장 높으신 하나님의 선지자이며, 기적을 행하시는 능력자이자 하나님의 아들, 구세주이시다. 왕의 위엄과 구원의 능력으로 인하여 찬양받으셔야 할 하나님의 아들이 악한 자들의 무자비한 조롱을 견디셔야 했다.

그러므로 사람들에게 모욕을 당할 때, 아무도 당신의 마음을 이해할 수 없다고 생각하지 마라. 예수님은 아신다. 이해하신다. 십자가를 지신 고난의 그리스도께서 당신과 똑같은 고통을 견뎌내셨다.

뿐만 아니라 사람들은 예수님께 침까지 뱉었다. 누군가 당신에게 침을 뱉은 적이 있는가? 세계 어디서나 침을 뱉는 것은 모욕적인 행위로 여겨진다. 그것은 타인을 대하는 가장 더럽고 비열하고 무례한 행동이다. 그런데 사람이 되신 하나님의 아들이 그 일을 당하셨다. 인간이 저지른 다른 가증스런 죄들과 함께 이것을 우리 자신에게 적용한다면, 우리는 예수님의 얼굴에 침을 뱉은 셈이 된다.

그게 다가 아니다. 말로 모욕하는 데 싫증이 난 빌라도의 병사들은 점점 광포해졌다. 학대란 그런 것이다. 누군가 개입하여 막지 않으면 점점 심해져 결국 생명을 위협하는 지경에 이른다. 병사들은 예수님에게 주었던 갈대를 빼앗아 예수님의 머리를 때리기 시작했다. 잔인하고 가학적이고 비인간적인 모습이었다.

죄 없이 수치를 당하심

왕이신 하나님의 아들이 홍포를 입고 머리에는 가시관을 쓰고 얼굴에는 피와 침이 범벅이 된 채 잔인한 병사들 앞에 서 있다. 하지만 그게 끝이 아니다. "희롱을 다 한 후 홍포를 벗기고 도로 그의 옷을 입혀 십자가에 못 박으려고 끌고 나가니라"(마 27:31).

지금까지 예수님이 당하신 고통은 시작에 불과하다. 진짜 고통은 십자가 위에서 시작되었다.

십자가 처형은 사람을 고통스럽게 죽이는, 역사상 가장 잔인한 처형 방법이었다. 구세주의 손과 발에 못이 박혔다. 그들은 거친 나무 십자가를 땅에 박았다. 그리고 예수님은 폐가 망가지고 몸에서 피가 다 빠져나갈 때까지 거기 매달려 계셨다.

십자가 처형은 수치스런 죽음이기도 했다. 십자가의 희생자들은 그들을 향한 군중의 경멸을 고스란히 받아내도록 벌거벗겨진 채 매달렸다. 게다가 하나님의 율법은 더 강하게 말씀한다. 신명기에는 나무에 달린 자는 하나님께 저주를 받았다고 기록되어 있다(신 21:22~23, 갈 3:13 참조). 유대인들은 이 말씀을 알고 있었다. 예수님은 아버지에게 버림받고 십자가 위에서 저주를 받으셨다. 우리를 구원하시기 위해 하나님의 심판의 저주를 견디셨다. 필립 블리스Philip Bliss는 그의 고전 찬송에서 이렇게 노래한다. "수치와 조롱을 참으신 주님, 나를 대신하여 고난받으셨네. 그의 피로 내 죄를 덮으셨네. 할렐루야! 나의 구세주!"

예수님은 고귀한 용기로 십자가의 고통과 수치를 참으셨다. 성경은 "십자가를 참으사 부끄러움을 개의치 아니하시더니" "치욕"을 참으셨다고 기록한다(히 12:2; 13:13). 예수님은 모든 것을 참기만 하신 것이 아니다. 하나님의 뜻을 거스르거나 불평하지 않고 담대하게 죽음의 길에 순복하셨다. 선지자 이사야는 이렇게 예언했다 "그가 곤욕을 당하여 괴로울 때에도 그의 입을 열지 아니하였음이여"(사 53:7). 그리고 사도 베드로가 이 말씀을 확증한다. "그는 죄를 범하지 아니하시고 그 입에 거짓도 없으시며 욕을 당하시되 맞대어 욕하지 아니하시고 고난을 당하시되 위협하지 아니하시고"(벧전 2:22~23).

미국 흑인 영가 중에는 이와 같이 작은 죄 하나 없이 이 모든 것을 견디신 예수님의 순종을 담은 노래가 있다.

> 그들이 나의 주를 못 박았네.
> 그분은 아무 말도 하지 않으셨다네.
> 그들이 나의 주를 못 박았네.
> 그분은 아무 말도 하지 않으셨다네.
> 아무 말도, 아무 말도, 아무 말도……[117]

예수님은 잠잠히 계셨다. 우리의 죄를 대속하기 위해 온전한 희생제물이 되셔야 했기 때문이다. 따라서 예수님이 불평하지 않고 참으신 것은 우리의 구원을 위해 하나님께 순종하시기 위함이었다. 그것은 사랑의 증거였다.

왜 예수님은 십자가의 고통과 수치를 참으셨는가? 우리를 사랑하시기 때문이다. 그것은 사랑이었다. 이 세상에서 모든 것을 참고 모든 것을 견딜 수 있는 능력은 오직 사랑뿐이라고 성경이 증거하기 때문이다. 그것은 사랑의 능력이었다.

우리는 혼자가 아니다

우리는 하나님의 아들이신 예수님의 모든 것을 견디는 사랑을 받은 자들이다. 그렇다면 우리는 그 사랑에 어떻게 보답해야 하는가?

무엇보다 믿음으로 보답해야 한다. 예수님께서 그 누구도 아닌 나를 위해 십자가에서 죽으셨고 나를 위해 그 모든 것을 참으셨다는 사실을 믿음으로 고백해야 한다. 우리는 더 이상 죄책감을 짊어질 필요가 없다. 우리를 사랑하사 "우리를 위하여 자신을 버리신"(엡 5:2) 하나님의 아들에게 믿음으로 그 짐을 맡길 수 있다. 이것은 사랑의 교환이다. 예수님은 우리의 죄를 위해 자신의 생명을 주셨다. 이것을 믿기만 하면 아무 대가 없이 영생을 선물로 받는다.

두 번째, 우리는 감사로 사랑에 보답해야 한다. 구원받은 우리가 감사해야 할 것은 십자가뿐이 아니다. 예수님께서 십자가를 지시며 참으신 일들, 즉 벌거벗고 매 맞고 조롱당하고 침 뱉음 당하셨음에 감사해야 한다. 당신은 왕이신 예수님께서 당신을 위해 당하신 수치에 대하여 감사한 적이 있는가?

『주는 나의 피난처』The Hiding Place의 저자인 코리 텐 붐Corrie ten Boom은 나치 강제 수용소에서 매주 신체검사를 받았다. 그녀는 동생 베시와 줄을 서서 검사를 기다리며 복음에 대한 감사를 배웠다.

> 나는 예수님께서 잡히신 이야기를 수천 번도 넘게 읽었다. 군사들이 예수님을 때리고 비웃고 채찍질한 이야기를 분명히 기억한다. 그런데 지금 그 장면이 내 눈앞에 펼쳐지고 있다.
> 금요일마다 우리는 신체검사라는 수치스런 일을 당했다. 우리는 벌거벗은 채 양손을 허리에 놓고, 꼿꼿하게 서서 웃고 있는 병사들 앞을 천천히 행진했다.

그날도 여느 때와 다름없는 금요일 아침이었다. 떨며 복도 위에 서 있던 내 앞에 성경 한 페이지가 생생하게 펼쳐졌다. 그리고 그분이 벌거벗은 채 십자가 위에 매달려 계셨다.

나는 몰랐다. 아니 상상도 못했다. 지금까지 내가 본 십자가 그림에는 천 조각이라도 그려져 있었기 때문이다. 순간 나는 깨달았다. 그것은 그분을 향한 화가의 존중과 존경이었던 것이다. 하지만 그날 아침에는 존중이란 없었다. 우리를 둘러싼 사람들의 얼굴에서 그런 것은 찾아볼 수 없었다.

나는 내 앞에 서 있던 베시에게 몸을 기울였다. 그녀의 파랗게 얼룩진 살 아래로 앙상한 어깨뼈가 튀어나와 있었다.

"베시, 그들이 그분의 옷마저 가져가버렸던 거야."

베시는 얕은 숨을 몰아쉬며 말했다.

"오 언니, 난 그분께 한 번도 감사하지 못했어!"[118]

베시 텐 붐이 깨달았던 것처럼 구원의 선물에 대한 참된 감사는 그분의 참으심에 대한 감사를 말로 표현하는 것이다. 이렇게 고백하라. "저를 구원하시기 위해 그 모든 아픔과 괴로움을 참으신 예수님, 사랑합니다. 나를 위해 피 흘리시고 침 뱉는 모욕까지 당하신 주님, 당신의 그 영원한 사랑에 감사합니다!"

그리고 그 사랑에 보답하는 마지막 방법은 바로 예수님처럼 다른 사람을 사랑하는 것이다. 아마도 이것이 가장 어려울 것이다. 예수님의 사랑이 없다면 우리가 어떻게 박해를 참고 고난을 견딜 수 있겠는가!

당신은 예수님 때문에 고난을 견딜 수 있는가? 그것은 강하게 역사하시는 성령 하나님의 은혜가 예수님의 사랑을 부어주신다는 분명한 증거다.

사도 베드로는 우리가 예수님 때문에 고난을 견디는 것이 하나님 보시기에 아름다운 일이라고 기록한다(벧전 2:20). 예수님처럼 우리가 삶을 포기해야 한다거나 죄악된 공격으로부터 믿음으로 자신을 보호하는 것이 잘못됐다는 뜻이 아니다. 진정한 사랑은 예수님의 사랑을 위해 많은 고난과 역경을 참고 견딜 수 있어야 한다는 뜻이다. 베드로는 이어서 이렇게 말한다. "이를 위하여 너희가 부르심을 받았으니 그리스도도 너희를 위하여 고난을 받으사 너희에게 본을 끼쳐 그 자취를 따라오게 하려 하셨느니라"(21절).

하나님께서 당신을 고난 가운데로 부르시는 것은 언제인가?

복음에 대한 정부의 탄압 속에서 믿음을 지켜야 하는 그리스도인들이 있다. 그리스도를 따른다고 조롱하는 학교를 다녀야 하는 이들도 있다. 늘 불평과 비난의 말만 늘어놓는 동료들을 참으며 회사에 다녀야 하는 사람들도 있다. 가정도 예외가 아니다. 부모와 배우자, 자녀들뿐 아니라 가장 가깝다고 생각했던 사람들을 인내해야 할 때가 있다. 우리를 해하는 사람들도 있다. 차가운 말로 상처를 주고 신체적, 정신적인 학대를 가하는 사람들도 있다.

그런 사람들을 어떻게 참고 사랑할 수 있는가? 어쩌면 그들을 사랑하는 것 자체가 고통이 될 수도 있다. 그러나 예수님의 사랑이 있다면 사랑은 계속될 것이다.

이렇게 말하는 사람들이 있다. "하나님은 내가 견딜 수 없는 시험은 주지 않으신다." 그러나 하나님은 때로 우리의 한계를 넘어서는 시험을 주시기도 한다.

누구나 큰 상실을 경험한다. 길이 보이지 않는 문제에 부딪히고 구제 불능인 사람을 만나기도 한다. 그러나 우리의 한계를 넘는 시험은 있을지언정 하나님의 한계를 넘어서는 시험은 없다.

우리는 혼자가 아니다. 온갖 종류의 고통과 고문, 그리고 죽음을 참으신 구세주 예수님께서 우리와 함께하신다. 물론 우리의 고통이 당장 작아지고 문제가 해결되는 것은 아니다. 하지만 이제는 모든 것을 혼자 견딜 필요가 없다. 예수님의 사랑이 우리를 안고 갈 것이다. 우리를 위해 참으신 구원의 왕, 예수님의 사랑을 더 깊이 알게 될수록 그분을 위해 모든 것을 견디는 능력도 함께 커질 것이다.

미래에 대한 확실한 믿음이 있을 때
현재의 사랑이 견고할 수 있다.
그 믿음은 어떤 상황에서도 살아갈 수 있는 힘이 되고
다른 사람에게 끊임없이 나눠줄 수 있는 능력이 된다.
_ 고든 파

Chapter 10

사랑은 믿는 것

사랑은 모든 것을 믿으며 −고린도전서 13장 7절

예수께서 큰 소리로 불러 이르시되 아버지 내 영혼을 아버지 손에 부탁하나이다 하고 이 말씀을 하신 후 숨지시니라 −누가복음 23장 46절

 그래도 당신은 하나님을 믿겠는가?
 하나님이 당신에게 가족을 버리고 지구 반대편 나라로 가라고 명하신다. 그래도 당신은 하나님을 믿겠는가? 그 명령을 좇았지만 하나님을 섬기려던 당신의 계획이 모두 수포로 돌아갔다. 그래도 당신은 하나님을 믿겠는가? 철저하게 실패한 당신은 결국 혼자 남아 초라한 죽음을 맞아야 한다. 당신은 삶의 모든 것, 생명까지 잃어버렸다. 그래도 당신은 하나님을 믿겠는가?

1850년 9월 7일, 일곱 명의 영국인 선교사들을 태운 배가 리버풀을 떠났다. 그들은 영국 해군의 훈장이 빛나는 알렌 프란시스 가디너Allen Francis Gardiner의 지휘 아래 남아메리카 최남단에 자리 잡은 파타고니아로 향했다. 배에는 6개월 동안 지낼 수 있는 양식이 실려 있었고 그들의 마음은 복음과 하나님 나라에 대한 소망으로 가득 차 있었다.

하지만 여정은 철저한 실패로 끝났다. 원주민들은 적대적이었고 모진 기후도 그들의 편이 아니었다. 아무리 기다려도 다음 양식을 실은 배는 오지 않았고 선교사들은 한 명씩 굶주림으로 죽어갔다.

무리 중에는 의사였던 리처드 윌리엄스Richard Williams도 있었다. 이후 탐색 팀에 의해 그의 시신이 일기와 함께 발견되었다. 일기의 마지막 페이지에는 죽음을 앞둔 그의 예수 그리스도를 향한 영원한 믿음의 고백이 기록되어 있었다. 작은 선체 안에 쭈그리고 앉아 고통으로 신음하며 마지막 간증을 기록하는 한 남자의 모습을 그려보라.

만일 이것이 나의 마지막 일기가 된다면, 집에 있는 사랑하는 가족이 내가 이 글을 쓰면서도 형언할 수 없이 행복했음을 믿고 안심하기를 바란다.

나는 그 누구와도 이 행복을 바꾸지 않을 것이다. 내 마음이 소망과 영생에 대한 기쁨으로 충만했다는 사실을, 하나님께 속한 하늘나라, 사랑, 예수 그리스도가 모두 하나 되어 내 영혼 가운데 있었음을, 영광의 소망이 내 온 마음을 기쁨과 환희로 채웠음을, 내가 사는 것은 그리스도를 위함이요 죽는 것도 유익임을 그들도 믿기 바란다.[119]

리처드 윌리엄스는 어떤 상황에서도 하나님에 대한 믿음을 저버리지 않았다. 삶과 죽음을 가르는 상황조차 그의 믿음을 앗아가지는 못했다. 그는 마지막 순간까지 하나님의 사랑과 예수 그리스도의 영광, 영생의 소망을 믿었다. 그의 일기는 고린도전서 13장 7절의 진리를 영원히 증거할 것이다. 사랑은 언제나 믿는 것이다.

언제나 모든 것을 믿으며

"사랑은 …… 모든 것을 믿는다." 이 말씀을 '사랑은 무조건, 무엇이든 다 믿는다'는 의미로 해석하면 안 된다. 사랑은 논리적으로 불가능한 것, 믿음에 위배되는 것, 하나님의 거룩한 뜻에 대적하는 것을 쉽게 믿지 않는다. 오히려 영적 거짓에 쉽게 넘어가는 사람이야말로 하나님을 사랑하지 않는 사람이다. 오직 한 분이신 참 하나님을 믿지 않는 자들은 아무것도 믿지 않는 것이 아니라 거의 모든 것을 믿어버린다!

예를 들어 그들은 영생을 바라면서도 환생이나 냉동보존을 믿는다. 완전히 다른 사람으로 태어나거나 미래의 과학자들이 인간을 다시 살려낼 수 있다고 믿는다. 영생의 희망을 주는 것이라면 뭐든 믿어버린다. 뿐만 아니라 과학만이 지식을 얻는 유일한 길이며 인간은 화학물질의 조합일 뿐 그 안에 영혼이 없다고 믿는 무신론자들도 많다. 이런 믿음 때문에 그들은 생명의 의미뿐 아니라 다른 많은 것들까지 간과한다.

그렇다면 "사랑은 모든 것을 믿는다"는 성경 말씀은 무엇을 의미하는가?

일부 성경학자들은 다른 사람에게 최고의 능력이 있음을 끝까지 믿어주며 사랑하라는 의미로 해석한다. 이 해석은 어거스틴까지 거슬러 올라간다. 우리는 귀에 들리는 악한 험담에 흔들리지 말고 사랑하는 사람들을 보호해야 한다. 원수들도 예외가 아니다. 리온 모리스에게 "사랑은 모든 것을 참는다"는 말은 곧 "사랑은 항상 다른 사람들의 처지를 이해하고 그들 안에 있는 잠재력을 보는 것"이었다.[120]

사랑은 연약한 사람들을 믿어주는 것이다. 그들의 가장 못난 부분만 보며 숨겨진 마음에 대해 쉽게 판단하지 않고 그들에게 있는 최선의 모습을 보려고 노력하는 것이다. 그래서 루이스 스미즈는 사랑하는 사람을 냉소적인 사람과 비교한다. 냉소적인 사람은 기본적으로 아무것도 믿으려 하지 않고 다른 사람들의 가장 안 좋은 부분에만 집중한다. 헌신적인 사람을 보면서도 결국은 자기 이익을 위한 거라고 의심한다. 사람에게 상처받거나 이용당하는 것이 두려워 참된 사랑을 하지 못한다. 그러나 고린도전서 13장 7절은 우리에게 좀 더 부드러운 마음으로 다른 사람을 믿으라고 권고한다. 스미즈는 "사랑이란 우리의 마음을 움직여 사람들을 신뢰하게 만드는 믿음의 능력"이라고 말한다.[121]

냉소적인 사람은 우리에게 사람을 너무 많이 믿지 말라고 경고한다. 그러나 사랑하는 사람은 너무 믿지 않는 쪽보다 너무 믿는 쪽을 택한다. 그래야 꼭 믿어야 하는 것들을 믿을 수 있기 때문이다.

그러나 대부분의 성경학자들은 이 말씀을 다른 의미로 해석한다. '모든 것'에서 '모든'(헬라어로 panta)을 명사가 아닌 부사로 보면 '항상'이라는 해석이 가능하다.[122] 이 해석의 유익은 사랑이 믿는 것과 믿지 않는 것에 대한 오해를 피할 수 있다는 점이다. 즉 이것은 사랑이 믿는 대상, 곧 무엇을 믿어야 하는가에 관한 말씀이 아니다. 어떤 상황에서도 믿음을 저버리지 않는 믿음의 인내에 관한 말씀이다

  사랑이란 극심한 고난과 고통의 상황에서도 믿음을 잃지 않는 것이다. 고든 피는 이것을 다음과 같이 설명한다. "미래에 대한 확실한 믿음이 있을 때 현재의 사랑이 견고할 수 있다. 그 믿음은 어떤 상황에서도 살아갈 수 있는 힘이 되고 다른 사람에게 끊임없이 나눠줄 수 있는 능력이 된다."[123]

  사랑의 믿음에는 한계가 없다. 사랑은 "끝까지 믿음을 지킨다."[124]

나의 하나님

  믿음의 사랑뿐 아니라 모든 사랑이 예수님의 삶에서 완성되었다. 우리는 이미 예수님의 일생을 순서대로 따라가며 겸손하고, 오래 참고, 소망하고, 헌신하는 그분의 사랑을 살펴보았다. 그분의 가르침과 기적 속에서, 사람들과 나누신 대화와 하늘 아버지께 드리는 기도 속에서 그 사랑을 보았다. 겟세마네 동산에서 아버지의 뜻에 순복하신 사랑, 죄 없으신 그분이 십자가를 지시며 모진 학대를 견디신 사랑을 보았다. 그리고 우리의 구원을 위해 십자가 위에서 형벌의 수치와 고통을 참으신 사랑을 보았다.

  이제 우리가 살펴볼 것은 사랑의 믿음, 곧 항상 믿으시는 예수님의 사랑이다.

사랑의 믿음을 살펴보기에 가장 좋은 곳은 인간이신 예수님께서 극한의 고통을 당하셨던 십자가다. 그래서 우리는 십자가에서 죽으시며 아버지께 믿음을 고백하셨던 예수님의 기도에 다시 한 번 귀를 기울이고자 한다.

복음서는 예수님의 십자가 형벌을 과장하지 않고 오히려 축소하여 묘사한다. 누가는 다음과 같이 담담하게 말했다. "해골이라 하는 곳에 이르러 거기서 예수를 십자가에 못 박고"(눅 23:33). 이 야만스러운 형벌의 고통에 대해서는 더 설명하지 않아도 될 것이다. 십자가의 형벌보다 육체적으로 더 고통스럽게 죽는 방법은 없다. 그런 의미에서 본다면 예수님의 죽음만이 남다른 것은 아니다. 예수님뿐 아니라 당시 많은 사람이 십자가 형벌로 목숨을 잃었기 때문이다. 예수님께서 십자가에 달리시던 날에도 좌우 양쪽의 두 남자가 예수님과 똑같이 처형당했다.

예수님의 죽음이 남다른 것은 예수님께서 견디신 정신적인 괴로움, 영혼의 고통 때문이다. 그날 십자가 위에서는 영적 거래가 이루어졌다. 하나님의 아들이신 예수님이 아버지의 뜻을 좇아, 또 자신의 의지대로 인간의 죄짐을 맡으셨다. 스스로 속죄제물이 되어 우리의 죄를 담당하셨다. 그래서 십자가에 매달려 계셨던 몇 시간 동안 아들은 아버지와 분리되어야 했다.

여기서 우리는 죄와 심판, 희생과 삼위일체 하나님이라는 놀라운 신비를 만난다. 조금씩 숨이 약해지던 예수님은 시편 말씀을 들어 울부짖으셨다.

"나의 하나님, 나의 하나님, 어찌하여 나를 버리셨나이까"(마 27:46).

이것은 시편 22장 1절 말씀으로, 죽음의 위협 앞에서 응답되지 않는 기도 때문에 괴로워한 다윗의 고백이다. 예수님이 이렇게 울부짖으신 것은 하나님께서 아들의 죽음을 돌아보지 않고 버리셨기 때문이다. 아들이신 예수님은 영원 전부터 아버지와 온전한 사귐을 이어오셨다. 그러나 예수님이 우리의 죄를 담당하시는 순간 인간의 죄를 향한 하나님의 분노와 저주도 그분의 몫이 되어버렸다.

그 저주에는 아들과 아버지의 분리도 포함되어 있었다. 이 영적 실재가 지구를 덮은 어둠이라는 물리적 실재로 나타났다. 누가는 이 어둠이 하나님과의 영적 분리를 상징하는 자연의 기적이라고 기록한다. "때가 제육시쯤 되어 해가 빛을 잃고 온 땅에 어둠이 임하여 제구시까지 계속하며"(눅 23:44~45).

예수님은 어둠 가운데서 죽음을 맞으셨다. 세 시간에 이르는 긴 시간 동안 태양은 빛나지 않았다. 물리적 원인이 무엇이었든 빛의 소멸은 예수님께서 우리 죄에 대한 하나님의 저주를 받으셨다는 분명한 증거다. 오래 전 선지자 스바냐의 예언이 성취된 것이다. "그날은 분노의 날이요 환난과 고통의 날이요 황폐와 패망의 날이요 캄캄하고 어두운 날이요 구름과 흑암의 날이요"(습 1:15). 이 어둠과 암흑은 우리 죄를 향한 하나님의 분노를 상징한다.

아이작 왓츠 Issac Watts 는 십자가 찬양시에서 이렇게 노래했다.

> 태양은 어둠 속에 숨겨졌고
> 그의 영광도 끊어졌네.

위대한 창조자 그리스도께서
피조물인 인간의 죄를 위해 죽으실 때.

어둠의 시간이 끝나갈 무렵, 예수님은 영혼의 창을 열어 내면의 고통을 드러내셨다. 성경 전체에서 예수님이 하나님을 "아버지"라고 부르지 않으신 것은 이때뿐이었다. 예수님의 다른 기도는 우리에게 가르치신 것처럼 모두 "아버지"로 시작한다. 나사로의 무덤 앞에서도 예수님은 하늘을 향해 이렇게 말씀하셨다. "아버지여 내 말을 들으신 것을 감사하나이다"(요 11:41). 마지막 만찬 후에도 이렇게 기도하셨다. "아버지여 때가 이르렀사오니 아들을 영화롭게 하사 아들로 아버지를 영화롭게 하게 하옵소서"(요 17:1).

그러나 십자가에 매달려 죄의 무게를 견디실 때, 가장 큰 고통 가운데 있을 때, 예수님은 아버지를 향해 "하나님"이라고 외치셨다. 시편 22편을 그대로 인용하신 까닭도 있지만 예수님이 하나님의 저주 가운데 죽으실 때 아버지와 아들의 관계가 끊어졌기 때문이기도 하다.

예수님의 믿음

하나님께 버림받았다고 느끼면서도 믿음을 지키는 것은 거의 불가능하다. 경험해본 사람은 알 것이다. 하나님이 느껴지지 않고 내 옆에 계시지도 않는 듯한 두려움이 엄습할 때는 기도도 나오지 않는다. 모든 것이 어두워질 때 눈에 보이는 것들은 아무 쓸모가 없다. 오직 믿음으로 하나님을 붙들어야 한다.

십자가 위의 예수님도 마찬가지였다. 하늘은 어두웠다. 아버지에게 버림받은 고통이 몰려왔다. "나의 하나님, 나의 하나님, 어찌하여 나를 버리셨나이까?"

그러나 이 버림받은 자의 고통스런 외침은 예수님의 마지막 말씀이 아니었다. 예수님은 "아버지 내 영혼을 아버지 손에 부탁하나이다"(눅 23:46). 이렇게 말씀하시고 숨을 거두셨다.

이 말씀도 시편에서 인용되었다. 시편 31편에서 다윗은 하나님께 원수들로부터 구원해달라고 간청한다. "내가 나의 영을 주의 손에 부탁하나이다" 그리고 다윗은 구원하실 하나님에 대한 온전한 믿음을 고백한다. "진리의 하나님 여호와여 나를 속량하셨나이다"(시 31:5).

누가는 예수님께서 이 말씀을 "큰 소리로" 외치셨다고 기록한다(눅 23:46). 이것은 소심하고 의심에 찬 요구가 아니었다. 대담하고 확신에 찬 요청이었다. 진정한 구세주의 믿음의 고백이었다. 다윗처럼 예수님도 구속의 하나님을 신뢰했다. 예수님께는 고린도전서 13장 7절의 '항상 믿는 믿음'이 있었다.

베드로는 예수님이 우리의 죄 때문에 고통당하실 때 "오직 공의로 심판하시는 이에게 부탁"하셨다(벧전 2:23)고 기록하여 이 믿음에 대해 보다 분명하게 증거한다. 죽음의 문턱 앞에서 아버지에게 버림받고 하나님의 심판의 저주로 쓰러져가는 최악의 상황에서도 예수님은 아버지의 사랑을 믿으셨다.

그렇다면 우리 구세주께서 믿으신 것은 무엇인가?

첫째, 예수님은 하나님께서 살아계시다는 사실을 믿으셨다. 기도하려면 믿어야 했다. 버림받은 고통이 밀려오고 하나님의 임재가 느껴지지 않을 때도 기도를 들으시고 응답하실 하나님의 존재를 믿으셨다.

둘째, 예수님은 아버지 하나님을 믿으셨다. 예수님은 창세전부터 아버지의 영원한 아들이셨다. 그러나 연약한 육신을 입으신 그분이 하나님께 버림받고 죽어갔다. 아버지로부터 멀어져버린 예수님은 "나의 하나님, 나의 하나님"이라고 외치셨다. 그리고 이제 다시 "아버지"라고 부르셨다. 여전히 하나님을 아버지로 믿고 있다는 확실한 증거다.

셋째, 예수님은 부활을 믿으셨다. 십자가의 죽음이 끝이 아니기에 예수님은 당신의 영혼을 하나님께 부탁하셨다. 그분의 영혼은 영생하기 때문이다. 예수님은 시편 31편을 인용하심으로써 다윗에게 행하신 일을 자신에게도 행하시고 무덤에서 속량시켜 주시리라는 믿음을 드러내셨다. 믿음으로 영생을 고백하신 것이다.

넷째, 예수님은 아버지의 사랑을 믿으셨다. 자기 영혼을 아버지께 맡긴 것은 곧 소중한 모든 것을 아버지께 맡긴 것과 같다. 그리고 그것은 아버지의 사랑에 대한 온전한 믿음이 있을 때만 가능한 일이다. 예수님은 당신의 영혼을 아버지께 맡기며 영원히 끝나지 않을 아버지의 사랑에 의지하셨다.

다섯째, 예수님은 자신의 죽음으로 우리의 죄가 사해질 것을 믿으셨다. 이 부분에 대하여 많은 말씀을 하지 않으셨지만 우리는 예수님의 기도를 통해 그 믿음을 읽을 수 있다. 아버지께 자신을 맡기신 것은 우리의 죄를 위한 십자가의 희생을 받아달라는 청과 같다. 자신이 이룬 구원 사역을 하나님의 손에 맡기신 예수님은 아버지께서 무덤에서 다시 살리시고 모든 하나님의 사람들을 용서해주실 것을 믿으셨다. 예수님의 마지막 말씀 속에 우리의 구원에 대한 온전한 믿음이 들어있다.

십자가에 달리신 예수님은 우리에게 모든 것을 믿는 법을 가르쳐주신다. 예수님은 사랑으로 이 모든 것을 믿으셨다. 그것은 아버지와 우리를 향한 사랑이었다. 서로를 신뢰하는 능력은 믿음뿐 아니라 사랑에서 비롯된다. 예수님과 아버지 하나님의 사랑 같은 관계만 있다면 우리는 죽음, 아니 그보다 더한 상황 속에서도 믿음을 지킬 수 있다.

아버지는 언제나 예수님을 "사랑하는 아들"이라고 부르셨다. 아들도 기도 가운데 그렇게 고백했다. "아버지께서 창세 전부터 나를 사랑하시므로"(요 17:24).

죽음 앞에 계신 예수님을 붙든 것은 바로 이 사랑이었다.

하나님의 손에

당신에게는 바울이 고린도전서 13장에서 말한 사랑이 있는가? 예수님이 십자가 위에서 증거하신 모든 것을 믿는 사랑이 있는가?

이 사랑은 하나님이 당신을 얼마나 사랑하시는지 깨달을 때 시작된다. 요한복음 17장에서 예수님은 교회의 연합에 대한 소망의 기도를 통해 아버지의 사랑을 증거하셨다. 또한 예수님은 우리가 아버지의 사랑을 깨닫게 해달라고 기도하셨다. 예수님은 아버지가 그 독생자를 사랑하는 것 같이 우리를 사랑하신다고 말씀하셨다.

생각해보라. 아버지 하나님께서 사랑하는 독생자 예수님과 똑같이 당신을 사랑하신다는 사실을! 뿐만 아니라 그 아들은 우리가 이 사랑을 깨닫게 해달라고, 아들을 향한 아버지의 사랑이 우리 안에도 거하게 해달라고 구하셨다.

아버지의 사랑을 깨달을 때 우리의 믿음은 더욱 견고해진다. 루이스 스미즈는 이렇게 표현했다. "믿음의 가장 깊은 동기는 하나님께 사랑받고 있다는 사실을 깨닫는 것이다."[125]

하나님을 향한 믿음이 약해질 때, 우리는 성경으로 돌아가 하나님의 사랑에 대한 모든 말씀을 묵상해야 한다. 그 속에서 우리의 인생을 변화시키는 말씀을 만날 수 있기 때문이다. "아버지께서 친히 너희를 사랑하심이라"(요 16:27). 그리고 우리에게는 그 사랑을 보여주기 위해 이 세상에 오신 예수님, 이 말씀의 참증거가 되시는 하나님의 아들이 계시다.

이와 같은 사랑으로 하나님은 우리를 믿음의 사람으로 빚으신다. 우리가 아버지의 사랑을 더 많이 경험할수록 절망과 역경의 순간에 그분을 신뢰하는 법 또한 더 깊이 배울 수 있다. 그리고 예수님처럼 믿음으로 기도하게 된다. "아버지, ○○를 아버지 손에 부탁하나이다."

우리는 등록금이나 월세, 차 수리비와 생활비, 병원비와 퇴직 이후의 생활비 등 재정적인 어려움에 닥쳤을 때 기도한다. "아버지, 저의 재정을 아버지 손에 부탁하나이다." 이렇게 기도할 수 있는 것은 아버지의 사랑을 믿기 때문이다. 하나님께서 우리의 필요를 채워주실 것을 믿기 때문이다.

죄에 맞서 싸울 때도 기도한다. 똑같은 죄를 지을 때마다 사탄은 우리에게 패배감을 안겨주며 절대 그 죄를 정복할 수 없을 거라고 속삭인다. 그러나 우리는 하나님의 사랑으로 이렇게 고백할 수 있다. "아버지, 저의 거룩함을 아버지 손에 부탁하나이다. 아버지의 사랑으로 저를 이 죄에서 건져주시고 죄를 이길 수 있는 능력을 주옵소서!"

우리의 건강(이나 소중한 사람들의 건강)을 위해서는 이렇게 기도한다. "아버지, 이 몸을 아버지 손에 부탁하나이다. 이 질병을 고쳐주시고 육신의 고통 가운데 신음하는 영혼을 위로하여 주옵소서." 학업을 위해서도 기도한다. "아버지, 힘든 공부와 오르지 않는 성적, 낙제할까봐 걱정스런 과목도 아버지 손에 부탁하나이다."

우리는 삶의 모든 부분을 놓고 이렇게 기도할 수 있다. "아버지, 나의 결혼(독신)생활을 아버지 손에 부탁하나이다.", "제 가족과 가족의 모든 문제를 아버지 손에 부탁하나이다.", "저의 신앙생활, 주님이 제게 맡기신 일들을 아버지 손에 부탁하나이다.", "제가 사랑해야 할 공동체와 공동체의 모든 문제를 아버지 손에 부탁하나이다.", "제 앞날과 앞날에 대한 소망과 두려움을 모두 아버지 손에 부탁하나이다." 그리고 마침내 일생을 마치는 날, 예수님께서 숨을 거두시기 전에 고백하신 기도를 우리도 똑같이 고백할 것이다. "아버지 내 영혼을 아버지 손에 부탁하나이다"(눅 23:46).

그동안 많은 그리스도인이 이 기도를 마지막으로 세상을 떠났다. 그 최초의 인물은 아마도 스데반일 것이다. 이 존귀한 그리스도인은 예수 그리스도에 대한 믿음 때문에 순교를 당하며 이렇게 기도했다.

"주 예수여 내 영혼을 받으시옵소서"(행 7:59).

1세기가 지난 후 감독 폴리캅도 똑같은 고백과 함께 순교의 길을 갔다. 마르틴 루터 Martin Luther, 필리프 멜란히톤 Philipp Melanchthon, 프라하의 제롬 Jerome of Prague, 존 후스 John Hus도 마찬가지다. 1415년 콘스탄츠 공의회에서 이단으로 단죄된 후스에게 대주교가 말했다. "이제 우리는 너의 영혼을 사탄의 손에 부탁한다." 그러자 후스는 잠잠히 답했다. "주님, 내 영혼을 아버지 손에 부탁하나이다. 예수 그리스도 당신이 구원하신 이 영혼을 당신께 맡기나이다."[126]

레이디 제인 그레이 Lady Jane Grey, 1536-1554 또한 유명한 인물이다. 그녀는 겨우 16일 동안 영국의 왕비 자리를 지켰다. 그리고 그리스도를 향한 믿음을 저버리지 않은 대가로 교수형을 당했다. 그녀는 교수대에 올라 사람들을 향해 이렇게 말했다. "나는 참된 그리스도인으로 죽는다. 나는 오직 하나님의 자비와 그의 아들 예수 그리스도의 피로 얻는 구원 외에 아무것도 바라지 않는다." 그리고 무릎을 꿇고 참회의 고백으로 시편 51편을 암송했다. 이에 마음이 흔들린 사형 집행자가 그녀 앞에 무릎을 꿇고 용서를 구했다. 그녀는 기꺼이 받아들이며 말했다. "어서 빨리 끝내주세요." 그녀는 손수건으로 눈을 가린 채 교수대에 머리를 올려놓았다. "주님, 내 영혼을 당신의 손에 부탁하나이다." 당시 레이디 제인 그레이의 나이는 17세였다.[127]

물론 이렇게 극적인 죽음을 맞는 사람은 그리 많지 않다. 그러나 (예수님이 먼저 오시지 않는 한) 언젠가 우리 모두 죽는다. 그리고 그 죽음의 순간에 우리에게는 믿음이 필요하다. 우리를 위한 예수님의 대속의 죽음을 믿기에, 이번 생이 끝나면 사랑의 아버지께서 두 팔 벌려 우리를 맞아 주시리라는 믿음이 필요하다. 이것을 믿는 우리는 기도할 것이다. "아버지, 내 영혼을 아버지 손에 부탁하나이다." 남아프리카 공화국의 소설가 앨런 페이튼Alan Paton도 폐기종으로 오랜 시간 투병하며 죽어가던 아내 앞에서 기도했다. 그는 생사를 넘나드는 아내의 고통을 나누며 십자가에서의 예수님의 기도를 다음과 같이 발전시켰다.

주님, 당신의 뜻 안에서 죽을 수 있는 은혜를 주옵소서.
어떤 처소나 환경도 감당할 수 있게 하옵소서.
참이라고 믿은 것들을 위하여 진실하게 죽게 하시고
주님과 분리되는 죽음의 두려움은 면하게 하옵소서.
당신의 뜻 안에서 살 수 있는 은혜도 주옵소서.
당신의 뜻 안에서 살지 못하게 막는
두려움과 욕망을 이길 힘을 주옵소서.
오 주님, 나를 평화의 도구로 삼아주소서.
영생을 아오니, 내 영혼을 당신의 손에 부탁하나이다.[128]

믿음의 사람만이 믿음의 기도를 할 수 있다. 믿음의 성장은 살아가는 법과 죽는 법을 모두 보여주신 예수님의 사랑을 더 깊이 깨달을 때 따라온다. 예수님의 사랑을 깨닫게 되면 모든 것에 대해 그분을 신뢰할 수 있다. 삶의 모든 것, 죽음의 모든 것, 죽음 이후의 모든 것까지 그분을 신뢰하게 된다.

사랑으로 과거는 죽는다.
사랑으로 우리는 과거에 안주하지 않고
새롭게 시작할 수 있다.
모든 오해를 풀 필요도 없다.
…… 사랑의 용서만 있다면
과거의 모든 잘잘못은 그리 중요하지 않다.
사랑으로 새롭게 시작할 수 있기 때문이다.

_ 루이스 스미즈

Chapter 11

사랑은
용서하는 것

사랑은 악한 것을 생각하지 아니하며 −고린도전서 13장 5절

세 번째 이르시되 요한의 아들 시몬아 네가 나를 사랑하느냐 하시니 주께서 세 번째 네가 나를 사랑하느냐 하시므로 베드로가 근심하여 이르되 주님 모든 것을 아시오매 내가 주님을 사랑하는 줄을 주님께서 아시나이다 예수께서 이르시되 내 양을 먹이라 −요한복음 21장 17절

복수를 꿈꾸는 것은 얼마나 달콤한 일인지 모른다. 도덕적으로 옳지 않고 확실한 만족도 없지만 마음속의 원한은 그야말로 강렬한 쾌감을 준다. 누군가 우리에게 잘못했을 때 우리는 화가 난다. 그러면서도 한편으로는 그 감정을 즐기고 있다. 그래서 평생 그 분노를 안고 가는 사람들도 있다. "그 사람이 내게 한 짓을 절대 잊지 않을 거야!"

라고 말하며 정말 잊지 않는다. 자신에게 일어난 일을 잊지 않는 만큼 그 상처를 되새기는 즐거움을 놓아버리지 못하기 때문이다.

당신이 가장 용서하기 힘든 사람은 누구인가? 당신은 마음의 상처를 놓아버리는가, 아니면 누군가를 향한 그 무엇을 계속 붙들고 있는가? 당신 안에 있는 원한을 포기하기 싫고 오랜 분노가 주는 씁싸름한 맛을 여전히 즐기고 있는가? 그렇다면 그것은 하나님 앞에서 죄일 뿐 아니라 용서하지 못하는 마음이 당신의 영혼을 갉아먹는다는 사실을 깨달아야 한다.

신경과학자인 대니얼 에이멘 Daniel Amen, 메리앤 다이먼드 Marian Daimond, 캐롤라인 리프 Caroline Leaf 박사는 복수심이 인간의 뇌에 끼치는 영향에 대해 연구했다.

생화학적 연구 결과에 따르면 인간이 사악한 생각을 할 때 몸에서 방출된 독성의 화학성분이 뇌로 흘러들어간다고 한다. 그들이 제시한 현미경 사진에는 방출된 화학 성분들이 우리의 신경 세포로 향하는 길을 녹이고 있다.[129]

리프 박사는 이렇게 타버린 뉴런을 "감정의 블랙홀"이라고 부른다. 원한에 사로잡힌 분노 때문에 뇌에 빈 공간이 생겨버리는 것이다. 그런데 놀랍게도 뇌에 신경 섬유가 자라면 이 블랙홀을 메울 수 있다. 새로운 기억이 지난 기억을 대체할 수 있다.

리프 박사는 그 치유를 일으키는 미덕 중 하나가 바로 '용서'라고 말한다.[130]

분노 없애기

사도바울은 사랑의 초상화에서 용서의 능력을 증거한다. 그는 사랑은 "원한을 품지 않는 것"이라고 말한다(고전 13:5, 새번역). 이 진리를 긍정문으로 표현하면 '사랑은 용서하는 것'이다.

킹제임스 성경에는 "사랑은 악한 것을 생각지 않는다"라고 번역되어 있다. 이 말씀은 다른 사람에 대하여 나쁜 생각을 하지 말라는 뜻일 수도 있다. 사랑은 남을 의심하는 죄를 범하지 않기 때문이다. 그것이 사실이라면 우리가 다른 사람에 대해 안 좋은 태도를 갖는 이유는 그들을 사랑하지 않기 때문이다. 조나단 에드워즈도 "사랑이란 다른 사람에 대해 인정 없이 생각하고 판단하는 자세와 반대되는 것"이라고 말한다.[131]

학자들 중에는 고린도전서 13장 5절과 스가랴서 말씀의 유사성에 주목하는 이들도 있다. "마음에 서로 해하기를 도모하지 말며"(슥 8:17). 참된 사랑은 남을 속이지 않고 악한 계략을 꾸미지도 않는다.

그러나 고린도전서 13장 5절에서 사용된 용어를 잘 살펴보면 바울이 고린도 교인들에게 경고하고자 한 것은 악을 생각하거나 도모하는 일이 아니었다. 즉 우리가 다른 이들에게 행하려는 악이 아니라 그들이 우리에게 행한 악을 어떻게 처리할 것인가에 대한 말씀이었다.

바울이 고린도전서 13장 5절에서 사용한 헬라어 동사 logizomai는 바울의 다른 서신서에도 종종 등장한다. 이것은 매매업, 특히 회계분야에서 사용되던 말로 '셈하다' 혹은 '누군가에게 값을 달다'라는 뜻이 있다.

예를 들어 고린도 교인들에게 보내는 두 번째 편지에서 바울은 "곧 하나님께서 그리스도 안에 계시사 세상을 자기와 화목하게 하시며 그들의 죄를 그들에게 돌리지 아니하시고"(고후 5:19)라고 기록한다.

하나님은 영적 균형을 맞추시기 위해 우리 죄를 우리에게 돌리지 않기로 결정하시고 십자가에서 그 값을 치르게 하셨다. 신학자들은 이것을 하나님께서 우리의 죄를 가져다가 예수 그리스도에게 지우신 것으로 설명한다.

하나님은 우리를 대적하지도, 그 죄를 우리에게 돌리지도 않으셨다. 오히려 우리를 위해 그리스도의 의를 우리에게 돌리셨다. 바울은 로마서에서도 같은 동사를 가지고 아브라함과 우리가 믿음으로 의롭다 여김을 받은 것에 대해 설명한다(롬 3:28, 4:3,5). 따라서 '누군가에게 값을 단다' 는 개념은 십자가에서 우리의 죗값이 치러지고 값없이 예수 그리스도의 의를 얻는 속죄와 칭의의 교리를 설명하는 데 매우 유용하다.

고린도전서 13장 5절에서도 같은 동사가 악을 돌린다는 의미로 사용되었다. 사랑은 "악한 것을 세지 않는다"는 말은 곧 사랑은 "악을 다른 사람에게 돌리지 않는다"는 뜻이다. 악이 존재하지 않는 것처럼 무시한다는 뜻이 아니다. 다른 사람들을 대적하여 악을 그들의 탓으로 하지 않는다는 의미이다.

데이비드 가렌드는 "이 말씀은 복수할 요량으로 남의 잘못을 하나하나 기록하는 사람을 연상케 한다."라고 말했다.[132] 그리고 NIV 성경은 "사랑은 죄를 기록하지 않는다"고 번역했다. 그러므로 회계에서 사용되는 용어를 사용한 이 번역이 원문에 가장 가까울 수 있다. 다시 말해 사랑은 훗날의 계수를 위해 죄를 하나하나 기록하지 않는다. 그것은 곧

"화낼 수 있는 우리의 권리를 내려놓고 우리가 겪은 고통을 되갚으려는 마음을 포기하는 것"이다.[133] 여기 더 명확한 정의가 있다.

> 용서의 능력이 있는 사람은 하나님께 더 큰 죄를 용서받은 은혜를 깊이 인지하는 사람이다. 그는 먼저 상대방의 용서를 구하고 분노와 괴로움, 복수심을 멀리할 뿐 아니라 자신에게 상처를 준 사람에게 사랑으로 먼저 다가간다. 회복의 소망이 있기에 가벼운 마음으로 용서하고 상처는 잊어버린다.[134]

용서는 우리 모두에게 어려운 문제다. 우리는 우리가 받은 상처를 영원히 잊지 않으려 한다. 가능하면 더 아프게, 그것이 여의치 않을 때도 최소한 그만큼의 상처는 되돌려주고 싶어 한다. 적어도 그들이 우리에게 한 짓을 상기시키고 그 상처를 이용하여 그들의 발목을 잡으려 한다. 그런 식으로 우리는 도덕적으로 우월감을 느끼는 동시에 용서하지 못하는 죄를 면하고자 한다.

더욱이 오랜 복수심을 놓아버리기란 몹시 힘들다. 루이스 스미즈는 복수심을 가리켜 "기억의 한 단면에 긁힌 어제의 분노"라고 말했다.[135] 그 긁힌 상처가 깊게 파고 들어가 여전히 피를 흘리고 있다. 우리의 믿음을 저버린 사람들이 있고 권력으로 우리를 휘두른 사람들도 있다. 절대 잊을 수 없을 것 같은 상처의 말을 내뱉은 사람들이 있다. 우리의 건강을 해치고 몸을 상하게 한 사람들이 있다. 우리의 시간을 빼앗고 우리의 사랑을 비웃고 우리의 행복을 앗아간 사람들이 있다. 이런 악한 일들이 일어날 때, 많은 사람이 고통을 놓아버리기보다 그 고통에 붙들리는 쪽을 택한다. 그들에게 똑같이 상처주려는 마음을 포기하지 못한다. 마음속에 자리 잡은 컴퓨터 스크린이 그들이 겪은 고통을 재생시키고 또 재생시킨다. 모든 것이 완전히 해결되거나 회복되기 전에는 절대 용서하지 않는다.

당신의 마음에도 이런 복수심의 벽이 있는가? 그 벽을 부수고 "어제의 악에 대한 기억의 지배"[136]에서 놓이는 길은 사랑밖에 없다. 사랑은 의식적으로 악을 무시하는 것이 아니다. 오히려 악이 행한 모든 일을 고통 가운데 인지한다. 그럼에도 불구하고 악을 악으로 갚지 않고 선으로 악을 정복하려 한다. "사랑은 복수할 방법을 꾀하지 않고 악을 흡수해버린다."[137]

하나님께서는 당신이 어떤 악을 흡수하기 원하시는가? 하나님은 당신에게 어떤 기억을 놓으라고 명하시는가? 하나님은 당신이 누구를 사랑하기 원하시는가? 가족, 동료, 급우, 이웃, 교회의 동역자 중 누구인가?

사랑은 오랜 분노에 사로잡혀 있지도, 복수를 꾀하지도 않는다. 오히려 모든 것을 새롭게 만든다. 루이스 스미즈는 이렇게 말했다. "사랑으로 과거는 죽는다. 사랑으로 우리는 과거에 안주하지 않고 새롭게 시작할 수 있다. 모든 오해를 풀 필요도 없다. …… 사랑의 용서만 있다면 과거의 모든 잘잘못은 그리 중요하지 않다. 사랑으로 새롭게 시작할 수 있기 때문이다."[138] 한마디로 사랑은 용서하는 것이다.

베드로의 추락

예수님의 성품과 사역 속에서 용서의 사랑을 살펴보기 위해서는 당연히 십자가로 돌아가야 한다. 예수님은 그 고통의 시간에 자신을 비웃고 십자가에 못 박은 자들을 용서하셨다. "아버지 저들을 사하여 주옵소서"(눅 23:34). 하나님의 아들을 죽인 터무니없는 죄악은 물론 그들의 잔인한 배신, 무감각한 불의, 가차 없는 학대, 비겁한 욕설에도 예수님은 용서를 베푸셨다.

그런데 이보다 더 우리의 마음을 찌르고 더 큰 감동을 주는 용서가 있다. 예수님은 원수와 그분을 거의 알지 못했던 자들만 용서하신 것이 아니다. 당신의 친구들도 용서하셨다. 대체로 가장 큰 상처는 가까운 사람이 주는 법이다. 그 가까운 사람 중에는 예수님의 제자들도 포함되어 있었다. 여기서는 베드로, 그리고 예수님께서 그를 용서하신 사건만 다루려 한다.

베드로는 원래 예수님의 열두 제자 중 가장 두드러지는 사람이었다. 그는 예수님이 가장 먼저 제자로 세우신 사람이었고 가장 먼저, 그리고 유일하게 물 위를 걸은 제자였다. 그리고 가장 먼저 예수님을 "그리스도시요, 살아계신 하나님의 아들"이라고 고백했다(마 16:16). 제자들 중 가장 먼저 죽기까지 예수님을 따르겠노라고 맹세한 이도 베드로였다. 제자들 중에서 으뜸, 순종에서도 으뜸, 믿음으로도 으뜸, 희생에서도 으뜸인 사람이 바로 베드로였다.

그러나 베드로는 추락하는 데도 으뜸이었다. 사복음서 모두 이 고통스런 이야기를 꾸밈없이 담고 있다. 베드로는 예수님께서 잡히신 후

대제사장 가야바 앞에서 재판을 받으신 곳까지 따라갈 만큼 대담한 사람이었다. 그가 뜰의 문 밖에서 기다릴 때 문 옆에 서 있던 여자가 물었다. "너도 이 사람의 제자 중 하나가 아니냐?"(요 18:17). 이 뜻밖의 질문에 어떻게 대답하느냐에 따라 베드로는 예수님께서 가장 큰 고통 중에 계실 때 그분과 함께 있을 수도 있었다. 그러나 베드로는 자신이 제자임을 부인했다. "나는 아니라." 그리고 베드로는 추운 봄날 밤에 군사들과 종들이 모여 몸을 녹이고 있는 곳으로 갔다. 그들 역시 예수님에 대해 이야기하고 있었다. 그들이 물었다. "너도 그 제자 중 하나가 아니냐?"(25절). 베드로는 또 부인했다. 그리고 얼마 지나지 않아 다른 종이 다시 물었다. "네가 그 사람과 함께 동산에 있는 것을 내가 보지 아니하였느냐"(26절). 베드로가 말했다. "이 사람아 나는 네가 하는 말을 알지 못하노라"(눅 22:60). 마태복음은 베드로의 세 번째 부인을 보다 구체적으로 기록하여 설득력을 높인다. 베드로는 자기 자신을 저주하면서까지 예수님을 부인하였다(마 26:74).

　세 번이나 예수님을 부인하고도 베드로가 용서받은 사건을 이해하려면 먼저 그가 저지른 죄의 본질과 범위를 알아야 한다. 우리는 보통 베드로가 한 가지 죄를 세 번 지은 거라고 생각한다. 그러나 사실 그는 여러 가지 죄를 반복해서 범했다. 베드로는 명백하게 '배신'이라는 죄를 범했다. 그는 예수님과의 관계를 완전히 부인함으로써 그리스도를 향한 헌신을 저버렸다. 이것은 거짓말의 죄이기도 하다. 진실을 말하지 않고 거짓을 증거했기 때문이다. 또한 그는 신성모독죄를 범했다. 저주하는 말로 하나님의 아들의 이름을 헛되게 했기 때문이다. 우상숭배의 죄도 더했다. 베드로는 오직 한 분이신 참하나님을 경배하기보다 자신의 안위를 소중하게 여겼다. 복음을 전하지 못한 죄도 더했다. 그는 자기 목숨을 지키는 데 급급하여 예수 그리스도의 구원의 능력과 은혜의 자비를 증거할 수 있는 기회를 놓쳐버렸다. 나아가 그는 살인을 공모한 죄를 범했다. 죽음 앞에 선 결백한 이를 위해 목소리를 높이지는 못할망정 그와 아무 관련이 없다고 주장하는 죄를 범했다.

이 모든 죄를 지은 장본인이 베드로이기에 문제가 더 심각해진다. 지금 막 예수님을 믿은 사람이 이런 죄들을 지었다 해도 심각한 상황이다. 하물며 베드로는 예수님의 가장 오랜, 가장 사랑하는 제자였다. 따라서 베드로는 하나님이 원하시는 바를 몰랐다고 항변할 자격이 없다. 베드로는 그동안 진리를 가르치고 하나님을 예배하고 복음을 전하는 것에 대한 예수님의 말씀을 충분히 들었다. 가르침을 잘 받은 만큼 하나님은 그에게 두 배, 아니 세 배의 책임을 물으실 수 있었다. 뿐만 아니라 베드로는 그가 만날 영적 위험에 대해 분명히 경고를 받았다. 바로 그날 밤, 예수님께서 그에게 말씀하셨다. "내가 진실로 진실로 네게 이르노니 닭 울기 전에 네가 세 번 나를 부인하리라"(요 13:38). 그럼에도 불구하고 베드로는 그대로 가서 죄를 범하고 말았다. 설상가상으로 베드로가 부인한 이는 바로 하나님의 아들이었다. 물론 모든 죄는 하나님을 대적하는 것이다. 그러나 이 경우에는 더더욱 그 죄를 부인할 길이 없다. 즉 베드로는 하나님을 정면으로 대적하는 죄를 범했다.

베드로가 범한 죄의 정확한 본질과 범위를 감안하면 우리 안에 모두 베드로가 있다는 사실을 인정하지 않을 수 없다. 당신은 동일한 죄를 거듭 범한 적이 있는가? 다른 사람에게 더 괜찮은 사람으로 보이려고 진실이 아닌 것을 말한 적이 있는가? 복음을 전할 기회가 있었지만 어떻게 말해야 할지 몰라서, 혹은 사람들의 반응이 두려워 화제를 돌린 적이 있는가? 하나님의 이름을 이용하여 더러운 말을 한 적이 있는가? 이런 것들을 행하면 안 된다는 사실을 알면서도 행한 적이 있는가? 그렇다면 당신은 베드로처럼 행한 것이며 당신의 구세주를 부인한 것이다.

베드로의 회개, 그리고 용서

당신이 예수님이라면 베드로를 어떻게 대했겠는가? 많은 사람, 아니 대부분의 사람이 바로 그 자리에서 관계의 단절을 선언했을 것이다. 제자들이 직원이었다면 베드로는 당장 해고되었을 것이다. 신뢰할 수도, 의지할 수도 없는 존재가 되어버리는 것이다. 곁에 있어주기 바랐지만 그런 당신을 배신했고, 굳건히 서 있기 바랐지만 쓰러져버린 사람이었다. 때문에 예수님께서 베드로에게 이제는 제자가 될 수 없다고 결정하셔도 문제될 것이 전혀 없었다.

예수님은 우리에게도 똑같이 말씀하실 수 있다. 우리도 그분을 너무 많이 실망시켰기 때문이다. 우리가 범하지 말아야 할 죄들을 말씀으로 알려주셨지만 우리는 가서 그 죄들을 범한다. 그분의 이름으로 사랑해야 할 사람들이 있지만 우리는 쉽게 지쳐 그들을 포기한다. 복음을 변호해야 할 때도 겁을 먹고 도망가버린다. 따라서 우리는 베드로의 실패를 살펴보는 동시에 예수님께서 반응하시는 모습도 주목해야 한다.

그로써 우리의 죄도 용서받을 수 있다는 것을 알 수 있기 때문이다.

이 일에 대해 예수님께서 어떻게 반응하셨는가? 예수님께서 가장 먼저 하신 일은 그저 당신의 제자를 바라보는 것이었다. 세 번째이자 마지막으로 부인하던 순간, 베드로의 영혼은 새벽을 알리는 닭 울음소리에 그대로 얼어붙었다. 이미 예수님께로부터 닭이 울기 전에 예수님을 세 번 부인하리라는 경고를 받았기 때문이다.

바로 그 순간 주께서 돌이켜 베드로를 보셨다(눅 22:61). 누가복음에는 이 부분에 대해 보다 자세히 기록되어 있다. 예수님께서 어떤 표정을 지으셨는지는 기록하지 않았다. 아마도 예수님은 사랑의 눈빛으로 베드로를 바라보셨을 것이다. 예수님은 당신의 제자가 한 일을 정확히 알고 계셨다. 그러나 베드로에게 상처를 주지 않고 돕기 원하셨다. 즉 예수님은 회개를 원하는 눈빛으로 당신의 제자를 바라보셨다.

그러자 베드로는 즉시 밖으로 나가 통곡했다. 슬픔의 눈물이었을까? 그럴 수 있다. 주님께서 악한 자들에게 넘겨졌기 때문이다. 혼란의 눈물이었을까? 그럴 수도 있다. 예수님께 일어날 일을 그 누가 알고 있었겠는가. 절망의 눈물이었을까? 절대 아닐 것이다! 절망 가운데 죽은 제자는 유다였다. 유다는 자기가 한 일을 후회했으나 회개하지는 않았다. 베드로도 예수님 앞에 죄를 지었지만 그는 자기가 한 일을 회개했다. 그의 눈물은 죄에 대한 깊은 뉘우침이었다. 예수님의 사랑의 눈빛만으로 베드로는 자신이 회개해야 한다는 사실을 깨달았다.

예수님의 사랑은 거기서 멈추지 않았다. 몇 시간 후 예수님은 십자가에서 제자들의 죗값을 치르셨다. 예수님의 죽음은 다른 인간의 죄뿐 아니라 베드로와 그가 세 번 부인한 죄를 위한 것이기도 했다. 베드로는 자신의 남은 일생동안 이 십자가의 복음, 곧 그 어떤 극악한 죄도 십자가에서 모두 용서받았다는 진리를 전했다.

훗날 베드로는 다음과 같이 고백했다. "그리스도께서도 단번에 죄를 위하여 죽으사 의인으로서 불의한 자를 대신하셨으니 이는 우리를 하나님 앞으로 인도하려 하심이라"(벧전 3:18). 그가 언급한 "불의한 자"에는 곧 못 박히실 예수님을 부인했던 자기 자신도 포함되어 있었다. 그는 자기의 죄가 십자가에서 용서받았음을 알고 있었다.

우리도 그와 다르지 않다. 죄를 뉘우치고 용서받은 베드로처럼 우리도 모두 용서받을 수 있다. 베드로는 예수님이 십자가에 달려 법 없는 자들의 손에 죽으셨으나 하나님께서 다시 그를 살리시고 오른손으로 높이셨다고 선포했다(행 2:23, 32, 33). 그리고 그 은혜에 감격한 우리는 베드로처럼 회개하여 죄 사함을 받아야 한다고 가르쳤다(행 2:38).

베드로의 회복

회개하면 우리도 베드로처럼 용서받을 수 있다. 우리가 지은 그 어떤 죄도 완전히 용서받는다. 예수님께서 우리 모두를 위해, 베드로를 위해 십자가에서 죽으셨기에 예수님의 부활 후, 둘은 놀라운 화해를 경험하게 된다.

갈릴리 바닷가에서 일어난 일이다. 늘 그랬듯이 제자들은 베드로의 지휘 아래 물고기를 잡고 있었다. 그들은 밤새 일했지만 아무것도 얻지 못했다. 그때 바닷가에 있던 어느 낯선 이가 반대편으로 그물을 던지라고 말했다. 그의 말대로 하자 배 위에 올려놓기도 버거울 만큼 엄청난 양의 물고기가 잡혔다. 베드로는 그가 예수님이라는 사실을 알았고 곧바로 배에서 뛰어내려 해변을 향해 헤엄쳐 갔다. 이것은 베드로가 회개했다는 사실을 보여주는 확실한 증거다. 그는 예수님을 멀리하지 않고 가까이 다가갔다. 우리도 죄를 지었을 때 이렇게 해야 한다. 우리가 마치 죄를 감당할 수 있는 것처럼 예수님을 멀리해서는 안 된다. 오히려 구세주의 자비와 용서와 은혜를 구하며 그분에게 다가가야 한다.

이어서 다른 제자들도 잡은 고기를 들고 해변으로 돌아왔다. 예수님은 친히 불을 피워 떡과 고기로 아침식사를 준비해주셨다. 그리고 베드로와 해변에 앉아 숨김없는 대화를 나누셨다. 그것은 베드로에게 심장수술과도 같았다.

특히 우리는 그 자리에서 예수님이 하지 않으신 달씀에 주목해야 한다. 예수님은 베드로가 당신을 부인한 사실을 정죄하지 않으셨다. 다시 제자의 자리로 돌아오라고 요구하지도 않으셨다. 상처 주는 말도, 성내는 말도 하지 않으셨다. 세상의 어떤 사람도 예수님이 베드로에게 당하신 일을 똑같이 당한다면 그렇게 반응할 수 없을 것이다.

예수님께서 그런 말들을 하지 않으신 것은 베드로가 이미 용서받았기 때문이다.

그는 성경에 기록된 온전한 용서를 받았다. 예수님은 베드로의 잘못을 영원한 기록으로 남겨두지 않으셨다. 베드로의 죄를 붙잡지 않으시고 오히려 그에게 악한 것을 생각지 않는 사랑을 보여주셨다.

예수님은 베드로의 죄를 세지 않으셨다. 베드로의 죄를 위해 예수님이 죽으신 십자가 위에서 그의 죗값이 모두 해결되었다는 사실만 기억하셨다.

결국 베드로는 모든 믿는 자에게 베푸시는 하나님의 사랑의 용서를 경험했다. 시편 32편의 "허물의 사함을 받고 자신의 죄가 가려진 자"와 "여호와께 정죄를 당하지 아니하는 자"가 누리는 복을 받았다(시 32:1, 2 참조). 이후 베드로도 시편 기자처럼 고백할 것이다. "여호와여 주께서 죄악을 지켜보실진대 주여 누가 서리이까 그러나 사유하심이 주께 있음은 주를 경외하게 하심이니이다"(시 130:3~4).

그렇다면 예수님이 말씀하신 것은 무엇인가? 예수님은 그저 베드로에게 짧은 질문을 던지셨다. "네가 나를 사랑하느냐?" 그리고 이렇게 명하셨다. "내 양을 먹이라." 예수님은 이 질문을 한 번, 두 번도 아니고 세 번이나 물으셨다. 아마도 예수님은 베드로가 세 번의 부인을 떠올리기 원하셨던 것 같다. 아직도 베드로의 죄를 붙잡고 계셨기 때문이 아니다. 베드로가 용서를 경험하여 목회를 할 수 있도록 돕기 위해서였다.

예수님이 첫 번째로 물으셨다. "요한의 아들 시몬아 네가 이 사람들보다 나를 더 사랑하느냐?"(요 21:15). "이 사람들"이란 아마도 다른 제자들이었을 것이다. 전에 베드로는 다른 제자들이 모두 예수님을 버려도 자기는 끝까지 예수님을 따르겠노라고 맹세했다. 그 맹세를 지키지 못한 자가 지금 무슨 말을 하겠는가? 베드로는 이제 어리석은 비교를 모두 삼가고 다음과 같이 말했다. "주님 그러하나이다 내가 주님을 사랑하는 줄 주님께서 아시나이다"(15절). 두 번째 질문에도 베드로는 똑같이 답했다. "주님 그러하나이다 내가 주님을 사랑하는 줄 주님께서 아시나이다"(16절).

그러나 세 번째는 달랐다. 성경은 "주께서 세 번째 네가 나를 사랑하느냐 하시므로 베드로가 근심하여"(17절)라고 기록한다. 예수님의 세 번의 질문에 베드로는 자신의 세 번의 부인이 떠올라 근심할 수밖에 없었다. 그렇지만 베드로는 다시금 굳건한 사랑을 고백했다. "주님 모든 것을 아시오매 내가 주님을 사랑하는 줄을 주님께서 아시나이다"(17절). 베드로는 주저하지 않고 자신의 연약함을 드러내었다. 정말로 예수님을 사랑했기 때문이다. 그에게는 하나님의 은혜가 강권하는 사랑이 있었다.

이것이 예수님의 사랑이 우리 가운데 역사하는 모습이다. 하나님의 사랑은 우리의 실패를 용납하고 용서해주신다. 우리는 그 사랑에 감사하여 예수님을 더욱 사랑하지 않을 수 없다. 그것이 다가 아니다. 우리는 예수님의 사랑으로 다른 사람들을 섬길 수 있는 능력을 갖게 된다.

예수님은 베드로를 용서하신 뒤 그냥 버려두지 않으셨다. 그에게 '사랑의 섬김'이라는 사명을 맡기셨다. 예수님은 세 번에 걸쳐 베드로에게 하나님의 사람들을 목양, 즉 사랑하라고 명하셨다. "내 어린 양을 먹이라"(15절), "내 양을 치라"(16절), "내 양을 먹이라"(17절).

실패가 베드로의 섬김을 막지 못했다. 오히려 예수님은 베드로에게 당신의 가장 소중한 것, 자기 피로 사신 하나님의 사람들을 맡기셨다. 베드로는 선한 목자처럼 예수님께서 사랑하시는 양들을 돌보고 그들을 하나님의 말씀으로 먹이며 사랑으로 돌보라는 부르심을 받았다.

용서한다면 예수님처럼

베드로가 회복되는 모습을 보며 우리는 하나님께서 우리에게 맡기신 사랑의 소명을 깨닫게 된다.

원래 "사랑하는 것"은 "하나님이 그리스도 안에서 우리에게 행하신 것을 다른 사람에게 행하는 것"이다.[139] 거기에는 우리가 받은 용서를 베푸는 것도 포함된다.

하나님께서 우리를 얼마나 사랑하시는지 깨달을 때 우리도 예수님처럼 사랑할 수 있다. 하나님께서 우리를 어떻게 용서하셨는가? 하나님은 우리 죄를 우리에게 돌리지 않으시고 그리스도의 십자가를 통하여 용서하셨다. 우리는 베드로보다 훨씬 더 많이 예수님을 부인한 사람들이다. 그러나 하나님은 우리를 용서하셨다. 그래서 베드로는 이렇게 기록했다. "사랑은 허다한 죄를 덮느니라"(벧전 4:8).

이 말씀은 하나님께서 우리에게 베푸신 용서가 아니라 우리가 다른 사람들에게 베풀어야 할 용서에 대해 가르쳐준다. 이제 우리에게는 예수님의 사랑으로 다른 사람들을 사랑해야 할 사명이 있다. 용서받았으니 용서해야 한다. 베드로처럼 목자의 사명은 아닐지 모른다. 그러나 우리 모두에게는 사랑해야 할 사명이 있다. 우리가 은혜로 받은 것들, 곧 예수님의 사랑과 용서를 행하고 나눠주어야 할 사명이 있다.

용서하지 못하는 삶은 복음으로 거저 받은 용서의 참의미대로 살지 못하는 것이다. 에이미 카마이클은 이 원리를 몇 가지 조건문으로 정리하여 자신의 신앙 지침으로 삼았다.

만일 주님께서 내게 보이신 긍휼을
내 동역자에게 보이지 못한다면
나는 갈보리의 사랑을 모르는 것이다.
만일 그분의 긍휼을 안다고 말하면서
참으로 회개하는 자들을 향한 그분의 소망을 모른다면
나는 갈보리의 사랑을 모르는 것이다.
만일 다른 사람이 이미 고백하고 회개하고 버린 죄를 계수하며
그 죄로 내 생각을 채우고 의심하고 있다면
나는 갈보리의 사랑을 모르는 것이다.
만일 쉽게 성내고
사랑 없는 관계에 만족하고 있다면
나는 갈보리의 사랑을 모르는 것이다.
만일 세상 모든 바닷가의 모든 모래를 씻을 수 있는 하나님께서
내 마음속에 있는 기억들은 씻으실 수 없다는 듯
"그래, 용서하지. 하지만 잊을 수는 없어."라고 말한다면
나는 갈보리의 사랑을 모르는 것이다.[140]

이와 반대로 우리에게 긍휼이 있어 그것을 표현할 수 있다면, 관계의 회복을 위해 노력한다면, 죄를 용서하고 잊는다면, 우리는 갈보리에서 우리 죄를 위해 죽으신 예수님의 사랑으로 사랑하는 것이다.

당신은 사랑하는 법을 배우고 있는가? 이제는 용서할 수 있는가? 아니면 여전히 당신에게 악을 행한 자들에 대한 분노로 몸부림치는가?

노예 상인이라는 죄악된 삶에서 하나님의 놀라운 은혜로 구원받은 존 뉴턴John Newton은 이렇게 말했다. "너무나 큰 용서를 받았지만 사랑은 없다. 너무나 많은 자비를 얻었지만 보답하지 않는다. 너무나 놀라운 특권을 얻었지만 안타깝게도 삶은 좇아가지 못한다."[141]

사랑을 받은 우리는 그만큼 사랑하지 못하고 용서를 받은 우리는 그만큼 용서하지 못한다. 그러나 예수님 안에 있는 우리에게는 소망이 있다.

우리는 킴 푹Kim Phuc의 삶에서 그 소망을 볼 수 있다. 그녀의 이름은 낯설지 몰라도 그녀의 사진은 낯익을 것이다. 베트남 전쟁 당시 사이공 근교 마을에 네이팜 공격이 있던 날 사진 하나가 찍혔다. 그 유명한 사진 속의 아홉 살짜리 벌거벗은 소녀가 바로 김 푹이다. 그녀는 그날의 공격과 그로 인한 고통스런 기억들, 그리고 그 모든 것을 용서할 수 있었던 하나님의 은혜에 대해 기록했다.

1972년 6월 8일, 나는 베트남 남쪽 트랑 방 마을의 카오다이 사원에서 뛰쳐나왔다. 비행기가 낮게 나는가 싶더니 네 개의 폭탄이 떨어졌다. 내 주위가 화염으로 가득 찼다. 불길은 금세 내 온몸을 뒤덮었다. 특히 왼팔이 심각했고 옷은 순식간에 불길에 타들어갔다.

당시 나는 아홉 살이었다. 하지만 그 순간 내가 무슨 생각을 하고 있었는지 분명히 기억한다. 이제 나는 추해질 것이고 사람들이 나를 대하는 태도가 달라질 거라고 생각했다. 그때 사이공에서 프놈펜으로 향하는 1번 도로 위에서 내 사진이 찍혔다. 한 군인이 내게 마실 것을 주며 몸에 물을 부어주었다. 난 의식을 잃었다.

며칠 후, 병원에서 의식을 회복한 나는 그곳에서 14개월을 지내며 17번의 수술을 받았다. 병원에서 집으로 돌아갔을 때가 가장 힘든 시간이었다. 우리 집은 완전히 파괴되어 있었다. 모든 것을 잃은 우리는 하루하루 근근이 살아가야 했다. 그 당시 내 안의 분노는 말로 표현할 수 없었다. 나는 내 인생을 증오했다. 내가 평범하지 않았기에 평범한 사람들을 모두 증오했다. 죽고 싶었던 적도 한두 번이 아니다. 인생의 목적을 발견하기 위해 나는 도서관에서 종교서적들을 읽기 시작했다. 그러다가 성경을 읽게 되었다. 그리고 1982년 크리스마스 때 나는 예수 그리스도를 나의 구세주로 영접했다. 그것은 내 인생의 놀라운 전환점이 되었다. 하나님은 나에게 가장 어려운 과제였던 용서를 할 수 있도록 도우셨다. 그것은 하루 만에 되는 일도 아니었고 쉬운 일도 아니었다. 그러나 나는 결국 용서했다.

그 후 나는 증오에서 벗어났다. 내 몸에는 여전히 상처와 고통이 남아있지만 내 마음은 깨끗해졌다. 네이팜은 아주 강력하다. 그러나 믿음과 용서와 사랑은 그보다 훨씬 강력하다.

사진 속의 작은 소녀가 해냈다. 자신에게 물어보라. 당신도 할 수 있는가?[142]

하나님의 은혜만 있다면 당신도 할 수 있다! 예수 그리스도를 통해 용서받은 당신은 분노로부터 자유롭게 되고 그분의 사랑을 받게 된다. 그분의 사랑이 당신에게 용서할 수 있는 힘을 줄 것이다.

우리는 은혜롭고 불변하고
영원한 불멸의 사랑으로
살아계신 하나님께 매여 있다.
_ 제임스 몽고메리 보이스

Chapter 12

사랑은 결코
실패하지 않는다

사랑은 언제까지나 떨어지지 아니하되 -고린도전서 13장 8절

내가 확신하노니 사망이나 생명이나 천사들이나 권세자들이나 현재 일이나 장래 일이나 능력이나 높음이나 깊음이나 다른 어떤 피조물이라도 우리를 우리 주 그리스도 예수 안에 있는 하나님의 사랑에서 끊을 수 없으리라
-로마서 8장 38~39절

당신은 예수님의 사랑을 경험해본 적이 있는가? 그분의 사랑에 대해 듣는 것과 삶에서 그 능력을 경험하는 것은 전혀 별개의 문제다. 당신은 예수님의 사랑을 깨닫고 그 사랑을 좇아 살아가고 있는가? 그리고 받은 사랑을 나누며 살고 있는가?

초대교회 주요 신학자였던 어거스틴에게 회심은 엉뚱한 곳만 찾아

다니다가 결국 사랑에 빠지는 것과 같았다. "너무 늦게 당신을 사랑했습니다."

어거스틴은 자신의 유명한 저서 『고백록』에서 하나님을 피해 다니며 허비했던 시간들을 아쉬워했다. "나는 당신을 너무 늦게 사랑했습니다. 참으로 오래되었으나 참으로 새로운 아름다움, 나는 당신을 너무 늦게 사랑했습니다! …… 나는 당신을 갈구했으나 못난 내가 뛰어든 곳은 당신이 창조하신 아름다움이었습니다. 당신은 나와 함께 계셨지만 나는 당신과 함께 있지 않았습니다. 외면의 아름다움에만 빠진 나는 당신께 가까이 가지 못했습니다."[143]

그런 어거스틴이 어떻게 그리스도의 사랑을 발견했는가? 그것은 친히 그를 찾아가 구원해주신 하나님의 은혜였다.

어거스틴은 자신이 받은 하나님의 사랑을 이렇게 묘사한다. "당신이 부르셨고, 당신이 외치셨으며, 귀머거리였던 내가 듣게 하셨습니다. 당신이 빛나셨고, 당신이 비추셨으며, 당신이 장님이었던 나를 보게 하셨습니다. 당신이 향기를 발하시니 내가 그것을 들이마셨습니다. 나는 갈망합니다. 주리고 목마릅니다. 나를 만지신 주님, 당신의 평화를 갈망합니다."[144]

모든 사람이 어거스틴처럼 회심의 순간을 묘사하지는 못한다. 그러나 어거스틴은 우리 육체의 모든 감각을 감동시키시는 예수님의 사랑을 매우 강렬하게 표현하였다.

예수님을 안다는 것은 예수님의 사랑을 듣고 보고 맛보며 그 사랑에 감동되는 것이다.

영원한 사랑

예수님의 사랑을 더 깊이 깨닫는 가장 좋은 방법은 고린도전서 13장과 4복음서를 함께 공부하는 것이다. 마태복음, 마가복음, 누가복음, 요한복음에는 사도바울이 고린도 교인들에게 가르친 사랑의 모든 것이 예수 그리스도의 완전한 삶, 대속의 죽음, 영광스런 부활 가운데 완벽하게 기록되어 있다.

예수님에 대한 말씀 중 그 어느 것도 사랑에서 비롯되지 않은 것이 없다. 뿐만 아니라 그분의 사랑은 사랑장이 말하는 사랑, 그 자체였다. 그 사랑은 죄인들을 인내하며 낯선 이들에게 온유한 사랑이다. 시기하거나 자랑하지 않으며 겸손하게 섬기는 사랑이다. 자기의 뜻을 주장하지 않고 아버지께 순종하는 사랑이다. 용서하고 믿고 바라고 참는 사랑이다.

다시 말해 예수님의 사랑은 우리 모습과 정반대다.

앞서 우리는 고린도전서 13장의 "사랑" 대신 자신의 이름과 예수님의 이름을 넣어보았다. 자신의 이름을 넣었을 땐 "필립은 오래 참고 온유하며", "필립은 모든 것을 견디느니라"처럼 어딘지 모르게 거북한 문장이 만들어졌다.

그러나 "예수님은 교만하지 아니하며 무례히 행치 아니하며", "예수님은 자기의 유익을 구하지 아니하며"처럼 예수님의 이름을 넣은 본문은 한 편의 아름다운 시가 되었다. 즉 예수님은 살아있는 사랑의 완성체이시다.

고린도전서 13장 8절은 사랑이 "절대 끝나지 않는다", 혹은 "절대 패하지 않는다"NIV라고 기록한다. 우리의 사랑과 예수님의 사랑을 이처럼 분명하게 대조하는 말씀도 없을 것이다. 이 말씀에 우리의 이름을 넣는다는 것 자체가 논리적으로 불가능하다. 우리의 사랑은 늘 한계에 부딪히는 사랑이기 때문이다. 그러나 예수님의 사랑은 이 말씀과 완전히 부합한다. 그분의 사랑은 영원히 패하지 않는다.

문자 그대로 보면 고린도전서 13장 8절은 "사랑은 절대 떨어지지fall 않는다"라고 해석할 수 있다. 데이비드 가렌드에 따르면 떨어진다는 것은 여러 가지로 해석할 수 있다. 바울은 '사랑은 절대 패하지 않는다, 절대 멸망하지 않는다, 부서지지 않는다, 모자라지 않는다, 영향력을 발휘하지 않을 수 없다' 는 뜻으로 사용했을 것이다.[145]

참된 사랑이라면 절대 그럴 수 없다. 참된 사랑은 절대 쓰러지지 않는다. 그러나 이어지는 말씀을 보면 바울이 말하고자 한 것은 사랑의 연합이 아니라 영원성이라는 사실을 알 수 있다. 많은 은사들이 "그치고" "폐한다"(8, 10절). 그러나 반대로 사랑은 "언제까지나 떨어지지 않으며" "항상 있을 것"(13절)이다.

이 진리를 가르치기 위하여 사도바울은 몇 가지 영적 은사에 대해 언급했다.

당시 고린도교회에서 은사는 논란의 중심이었다. 일부 교인들이 은사를 그리스도인으로서의 삶의 궁극적인 목적으로 만들어버렸기 때문이다.

그러나 바울의 가르침은 다음과 같다. "그 은사들이 아무리 유용하다 할지라도 일시적이다. 따라서 그것은 사랑만큼 중요하지 않다. 사랑은 영원하기 때문이다."

　예언을 예로 들어보자. 예언은 은사 중에서도 매우 값진 은사다. 예언자가 이야기할 땐 왕이라도 그 말을 들어야 한다. 그러나 바울은 말한다. "예언도 폐하고"(8절). 예언자는 하나님께서 하실 일들을 미리 말한다. 구약의 예언자들은 장차 오실 그리스도를 예언했다. 신약은 다시 오실 그리스도를 예언한다. 그러나 그분이 오시는 날 역사는 끝날 것이며 예언도 더 이상 필요 없게 된다.

　방언도 마찬가지다. 방언 또한 고린도에서 논란의 중심에 있었다. 일부 교인들은 자신들이 하늘의 언어를 말하기 때문에 "이미 영적인 존재로서 궁극적인 상태에 이르렀다"고 생각했다.[146] 그러나 바울은 다시 말한다. "방언도 그치고"(8절).

　심지어 "지식도 폐하리라"(8절)라고 말한다. 여기서 말하는 지식은 영원한 진리를 깨닫는 지식이 아니다. 지금은 알 수 없으나 훗날 드러날 하나님의 신비를 깨닫는 영적 은사로서의 지식이다. 이어지는 바울의 말로 그 의미가 더욱 분명해진다. "우리는 부분적으로 알고 부분적으로 예언하니 온전한 것이 올 때에는 부분적으로 하던 것이 폐하리라"(9~10절).

　예수님께서 오시는 날, 모든 것이 온전해질 것이다. 그날이 오면 지식이나 예언 같은 영적 은사는 더 이상 필요하지 않을 것이다. 은사는 그분의 오심을 예비하려는 것이기 때문이다. 그러나 사랑은 여전히 필요하다.

지금부터 영원까지

바울은 지금의 일과 하나님께서 모든 것을 온전케 하실 그날의 일을 '어린아이'와 '거울'이라는 두 가지 비유로 설명한다. "내가 어렸을 때에는 말하는 것이 어린 아이와 같고 깨닫는 것이 어린 아이와 같고 생각하는 것이 어린 아이와 같다가 장성한 사람이 되어서는 어린 아이의 일을 버렸노라 우리가 지금은 거울로 보는 것 같이 희미하나 그 때에는 얼굴과 얼굴을 대하여 볼 것이요 지금은 내가 부분적으로 아나 그 때에는 주께서 나를 아신 것 같이 내가 온전히 알리라"(고전 13:11~12).

어린아이는 스스로 세상에 대해 다 안다고 생각한다. 그러나 아이가 장성함에 따라 세상에 대한 이해도 달라지기 마련이다. 마찬가지로 거울로 보는 것과 얼굴을 마주 대하고 보는 것은 완전히 다르다. 당시의 고린도는 청동 거울로 유명한 도시였다.[147] 하지만 아무리 좋은 거울이라 할지라도 그것은 간접적인 형상을 전달할 뿐이다. 현실에서의 관계를 대신할 수 없고 얼굴을 맞대고 하는 대화를 대신할 수도 없다.

이 비유들을 통해 바울은 은사로 아무리 많은 지식을 얻는다 해도 그것은 영원 속에서 예수님과 마주보고 얻게 될 완전한 지식의 극히 일부일 뿐이라고 가르친다. 그분의 완전함이 임하는 순간, 영원하지 않은 것은 모두 사라질 것이다. 예언과 지식, 방언의 은사도 사라질 것이다. 하나님께서 그렇게 계획하셨기 때문이다.

따라서 우리는 영적 은사를 중요하게 생각하기 전에 먼저 사랑하는 법을 배워야 한다. 사랑은 영원하기 때문이다.

마크 데버 Mark Dever는 이를 매우 아름답게 표현했다. "비록 예언과 지식은 사라지지만 사랑은 하나님께서 직접 임재하시는 천국의 특별한 상황 속에서도 남게 될 것이다."[148]

영적 은사에 대한 바울의 가르침은 세상에 속한 다른 모든 것에도 적용된다. 모든 것은 사라질 것이다. 이 세상도 불과 함께 사라질 것이다(벧후 3:7). 하나님의 사랑이 우리의 영혼과 생명을 포함한 모든 것을 "새 하늘과 새 땅"(계 21:1)에 채우실 것이다. 조나단 에드워즈는 이렇게 기록했다. "지금은 작은 불꽃 같아 보이는 사랑이 밝게 빛나는 큰 불길이 될 것이다. 하나님의 거룩한 사랑의 불꽃 안에 거하던 속죄 받은 모든 영혼이 이 영광스런 완전함과 축복 속에서 영영히 거하며 자라갈 것이다!"[149] 사랑은 영원하다. 하나님이 사랑이시기 때문이다.

이와 같은 사랑의 영존한 능력으로 사랑장은 승리와 절정의 결론을 맺는다. "그런즉 믿음, 소망, 사랑, 이 세 가지는 항상 있을 것인데 그중의 제일은 사랑이라"(고전 13:13).

사랑은 '믿음'과 '소망'이라는 미덕보다 귀하다. 이 말씀에 근거한 유명한 옛 설교의 제목을 인용하면 "사랑은 세상에서 가장 위대한 것"이다.[150]

사랑이 그토록 위대한 이유는 절대 패하지 않기 때문이다. 찰스 핫지에 따르면 사랑이란 "단순히 존재의 현재 상태를 위한 것이 아니라 우리의 미래와 존재의 영원을 위한 것"이다.[151]

따라서 그 무엇도 사랑의 영속성을 침해할 수 없다. 사랑은 현재에 그치지 않는다. 영원하다.

하나님께서 보이신 증거

사랑의 초상화인 고린도전서 13장은 곧 예수 그리스도의 초상화다. 예수님은 육신으로 오신 사랑이기 때문이다. 사랑의 모든 속성은 그분의 사랑 안에서 완전해진다.

그러므로 사랑장의 말씀대로 산다는 것은 예수님처럼 사랑하는 법을 배우는 것이다.

오직 그분의 사랑만이 한결같이 오래 참고 온전히 온유하다. 오직 그분의 사랑만이 시기하거나 자랑하지 않으며 다른 사람들을 먼저 생각한다. 오직 그분의 사랑만이 성내거나 화내는 죄를 범하지 않는다. 오직 그분의 사랑만이 언제나 섬기고 언제나 용서한다. 오직 그분의 사랑만이 모든 것을 참을 수 있는 능력과 모든 것을 신뢰하는 믿음을 가지며 모든 것을 견디고 인내한다.

그리고 우리가 지금까지 예수님의 사랑에 대해 이야기한 모든 것에 하나를 더해야 한다. 곧 예수님의 사랑은 '영원히' 이 모든 것을 지켜낸다. 예수님의 사랑은 절대, 절대로 패하지 않는다.

이 사실을 증명하는 성경 말씀은 무엇인가?

복음서 후반부에서 예수님은 세상 끝날까지 항상 우리와 함께 계시겠다고 약속하셨다(마 28:20).

또한 바울은 우리를 향한 하나님의 사랑이 절대 끝나지 않음을 증거하기 위해 로마서 8장에서 이 약속이 역사를 넘어서까지 계속된다고 기록했다.

만일 하나님이 우리를 위하시면 누가 우리를 대적하리요 자기 아들을 아끼지 아니하시고 우리 모든 사람을 위하여 내주신 이가 어찌 그 아들과 함께 모든 것을 우리에게 주시지 아니하겠느냐 누가 능히 하나님께서 택하신 자들을 고발하리요 의롭다 하신 이는 하나님이시니 누가 정죄하리요 죽으실 뿐 아니라 다시 살아나신 이는 그리스도 예수시니 그는 하나님 우편에 계신 자요 우리를 위하여 간구하시는 자시니라 누가 우리를 그리스도의 사랑에서 끊으리요 환난이나 곤고나 박해나 기근이나 적신이나 위험이나 칼이랴 기록된 바 우리가 종일 주를 위하여 죽임을 당하게 되며 도살 당할 양 같이 여김을 받았나이다 함과 같으니라 그러나 이 모든 일에 우리를 사랑하시는 이로 말미암아 우리가 넉넉히 이기느니라 내가 확신하노니 사망이나 생명이나 천사들이나 권세자들이나 현재 일이나 장래 일이나 능력이나 높음이나 깊음이나 다른 어떤 피조물이라도 우리를 우리 주 그리스도 예수 안에 있는 하나님의 사랑에서 끊을 수 없으리라(롬 8:31~39).

우리는 살아가면서 하나님께서 우리를 외면하신다는 생각이 들 때가 있다. 하나님께 버림받을까봐 두려워하고 더 이상 우리를 사랑하지 않으실까봐 걱정할 때도 있다.

이런 생각과 두려움에는 여러 가지 원인이 있다. 고난이 너무 커서 하나님의 사랑을 느끼지 못하거나, 우리의 죄 때문에 하나님의 사랑에 무뎌질 수도 있다. 두려움이 우리의 생각을 지배하기도 하고 마음 깊이 하나님의 뜻이 아니라는 것을 알면서 염려할 때도 있다.

이와 같이 하나님의 사랑에 의심이 생길 때마다 우리는 로마서 8장 말씀을 기억해야 한다. 여기서 사도바울은 그 무엇도 우리를 예수 그리스도의 사랑에서 끊을 수 없다는 것을 과하다 싶을 정도로 자세히 설명하였다.

넉넉히 이기느니라

바울은 큰 범위에서 작은 범위로 논의를 풀어간다. "자기 아들을 아끼지 아니하시고 우리 모든 사람을 위하여 내주신 이가 어찌 그 아들과 함께 모든 것을 우리에게 주시지 아니하겠느냐"(롬 8:32). 바울의 논리를 따라가보자. 아버지 하나님은 이미 세상에서 가장 귀한 것, 곧 당신의 아들을 우리의 구세주로 주셨다. 즉 우리의 구원을 위하여 자기 아들을 고통과 죽음에 내어주신 것이다. 그러므로 성경은 하나님이 그 아들을 주실 만큼 우리를 사랑하시기에 우리를 양자 삼으시고 영화롭게 하시기까지 우리에게 필요한 모든 것을 해주실 거라고 가르친다. 그럼에도 불구하고 여전히 하나님의 사랑을 의심하는 우리를 위해 사도바울은 사랑을 앗아갈 만한 것들을 열거했다. 먼저 로마서 8장 33절과 34절에서 죄의 문제를 다루었다. 어떤 사람들은 자신이 하나님의 도덕적 기준에 이르지 못하는 것을 염려한다. 자기들의 죄가 너무 큰 나머지 (교묘한 고발자인) 사탄이 나타나 그들을 정죄하는 날에는 하나님으로부터 영원히 버림받을 거라고 생각한다.

그러나 성경은 절대 그렇지 않다고 말한다. 예수님이 우리의 죄를 용서하셨음을 믿기만 하면 영원하시고 전능하신 하나님께서 우리의 의로움을 선포해주실 것이다. "누가 능히 하나님께서 택하신 자들을 고발하리요 의롭다 하신 이는 하나님이시니"(롬 8:33).

때로는 아무도 우리를 정죄하지 않아도 우리 스스로 자신을 정죄하기도 한다. 바울은 그런 우리에게 묻는다. "누가 정죄하리요?" 대답은 "아무도 그럴 수 없다!"이다. 이 세상을 다스리는 하나님께서 정죄하지 않는 우리를 그 누가 정죄하겠는가!

하나님은 우리가 예수 그리스도의 의로 덮여 있으므로 우리를 정죄하지 않겠다고 약속하셨다. 지금 이 순간에도 예수님은 우리의 구원을 위해 간구하고 계신다. 따라서 바울은 자기가 던진 질문에 이렇게 답한다. "죽으실 뿐 아니라 다시 살아나신 이는 그리스도 예수시니 그는 하나님 우편에 계신 자요 우리를 위하여 간구하시는 자시니라"(34절). 이와 같이 우리를 위하여 죽으시고 우리의 의를 위하여 죽은 자 가운데서 살아나신 예수님께서 친히 우리를 모든 죄의 구속으로부터 지키시기에 그 누구도 우리를 정죄할 수 없다.

사도바울은 죄의 문제뿐 아니라 인생의 다른 문제들도 하나님의 사랑을 의심케 한다고 말한다. 그는 대답이 필요 없는 질문을 던졌다. "누가 우리를 그리스도의 사랑에서 끊으리요 환난이나 곤고나 박해나 기근이나 적신이나 위험이나 칼이랴"(35절).

이 모든 고난을 겪은 바울은 이것이 얼마나 위험한지 알고 있었다. 여기서 언급한 고난들은 인간이 겪을 수 있는 신체적인 위험인 동시에 특별히 하나님의 사람들이 하나님의 나라를 위해 일할 때 그리스도의 이름으로 겪는 일들이다. 온갖 고생과 박해, 가난과 굶주림, 전쟁과 폭력, 순교에 이르기까지 이 모든 것은 지난 수세기 동안 하나님의 사람들이 당해온 고난이다.

바울은 그와 똑같은 고난을 당했던 다윗의 시편을 인용하여 그 사실을 증명했다. "우리가 종일 주를 위하여 죽임을 당하게 되며 도살 당할 양 같이 여김을 받았나이다"(롬 8:36).

그런 고난 속에 있을 때 우리는 하나님께서 우리를 사랑하시지 않는다고 생각하게 된다. 그렇지 않다면 이런 일이 일어나도록 내버려두실 리 없다고 생각한다. 그러나 성경은 우리가 현재 상황에 근거하여 하나님의 사랑을 해석하면 하나님의 뜻을 오해할 수밖에 없다고 경고한다.

우리가 무슨 일을 겪든 하나님은 우리를 변함없이 사랑하신다. 그 어떤 고난이나 역경도 우리를 하나님의 사랑에서 떼어놓을 수 없다. "아니라!" 사도바울은 말한다. "이 모든 일에 우리를 사랑하시는 이로 말미암아 우리가 넉넉히 이기느니라"(37절).

이것은 지난 수세기 동안 고난을 당했으나 넉넉히 이긴 성도들의 간증이다. 인생의 온갖 고난 가운데 있을 때에도 하나님의 은혜와 성령님의 능력이 함께한다면 우리도 이렇게 간증할 수 있다. 그러므로 하나님의 사랑이 의심될 때마다 우리는 다음과 같이 스스로에게 복음을 들려주어야 한다. "내 아버지 하나님께서 당신의 아들을 아끼지 않고 내게 주셨다. 우리 주 예수 그리스도께서 내 죄를 위해 죽으셨으며 지금도 나의 구원을 위해 기도하고 계신다. 그러므로 내 삶에 성령님이 함께하시는 한 그 무엇도 나를 하나님의 사랑에서 끊을 수 없다."

종교개혁 신학자 카스파 올레비아누스Caspar Olevianus가 세상을 떠나기 전, 그의 육체는 늙고 병들어 있었다. 그러나 그의 마음만은 예수 그리스도 안에서 하나님의 사랑에 대한 확신으로 가득했다. 육체의 모든 감각이 무뎌져 세상을 인지하는 것이 거의 불가능했지만 하나님의 사랑만큼은 정확하게 인지하고 있었다. 그는 죽음을 맞이하며 이렇게 고백했다. "나의 청력은 사라지고 나의 후각도 사라지고 나의 시력도 사라졌다. 이제는 말하는 것도, 느끼는 것도 힘들다. 그러나 하나님의 온유한 사랑은 지금도 여전히 나와 함께한다. 그리고 그 사랑은 절대로 내 곁을 떠나지 않을 것이다."[152]

불굴의 사랑

당신은 하나님의 사랑이 절대로 당신 곁을 떠나지 않음을 믿는가? 사도바울은 분명히 믿고 있었다. 그는 자기의 전 인생, 그 모든 고난조차 하나님의 사랑 아래 있다는 사실을 분명하게 확신하고 있었다. 그래서 그 누구도 피할 수 없는 하나님의 사랑을 증명하기 위해 자신이 생각할 수 있는 모든 장애물을 열거했다. 그리고 그 어느 것도 예수님 안에서 우리를 향한 하나님의 사랑을 막을 수 없다고 갈했다.

"내가 확신하노니 사망이나 생명이나 천사들이나 권세자들이나 현재 일이나 장래 일이나 능력이나 높음이나 깊음이나 다른 어떤 피조물이라도 우리를 우리 주 그리스도 예수 안에 있는 하나님의 사랑에서 끊을 수 없으리라"(롬 8:38~39).

바울은 죽음에서부터 시작했다. 그는 죽음을 마지막 원수로 칭하기도 했다(고전 15:26).

죽음은 우리를 사랑하는 사람들로부터 분리시키는 가장 큰 두려움의 대상이다. 그러나 우리를 사랑 그 자체에서 분리시킬 수는 없다. 그리스도를 믿는 자들에게 죽음이란 하나님의 임재로 나아가는 관문이기 때문이다.

우리 구세주 예수 그리스도는 "사망을 폐하시고 복음으로써 생명과 썩지 아니할 것을 드러내신"(딤후 1:10) 분이다. 따라서 죽음은 우리를 하나님의 사랑에서 분리시킬 수 없다. 오히려 죽음으로 우리는 하나님과 그분의 사랑에 영원히 연합된다. 때문에 알렉산더 맥클라렌Alexander Maclaren은 "분리는 곧 연합이다. 세상과의 분리가 우리를 하나님께로 이끈다."라고 말했다.[153]

죽음을 앞둔 노파와 어느 젊은 목사의 이야기를 통해서도 죽음이 결코 우리를 하나님의 사랑에서 끊을 수 없음을 다시금 깨닫게 된다.

어느 젊은 목사가 죽음을 앞둔 노파를 찾아가 곧 그녀가 당하게 될 일을 위로하려 했다. 그러자 노파가 이야기했다. "젊은이, 하나님의 축복이 함께 하길. 두려워할 것이 없어요. 나는 잠시 후 요단강을 건너갈 뿐이에요. 요단강 양쪽 땅이 다 우리 아버지의 것이지요."[154]

거듭 말해 죽음은 우리를 하나님의 사랑으로부터 갈라놓을 수 없다. 그렇다면 생명은 어떠한가? 이 질문이 이상하게 느껴진다면 당신은 축복받은 사람이다. 생명이 죽음보다 잔인할 수 있음을 이미 많은 사람이 알고 있기 때문이다.

하지만 성경은 우리가 살면서 그 어떤 고난을 만난다 해도 하나님께서 늘 우리와 함께 계신다고 가르친다. 몸소 고난을 당하신 예수님은 우리의 고난을 이해하신다. 그리고 고난 가운데 있는 우리에게 쉬지 않고 당신의 사랑을 보여주신다.

바울은 죽음과 삶이라는 중대한 주제를 다룬 후 다양한 권세들에 대해 이야기한다. 그는 "천사들이나 권세자들"도 우리를 하나님의 사랑에서 갈라놓을 수 없다고 확신했다. 여기서 "천사들"이 선한 천사들인지 늘 하나님의 사람들을 괴롭히는 타락한 천사들인지에 대한 논쟁이 있다. 사실 '사탄'을 가리키는 헬라어 'diabolos'는 '분리하는 자', '이간자'를 뜻한다. 또한 권세자도 세상의 권세자, 즉 이 땅을 다스리는 자들인지 아니면 하늘의 다양한 신들인지에 대한 논쟁이 있다.

그러나 그 권세자들이 누구든 우리를 결코 하나님의 사랑에서 끊을 수 없다. 사탄이 가장 잘하는 일은 우리가 하나님의 사랑을 의심하도록 꾀는 것이다. 그러나 그런 사탄도 우리를 향한 하나님의 사랑을 막을 수는 없다. 하나님은 한결같이 우리를 사랑하시기 때문이다.

세상의 권세자들은 사탄보다 훨씬 약하다. 그들은 교회를 폐쇄하거나 법정과 공교육에서 하나님의 말씀을 퇴거시킬 수 있다. 그러나 아무리 문을 닫고 블라인드를 내려도 내리쬐는 태양을 막을 수 없는 것처럼 우리를 향한 하나님의 사랑은 절대 막을 수 없다. 하나님의 사랑에는 모든 권세를 능히 이기는 능력이 있다.

다음으로 바울은 시간과 영원에 대해 이야기한다. "현재 일이나 장래 일"도 우리를 하나님의 사랑에서 끊을 수 없다.

오늘날 우리는 많은 문제를 안고 살아간다. 미래를 생각하면 모든 것이 불확실하다. 그러나 예수 그리스도는 역사의 주인이시다. 그분은 이번 생과 다가올 생의 주권자이시다. 그러므로 우리는 지금부터 영원까지 영원한 사랑을 받으며 살 것이다.

시간이라는 "사차원"을 다룬 후 바울은 로마서 8장 39절에서 "높음이나 깊음"이라는 이차원과 삼차원을 이야기한다. 바울은 온 우주의 그 어느 곳도 하나님의 사랑에서 벗어날 수 없음을 역설했다.

우리가 어딜 가든 하나님은 그곳에 계신다(시 139:7~10 참조). 지구상의 어느 위험한 지역, 아는 사람 하나 없고 마음 편히 복음을 전할 수 없는 지역으로 떠나는 사람들에게도 이 사실은 큰 위안이 된다. 세상 그 어디에나 하나님의 사랑은 존재한다. 그러므로 외롭다고 느낄 때마다 우리는 이렇게 기도할 수 있다. "주님, 외롭습니다. 하지만 저는 주님이 바로 지금 저와 함께 계시고 제가 주님의 사랑 안에 거한다는 사실을 알고 있습니다."

생명과 사망, 천사와 사탄, 현재와 미래, 하늘과 땅, 바울은 하나님의 사랑이 닿는 모든 차원을 하나도 빼놓지 않고 언급했다. 그리고 더 확실히 하기 위해 "다른 어떤 피조물이라도"라는 말로 마무리했다. 다시 말하면 그 무엇도 우리를 "그리스도 예수 안에 있는 하나님의 사랑"에서 끊을 수 없다.

'피조물'이란 하나님 외에 존재하는 모든 것을 가리킨다. 애초에 모든 것을 창조하신 이가 하나님이시기 때문이다. 따라서 하나님께서 우리를 위하시면 세상의 그 무엇도 하나님과 우리를 떼어놓을 수 없다.

그분의 사랑이 절대 우리를 놓지 않을 것이다. 제임스 몽고메리 보이스는 우리가 "은혜롭고 불변하고 영원한 불멸의 사랑으로" 살아계신 하나님께 매여 있다고 말한다.[155] 이 사랑이 당신의 인생을 처음부터 끝까지 인도할 것이다.

스코틀랜드 종교개혁 단원이었던 로버트 브루스Robert Bruce는 죽는 순간까지 이 사랑을 아름답게 증거한 사람이었다.

어느 날 아침 브루스는 가족과 함께 아침식사를 하다가 이렇게 외쳤다. "잠깐만, 딸아! 주님께서 나를 부르시는구나."

그는 딸에게 성경을 가져오라고 했다. 그리고 로마서 8장을 펼쳤다. 시력을 거의 잃은 그는 기억에 의존하여 마지막 절을 읽어 내려갔다. 그는 사도바울처럼 "사망이나 생명이나 …… 다른 어떤 피조물이라도 우리를 우리 주 그리스도 예수 안에 있는 하나님의 사랑에서 끊을 수 없음"(롬 8:38~39)을 믿는다고 고백했다.

가족에게 이 말씀을 읽어준 브루스는 자기 손가락을 그 말씀 위에 놓아달라고 청한 뒤 이렇게 말했다.

"얘들아, 하나님께서 너희와 함께하시길 바란다. 아침은 너희와 먹었지만 오늘 밤 저녁은 예수님과 먹어야겠구나. 나는 이 말씀에 대한 믿음을 가지고 떠난다."[156]

로버트 브루스에게는 모든 믿는 자들 안에 있는 진리가 있었다. 곧 영원히 패하지 않는 예수님의 사랑이 죽는 순간까지 우리와 함께 계시며 또 영원까지 함께하신다는 진리였다.

사랑을 추구하라!

이 사랑을 받았으므로 우리도 예수님처럼 사랑해야 한다. 우리 혼자만 간직하라고 하나님께서 사랑을 주신 것이 아니다. 다른 이들과 나누라고 주셨다.

예수님께서 말씀하셨다. "내 계명은 곧 내가 너희를 사랑한 것 같이 너희도 서로 사랑하라 하는 이것이니라"(요 15:12).

결코 떨어지지 않는 예수님의 사랑을 깊이 깨달으면 깨달을수록 그분의 사랑이 더욱 풍성하게 우리의 마음과 다른 이들의 삶을 채워나갈 것이다.

고린도전서 13장은 단순한 명령으로 끝맺는다. 그 명령은 우리가 그동안 예수님의 사랑에 대해 배운 모든 것을 실행에 옮기도록 하는 것이다. 명령은 14장 초반부에 기록되어 있지만 실질적으로는 사랑장의 결론 역할을 한다. 그 명령은 바로 "사랑을 추구하라"(고전 14:1)이다. 이 말씀을 글자 그대로 해석하면 사랑을 좇으라, 사랑을 따르라, 그리고 사랑을 추적하라는 의미까지도 가능하다. 여기서 사용된 헬라어 'diokete'는 열심히 사랑을 좇는 사람을 묘사한다.

이 분명한 명령으로 우리는 예수님을 향한 우리의 사랑을 쉽게 가늠할 수 있다. 그리스도인이란 자기가 경험한 예수님의 사랑을 다른 사람들과의 관계 속에서 추구하는 사람들이다.

그렇다면 스스로 질문해보라. '나는 사랑을 추구하고 있는가? 열심히 사랑을 좇고 있는가? 사랑하는 것을 인생의 목표로 삼고 있는가?'

조나단 에드워즈는 이렇게 말했다. "사랑이 그토록 크고 본질적이고 특징적인 기독교의 핵심 가치라면 스스로 그리스도인이라 고백하는 사람들은 당연히 사랑 안에 거하며 사랑의 일을 풍성히 행해야 한다."[157]

고린도전서 13장을 읽고 공부한 사람이라면 열심히 사랑을 좇는 삶이 무엇인지 알고 있을 것이다.

그것은 다른 사람들의 실패를 오래 참는 것이다. 자격이 없는 사람들에게도 온유를 베푸는 것이다. 자랑하거나 자신의 업적을 내세우거나 자기의 뜻을 주장하지 않는 것이다. 나보다 남을 낫게 여기는 것이다. 나에게 상처 준 사람들을 용서하고 나를 괴롭히는 사람들에게 성내지 않는 것이다. 다른 사람들의 허물이 아니라 최선의 모습을 믿어주는 것이다. 아무리 절망적인 상황에서도 믿음과 소망과 사랑을 저버리지 않는 것이다.

이것은 하나님께서 주신 사랑의 숭고한 소명이다. 평생 좇아야 할 소명이건만 우리 모두는 매일 비참한 실패를 경험한다. 사랑은 언제까지나 떨어지지 않는다는 말씀을 읽을 때마다 우리는 하나님의 온전함에 전혀 미치지 못하는 자신의 모습을 깨닫는다.

하나님께서 사랑하라는 명령을 거두지 않으셨고, 사람들은 여전히 우리의 사랑을 필요로 하는데도 우리는 다른 사람들을 사랑하는 것이 너무 어려워 사랑을 포기해버린다.

사랑을 좇는 우리의 마음은 쉽게 지친다. 뛰어가던 사랑의 발걸음이 느려져 걸어가고 결국에는 느릿느릿 좇던 걸음조차 완전히 멈춰버린다. 우리의 사랑은 자주 떨어진다. 인생의 다른 부분에서 실패하듯 우리는 사랑에서도 실패를 경험한다.

우리의 사랑이 떨어질 때야말로 절대 떨어지지 않는 하나님의 사랑을 기억해야 한다. 그 무엇도 우리를 하나님의 사랑에서 끊을 수 없다는 말씀에는 예수님처럼 사랑하고 싶지만 그렇게 하지 못하는 우리의 연약한 의지가 포함된다.

사랑하려고 노력하고 또 실패하는 그 순간에도 우리는 하나님의 사랑을 받고 있다. 우리는 결코 그 사랑에서 끊어질 수 없기 때문이다! 그러므로 우리는 "나에겐 더 이상 사랑이 남아있지 않아."라고 말할 수 없다. 그렇게 말하는 바로 그 순간에도 예수님의 강력한 사랑을 받고 있기 때문이다.

사랑이 힘들게 느껴지는 인생의 모든 순간마다 예수님은 우리를 돕기 위해 함께하신다. 사랑이 없는 마음도 우리를 그분의 사랑에서 떼어 놓을 수 없다. 하나님의 아들에 대한 믿음이 있는 한 우리는 영원히 다함이 없는 사랑에 붙들려 있고 그래서 우리의 사랑은 다시금 충전될 것이다.

그러므로 사랑을 추구하라! 예수님처럼 사랑하기를 배우되 그 배움이 평생 계속되리라는 사실을 인정하라. 언젠가 하나님의 은혜와 성령님의 도우심으로 당신의 이름을 사랑장에 넣는 것이 지금처럼 어색하지 않을 날이 오리라는 소망을 가져라. "필립은 오래 참고 온유하며, 캐런은 시기하지 아니하며 자랑하지 아니하며, 줄리오는 교만하지 아니하며 무례히 행하지 아니하며, 대니얼은 자기의 유익을 구하지 아니하며, 자말은 성내지 아니하며 악한 것을 생각하지 아니하며, 르네는 불의를 기뻐하지 아니하며 진리와 함께 기뻐하고, 데이비드는 모든 것을 참으며, 로즈마리는 모든 것을 믿으며, 브라이언은 모든 것을 바라며, 엘리자베스는 모든 것을 견디느니라."

우리에게는 이렇게 사랑할 수 있는 능력과 자격이 있다. 지금도 그분의 영원한 사랑을 받고 있기 때문이다. 예수님께서 이미 십자가 위에서 그것을 증명하셨으며 앞으로도 그 사랑을 열심히 좇는 우리를 위해 쉬지 않고 증거하실 것이다.

우리는 우리를 도우시는 그분의 사랑 없이는 절대 사랑할 수 없다는 사실을 거듭 깨닫게 될 것이다. 그러나 그분의 사랑이 늘 우리와 함께하신다는 사실 또한 깨닫게 될 것이다.

믿음으로 예수님을 바라볼 때, 옛 웨일스 찬송 속의 윌리엄 리스 William Rees의 고백은 곧 우리의 고백이 될 것이다.

> 여기 바다 같이 광대한 사랑이 있네.
> 온유하신 사랑이 강과 같이 흐르네.
> 생명의 왕이신 우리 구주께서 우리를 위해 보혈 흘리셨네.
> 누가 그 사랑을 기억하지 않으리!
> 누가 그분을 찬양하지 않으리!
> 누구도 그분을 잊을 수 없다네.
> 영원한 날이 다하도록…….

*Love is kind
and patient
never jealous
boastful*

STUDY GUIDE

Chapter 01 사랑이 없으면 아무 유익이 없다

사람들은 "풋사랑", "사랑에 빠지다", "사랑이 식다", "사랑하는 사람들을 잃었다"는 표현을 사용한다. 심지어 그들은 아이스크림도 "사랑"하고 예쁜 집도 "사랑"한다. 사랑이라는 말이 사용되는 모습을 보면 그 단어의 능력이 사라졌다는 사실이 조금도 놀랍지 않다. 이제 새로운 시각으로 고린도전서 13장을 살펴보자. 예수님처럼 사랑하는 것이 얼마나 아름다운 일인지 다시금 깨닫게 될 것이다.

1) 가족이 아닌 누군가가 당신에게 사랑을 베풀었던 적이 있다면 함께 나누어보라. 그 사랑의 행동, 혹은 표현이 당신에게 의미 있었던 이유는 무엇인가?

2) 당신은 고린도전서 13장 1~13절의 사랑장에 익숙할 것이다. 사랑장을 다시 읽어보라. 그리고 이 말씀을 배우자 간의 사랑이 아닌 그리스도 안의 한 지체인 성도들 간의 사랑에 적용해보라. 당신의 교회와 어떤 차이점들을 발견할 수 있는가?

3) 사랑 없는 섬김과 사랑으로 시작된 섬김은 어떤 차이가 있는가? 섬김을 받는 사람이나 목격하는 사람은 그 차이를 구분할 수 있는가?

4) 고린도전서 13장 1절은 사랑이 없는 은사가 소리 나는 구리와 울리는 꽹과리 같다고 말한다. 사랑 없는 그리스도인의 어떤 모습이 소리 나는 구리와 같은가? 믿음과 지식은 있으나 사랑이 없는 사람은 불신자들을 어떻게 대하는가?

5) 마가복음 10장에는 죄인들을 향한 예수님의 사랑이 잘 그려져 있다. 17~27절을 읽고 청년이 예수님께 구원의 방법을 물은 의도는 무엇이었는지 본문에 근거하여 답하라.

6) 마가복음 10장 17~27절에서 예수님께서 청년을 사랑하셨음을 알 수 있는 근거는 무엇인가?

7) 마가복음 10장 17~27절에서 예수님은 청년의 질문에 이웃을 사랑해야 한다고 답하셨다. 그러나 청년은 결국 사랑의 시험을 통과하지 못했다. 자기 소유를 다 팔아 가난한 사람들에게 주고 싶지 않았기 때문이다. 그가 자기의 소유를 포기할 수 없었던 이유는 무엇인가? 보다 넓은 의미에서 부자들이 하나님 나라에 들어가기 어려운 이유는 무엇인가? 가난한 사람들은 경험할 수 없는 그들의 영적 도전은 무엇인가?

8) 고린도전서 13장 3절은 가난한 사람들을 위해 우리의 소유를 포기하는 것만으로는 충분하지 않다고 가르친다. 그렇다면 무엇이 더해져야 하는가? 선한 행위도 사랑이 없으면 충분치 못한 이유는 무엇인가?

9) 최근에 모르는 사람이 당신에게 도움을 요청한 적이 있는가? 당신은 "사랑"의 테스트를 통과했는가? 그렇지 않다면 그 걸림돌은 무엇이었는가?

10) 당신의 사랑을 제한하는 것들은 무엇인가? 그것을 극복하고 자기 자신과 같이 이웃을 진심으로 사랑하려면 어떻게 해야 하는가?

Chapter 02 생명보다 귀한 사랑

몇 해 전, 전혀 모르는 사람들에게 '무작위로 베푸는 자비 운동'이 있었다. 자동차 안에서 음식을 주문하고 결재하는 식당에서 뒷사람의 비용을 대신 내주는 것처럼 다른 사람들을 미소 짓게 만드는 일을 장려하는 운동이었다. 하지만 자비에 대한 성경의 정의는 그보다 훨씬 심오하다. 즉 자비란 다른 사람들의 영적 유익을 위해 행하는 사랑이다.

1) 오늘날의 문화는 사랑을 어떻게 정의하는가? 일반적으로 사람들이 배우자나 가족이 자기를 사랑한다고 믿는 근거는 무엇인가?

2) 4세기의 설교자 존 크리소스톰은 우리에게 해를 준 사람들에게 인자와 자비를 베푸는 것을 가리켜 "깨어진 관계의 상처를 회복시키고 아픔을 치유하기 위한 고귀한 인내이자 위로와 위안"이라고 정의했다. 깨어진 관계가 자비로 인해 회복되는 것을 목격한 적이 있는가? 있다면 함께 나누어보라.

3) 디도서 2장 1~15절과 3장 1~3절을 읽으라. 본문에 비추어볼 때 디도의 교회는 어떤 문제를 가지고 있었는가?

4) 로마서 2장 4절과 11장 2절, 디도서 3장 4~7절을 읽으라. 예수님을 통해 알 수 있는 인자함의 성경적 정의는 무엇인가? 그리고 그 특징들은 무엇인가?

5) 하나님의 인자하심은 단기적, 혹은 장기적으로 우리에게 어떤 영향을 미치는가? 현시점과 미래의 관점에서 나누어보라.

6) 디도서 3장 4~7절을 보라. 하나님께서 우리에게 인자와 자비를 부어주시는 이유는 무엇인가?

7) 예수님은 다른 사람에게 베푸는 자비에 대해 이야기하셨다(눅 10:30~37). 이 이야기를 듣고 있던 율법교사가 놀라거나 불쾌했다면 그 이유는 무엇인가?

8) 선한 사마리아인이 보여준 자비(눅 10:30~37)와 하나님께서 우리에게 보여주신 자비의 공통점은 무엇인가?

9) 누가복음 10장 30~37절에서 우리는 다른 사람에게 베푸는 참된 자비에 대해 어떤 교훈을 얻을 수 있는가? 그리고 이것은 세상이 말하는 자비와 어떻게 다른가?

10) 가장 최근에 궁핍한 이웃을 만났던 일을 떠올려보라. 당신은 선한 사마리아인이었는가, 아니면 제사장이나 레위인이었는가? 당신이 온전한 자비를 베풀지 못했던 이유는 무엇인가?

11) 당신의 사랑을 받을 자격이 없지만 이번 주 당신이 자비를 베풀고자 하는 사람을 떠올려보라. 당신은 그리스도의 이름으로 그를 위해 무엇을 할 것인가? 그 계획을 당신의 증인이 되어줄 사람과 함께 나누어보라.

Chapter 03 사랑은 성내지 않는 것

당신은 최근에 사랑했던 사람 때문에 성낸 적이 있는가? 당신이 그렇게 화가 난 이유는 비교적 정확하게 기억하겠지만 당시의 자신의 반응은 잘 기억나지 않을 것이다. 우리는 그 순간만 지나면 자신의 반응에 대해 그리 심각하게 생각하지 않기 때문이다. 그러나 성경은 당신이 성내는 것에 대해 엄중한 책임을 묻는다. 아주 그럴 듯한 변명이 있다 해도 마찬가지다. 우리는 누군가 먼저 나를 자극했다고, 혹은 너무 피곤해서 화를 냈다고 변명하곤 한다. 그러나 고린도전서 13장에서 바울은 사랑과 성냄이 함께할 수 없다고 분명히 가르친다. 화를 표출하는 것은 바로 미움의 행위이기 때문이다.

1) 다른 사람에게 화내는 것은 어렵지 않다. 같이 사는 사람들, 같이 일하거나 공부하는 사람들에게는 말할 것도 없다. 당신은 보통 어떤 일로 남에게 성을 내는가?

2) 59~61p에 제시된 성냄의 정의 중 당신에게 가장 도움이 된 것은 어떤 것이며 그 이유는 무엇인가? 당신도 성냄의 동의어나 예를 생각하여 자신의 언어로 다음 문장을 완성하라.
"사랑은 _____가 아니고 _____하지 않는다."

3) 마가복음 6장 30~32절을 읽으라. 예수님과 제자들은 분주한 사역 가운데 잠시 쉬고자 했다. 제자들이 기대했던 것은 무엇인가?

4) 마가복음 6장 33~37절을 읽으라. 잠시 휴식을 취하려던 예수님과 제자들에게 많은 수의 궁핍한 사람이 몰려들었다. 제자들이 그들을 사랑하지 못하고 오히려 성냈다는 것을 어떻게 알 수 있는가? 본문에서 증거를 찾아보라. 그들이 성낸 이유는 무엇인가?

5) 마가복음 6장 38~40절을 읽으라. 연약한 인간의 관점에서 볼 때 예수님께서 무리에게 성내실 만한 이유는 충분했다. 그 이유들을 말해보라. 실제로 예수님은 그들을 어떻게 대하셨는가?

6) 당신은 제자들이 예수님과 함께 지내고 사역하면서 보고 경험한 것이 있으니 조금은 인내와 긍휼을 보였을 거라고 생각할지 모른다. 그런데 마가복음 6장 30~40절에서 예수님은 단 한 번도 성내는 제자들을 책망하지 않으셨다. 예수님은 어떻게 제자들이 화를 절제하도록 도우셨는가?

7) 만일 당신이 제자 중 한 명이었다면 이 사건을 통해 어떻게 변화되었겠는가?

8) 마가복음 6장 38~40절을 통해 우리는 힘든 상황에서 베푸는 긍휼에 대하여 어떤 교훈을 얻을 수 있는가?

9) 당신이 화내는 횟수를 줄이기 위해 필요한 실제적인 전략은 무엇인가? 다른 사람들이 성내지 않도록 긴장감을 완화시키기 위해 당신은 어떤 일을 할 수 있는가?

10) 당신이나 다른 사람이 화를 낸 뒤 사과한 일이 있다면 함께 나누어보라. 당신은 언제 화를 내는가? 그리고 그 관계를 회복시키기 위해 무슨 말을 하며 어떻게 행동하는가?

Chapter 04 사랑의 거룩한 기쁨

인생은 기뻐할 일들의 연속이다. 추수감사절이 지나면 크리스마스, 밸런타인데이가 기다린다. 생일과 다양한 기념일로 끝없이 파티가 이어진다. 가족, 친구들과 함께 기뻐할 수 있다는 것은 감사한 일이다.
그러나 우리는 마음 깊은 곳에서부터 불의를 기뻐할 때도 있다. 동료가 승진하지 못하거나 친구가 상을 받지 못했을 때 우리는 남몰래 기뻐한다. 얄미운 그 누군가의 '완벽한 아이'가 해내지 못한 것을 우리 아이가 해냈을 때도 기뻐한다. 심지어 우리는 죄 자체를 기뻐한다. 우리와 다른 정치, 신학적 견해를 가진 사람이 도덕적으로 타락하는 모습을 보며 흡족해한다. 그릇된 성적 쾌락을 즐기고 방탕한 자리에 참여하기도 한다. 그 모든 순간에 우리는 불의를 기뻐하고 있다. 그리고 그러한 일들은 참된 사랑이 절대 행하지 않는 일이다.

1) 함께 기뻐할 일이 경건하지 못하고 악한 것으로 변질되었던 개인적 경험을 설명해보라. 그때 당신은 무엇을 느꼈는가?

2) 불의를 기뻐하고픈 유혹을 느낄 만한 상황을 생각해보라. 불의를 기뻐하는 우리의 마음은 어떤 상태인가?

3) 당신은 언제 진리를 기뻐하는가? 당신은 어떤 상황에서 경건한 마음으로 기뻐하는가? 그리고 당신이 기뻐하는 그 진리는 무엇인가?

4) 누가복음 7장 36~38절을 읽으라. 당신이라면 본문 속의 여인과 그녀의 행위를 어떻게 묘사하겠는가?

5) 누가복음 7장 39~50절을 읽으라. 바리새인은 여인과 극명한 대조를 이룬다. 하지만 그가 여인과 조금도 다를 바 없는 죄인임을 보여주는 행동들은 무엇인가?

6) 누가복음 7장에서 바리새인은 예수님께서 여인을 대하는 태도를 보고 그분이 선지자가 아닐 거라고 생각했다. 그러나 사실은 정반대였다. 예수님의 태도야말로 그분이 선지자라는 사실을 보여주는 확실한 증거였다. 본문은 예수님이 하나님의 참선지자라는 사실을 어떻게 증거하는가?

7) 누가복음 7장 36~50절에서 예수님은 바리새인의 초라한 사랑과 죄 많은 여인의 값진 사랑을 비교하여 말씀하셨다. 바리새인이 간과한 것은 무엇이며 여인은 그것을 어떻게 갚았는가? 그리고 그녀가 보여준 미덕은 무엇이었는가?

8) 이 본문을 통해 불의를 기뻐하는 것, 그리고 진리와 함께 기뻐하는 것에 대하여 어떤 교훈을 얻을 수 있는가?

9) 당신은 누가복음 7장의 바리새인과 어떤 면에서 비슷한가? 그리고 어떤 면에서 여인과 비슷한가? 하나님의 놀라운 용서를 대하는 당신의 태도 중 가장 많이 변해야 할 부분은 무엇인가?

10) 당신보다 심한 죄나 누가 봐도 명백한 죄를 지은 사람들에 대한 당신의 태도는 어떠한가? 그들의 연약함을 긍휼히 여기는가, 아니면 '나는 그런 죄를 짓지 않았다'는 사실에 내심 기뻐하는가? 그들을 사랑으로 대한 경우와 그러지 못한 경우를 설명해보라. 그런 사람들에 대한 당신의 반응을 고려하여 진리와 함께 더욱 기뻐할 수 있는 방법을 나누어보라.

11) 누가복음 7장에 따르면 사랑은 어디서부터 시작되는가? 어떻게 해야 더 깊이 하나님의 용서를 경험하고 더 깊이 사랑할 수 있는가? 당신이 다른 사람들과 다를 바 없는 죄인이라는 사실을 분명히 알고 있는가? 그 외적 증거들을 나누어보라.

Chapter 05 사랑은 기다리는 것

어린아이였을 때 우리는 어른이 되고 싶었다. 어른이 된 우리는 더 많은 것, 혹은 뭔가 색다른 것들을 원한다. 더 좋은 직업과 높은 학위, 나만의 가족과 안정된 재정 능력을 갖추고 싶어 한다. 그러나 하나님은 때때로 그분이 주실 때까지 기다리기 원하신다. 그리고 그런 하나님의 뜻은 늘 선하다. 우리를 향한 하나님의 사랑은 기다리는 사랑이다. 그리고 우리에게도 더 큰 그분의 뜻과 마지막 영광을 위하여 기다리라고 말씀하신다.

1) 당신이 가장 싫어하는 것과 당신이 사랑하는 사람들을 기다리지 못하는 이유는 무엇인가? 당신은 인내심이 바닥났을 때 어떻게 행동하는가? 깊은 한숨을 내쉬는가, 목소리가 높아지는가?

2) 로마서 2장 4절, 디모데전서 1장 16절, 베드로후서 3장 9절을 읽으라. 이 구절들은 하나님의 오래 참으심에 대해 어떻게 기록하는가?

3) 요한복음 11장 1~16절을 읽으라. 본문의 상황이 급박하다는 사실을 어떻게 알 수 있는가? 예수님께서 아픈 친구에게 곧바로 가지 않고 이틀이나 지체하신 사실이 놀라운 이유는 무엇인가? 그리고 그렇게 하신 까닭은 무엇인가?

4) 예수님께서 당신의 안전을 걱정하는 제자들에게 하신 말씀은 이해하기 어렵다(요 11:9~10). 당신은 그 말씀의 의미가 무엇이라고 생각하는가?

5) 요한복음 11장 17~44절을 읽으라. 예수님의 오래 참는 사랑이 어떻게 묘사되어 있는가?

6) 마리아와 마르다는 이 사건을 통해 예수님과 그분의 사랑에 대하여 어떤 교훈을 얻었는가?

7) 당신은 어떤 상황에서 조급해지는가? 그리고 당신이 기다리기 힘든 이유는 무엇인가?

8) 인내와 하나님을 믿는 것, 그리고 인내와 하나님의 사랑은 어떤 관계가 있는가?

9) 요한복음 11장에서 예수님의 인내는 큰 고난으로 이어졌다. 그렇다면 고난은 어떻게 더 큰 인내로 이어질 수 있는가(롬 5:3~4 참조)? 당신은 삶 속에서 이 진리를 직접 경험한 적이 있는가? 있다면 나누어보라.

10) 당신을 오래 참으시는 하나님의 사랑을 깊이 깨달을수록 다른 사람을 오래 참는 능력도 커지는 이유는 무엇인가?

11) 요한복음 11장 40~44절을 묵상하라. 지체되는 상황을 참지 못할 때는 언제인

가? 당신이 하나님의 계획 속에 있다는 것과 인내하는 당신의 삶이 하나님께 영광이 된다는 사실을 깨닫는 데 있어서 이 말씀이 어떤 도움을 주는가?

Chapter 06 사랑의 광대함

사랑하는 사람들에게 잘해주는 것이 즐거울 때가 있다. 그럴 때 우리는 그들을 향한 사랑에 사로잡혀 우리가 얼마나 그들을 사랑하는지 보여주려고 애쓴다. 하지만 그렇지 않을 때도 있다. 그럴 땐 그들의 불평을 들어주기 싫다. 피곤하여 설거지도 하기 싫고 상처받은 마음에 먼저 다가가 사과하고 싶지도 않다. 그러나 그때야말로 우리의 모든 사랑을 보여줄 수 있는 기회다. 예수님처럼 대야와 타월을 들고 가서 그들의 발을 씻길 수 있는 기회다.

1) 놀라운 겸손의 섬김을 경험한 적이 있는가? 당신이 받은 섬김과 당신이 베푼 섬김을 나누어보라. 섬김을 받은 사람에게 어떤 변화가 일어났는가?

2) 당신은 주로 어떤 상황에서 시기하는가? 다른 사람이 얻은 축복이나 이익을 보며 원망하고픈 유혹을 느꼈거나 분노하며 그것을 가로채고자 한 적이 있는가? 함께 나누어보라.

3) 때때로 우리는 하나님께서 주신 은사를 자랑하거나 그것 때문에 교만해진다. 그런 유혹을 이겨낼 수 있는 방법들을 나누어보라.

4) 시기, 자랑, 교만, 무례함은 서로 어떤 관련이 있는가? 이것이 성경에 기록된 사랑과 상반되는 이유는 무엇인가?

5) 요한복음 13장 1~11절을 읽으라. 당신이라면 어떤 말로 예수님의 행동을 묘사하겠는가? 예수님께서 하신 일이 놀라운 이유는 무엇인가?

6) 처음에 베드로가 발을 씻겨주시려는 예수님을 막았던 이유는 무엇인가? 그러다가 머리와 손까지 씻겨달라고 한 이유는 무엇인가? 육적으로나 영적으로 예수님께서 베드로의 머리와 손까지 모두 씻기실 필요가 없었던 이유는 무엇인가?

7) 요한복음 13장 11절은 예수님께서 유다가 곧 배신할 것을 알고 계셨다고 기록한다. 그럼에도 불구하고 예수님은 다른 제자들과 마찬가지로 유다의 발을 씻겨

주셨다. 이 사실은 예수님의 사랑에 대해 무엇을 말해주는가? 그리고 우리에게 어떤 교훈을 주는가?

8) 예수님은 사랑의 광대함을 어떻게 보여주셨는가? 그리고 고린도전서 13장에 기록된 사랑의 특성 중 요한복음 13장에서의 예수님의 행적에 가장 잘 드러난 것은 무엇인가?

9) 이 일은 예수님께서 십자가로 향하시기 직전에 일어난 일이다. 그렇다면 이것이 잠시 후 일어날 일과 어떤 관련이 있는가?

10) 나 자신보다 남을 섬기는 일이 시기, 자랑, 교만, 무례함의 죄를 정복하는 데 도움이 되는 이유는 무엇인가?

11) 요한복음 13장 12~17절을 읽으라. 예수님의 넘치는 사랑을 본받는 방법은 무엇인가? 이번 주에 당신이 할 수 있는 겸손의 섬김은 무엇인가? 받을 자격이 없는 자를 섬길 수 있도록 하나님께서 당신에게 주신 섬김의 도구는 무엇인가?

Chapter 07 사랑은 바라고 기대하는 것

이제 막 사랑에 빠진 사람들은 서로의 좋은 점만 보기 마련이다. 그러나 시간이 흐르면서 현실이 시작된다. 내가 사랑하는 사람도 화를 내고 고집을 부린다는 사실을 깨닫게 된다. 전에는 몰랐던 짜증나는 습관도 있고 내 말을 들어주지 않을 때도 있다. 바로 그럴 때 참된 사랑은 사랑하는 사람에게 최고의 모습이 있음을 바라고 또 기도한다. 예수님처럼 사랑하는 것은 사랑하는 사람이 더 성숙하기를 기대하며 그들이 점점 예수님을 닮아가리라는 믿음을 저버리지 않는 것이다. 그리고 그들을 자꾸 넘어지게 하는 죄를 성령님의 능력으로 극복할 수 있다는 소망을 유지하는 것이다.

1) 내년에 당신의 삶에 일어나기 바라는 일 한 가지는 무엇인가? 그리고 당신이 사랑하는 사람의 삶에 일어나기 바라는 한 가지는 무엇인가?

2) 누군가가 변화되는 것이 불가능해 보여서 그를 향한 소망을 포기하고 싶었던 적이 있는가? 그 경험을 나누어보라. 로마서 5장 2~5절이 친구들과 가족에 대한 소망을 포기하지 않고 기도할 수 있도록 도와주는 이유는 무엇인가?

3) 고린도전서 13장 7절은 "사랑은 모든 것을 바란다"고 기록한다. 여기서 "바란다"는 말은 무엇을 뜻하는가? 참된 사랑은 구체적으로 어떤 것들을 바라는가?

4) 예수님의 사랑은 어떻게 우리의 사랑을 채우며 우리가 더욱 바랄 수 있도록 돕는가?

5) 히브리서 6장 18~19절을 읽으라. 성경에서 말하는 소망과 세상의 소망의 차이점은 무엇인가?

6) 요한복음 17장 1~19절을 읽으라. 예수님은 무엇을 바라셨는가? 하나님께서 어떤 일을 행하실 거라고 믿었는가? 예수님의 기도는 당신의 삶에서 어떻게 응답되고 있는가? 그 기도가 교회 안에서 응답되는 것을 목격한 적이 있는가?

7) 제자들을 위한 예수님의 기도에는 그분의 사랑이 어떻게 드러나 있는가?

8) 요한복음 17장 20~26절을 읽으라. 예수님은 우리를 위해 무엇을 기도하셨는가? 그리고 그렇게 기도하신 이유는 무엇인가?

9) 요한복음 17장 20절과 26절에서 예수님이 우리를 위해 구하신 공동체의 사명과 목적은 무엇인가? 예수님의 기도를 읽은 후 당신 자신과 사랑하는 사람들을 향한 소망에 어떤 변화가 일어났는가?

10) 요한복음 17장에 기록된 예수님의 기도는 우리의 기도에 어떤 영향을 미치는가?

11) 우리가 더 큰 소망을 가지고 이웃을 사랑하려면 어떻게 해야 하는가? 그들을 사랑하는 한 그들에 대한 소망도 저버리지 않는다는 사실을 보여주는 실제적인 방법은 무엇인가?

Chapter 08 사랑은 자기의 유익을 구하지 않는 것

아이들은 원래 자기중심적이다. 때문에 자라면서 나누는 법과 다른 사람을 돌아보는 법을 배워야 한다.
어른들은 이미 그런 교훈을 알고 있다. 그래서 남을 배려하기도 하고 그들에게 친절을 베풀기 위해 노력한다.
그러나 정말로 우리의 필요와 욕구를 포기하면서까지 그들을 섬긴 적이 있는가? 과연 우리 자신의 삶을 내려놓고 전혀 모르는 사람이나 원수를 섬길 수 있는가?

1) 집이나 학교, 일터나 교회에서 당신은 언제 다른 사람보다 자신을 더 많이 사랑한다는 사실을 깨닫는가? 또한 어떤 상황에서 자기를 부인하지 않고 자기중심적인 생각을 택하는가?

2) 예수님의 일생을 생각해보라. 예수님은 당신의 기호와 안탁을 포기하는 사랑을 어떻게 행하셨는가?

3) 구세주의 헌신적인 사랑이 가장 극대화 된 것이 우리 죄를 위한 십자가의 죽음이다. 마태복음 26장 36~46절은 예수님의 결정의 순간을 어떻게 기록하는가? 예수님의 고통을 어떻게 묘사하는가? 이 본문의 안팎을 통해 예수님에 대하여 무엇을 알 수 있는가?

4) 마태복음 26장 39절과 42절에서 예수님의 기도가 어떻게 변화되었는가?

5) 마태복음 26장 36~46절의 기도에서 우리는 어떤 원칙들을 배울 수 있는가?

6) 자기 자신보다 남을 사랑하기 어려운 이유는 무엇인가? 자기의 유익을 구하지 않고 다른 사람을 사랑하는 데 장애가 되는 것은 무엇인가?

7) 예수님의 십자가 죽음과 다른 사람들을 향한 우리의 사랑은 어떤 관련이 있는가? 예수님의 사랑을 경험하면 다른 사람들을 더 헌신적으로 사랑할 수 있는 이유는 무엇인가?

8) 지난주에 당신이 어떻게 지냈는지 생각해보라. 당신은 자신의 행복과 꿈, 편안함과 기쁨을 얻기 위해 얼마나 많은 시간을 썼는가? 그리고 다른 사람들을 위해서는 어느 정도의 시간을 떼어놓았는가? 당신은 이런 시간 분배에 만족하는가? 그렇지 않다면 어떤 변화가 필요한가?

9) 돈에 대한 당신의 태도를 생각해보라. 당신은 재정적으로 어려운 상황에 있는 사람들에게 인색한 편인가, 관대한 편인가?
최근에 누군가의 궁핍을 채워주고 싶었지만 그렇게 하던 당신의 쓸 것이 없을

까봐 망설였던 적이 있는가? 그때 당신은 어떻게 했으며 그렇게 한 이유는 무엇인가?

10) 나 자신과 나의 유익은 뒤로 하고 하나님께서 맡겨주신 사람들을 사랑하기 위한 현실적인 방법을 한 가지씩 나누어보라. 다른 사람들을 먼저 섬기기 위해 당장 이번 주에 할 수 있는 일은 무엇인가? 한 가지씩 나누어보라.

Chapter 09 사랑은 모든 것을 견디는 것

누군가를 사랑한다는 것은 그를 참는 것이다. 그가 알게 모르게 당신에게 준 상처를 용서하는 것이다.
관용이란 그의 무례함이나 분별없는 행동을 눈감아주는 것이다. 물론 더 큰 대가를 치러야 할 때도 있다.
"사랑은 모든 것을 참는다"는 바울의 말은 다른 사람들 때문에 겪는 온갖 고난을 참아야 한다는 뜻이다.

1) 고린도전서 9장은 "모든 것을 참는다"는 말씀에 대하여 두 가지 해석을 제시한다. 하나는 고통과 괴로움을 묵묵히 참는 것이고, 또 하나는 다른 사람들의 허물을 드러내지 않고 용서하는 것이다. 누군가 당신의 허물을 사랑으로 품어주었던 경험이 있는가? 그때 당신은 무엇을 느꼈는가? 그리고 그 사람과의 관계에 어떤 변화가 일어났는가?

2) 고린도전서 13장 7절이 말하는 사랑은 대부분의 관계에서 겪는 상처를 인내하며 참아내는 것이다. 당신이 다른 사람들 때문에 겪어야 했던 모욕과 고난은 무엇인가? 당신이 가장 참기 힘들었던 짐은 무엇이었는가?

3) 마태복음 26장 45~50절, 59~68절, 27장 27~31절을 읽으라. 십자가에 못 박히시기 전 예수님은 우리를 위해 무엇을 참으셨는가? 예수님께서 육체적·정신적으로 당하신 모든 고통을 기록해보라.

4) 마태복음 26장 45~50절, 59~68절, 27장 27~31절에서 예수님은 왜 조롱을 당하셨는가?

5) 예수님이 참으셔야 했던 가장 큰 저주는 십자가였다. 십자가는 인간이 만들어낸

가장 고통스럽고 수치스런 사형도구다(신 21:22~23 참조). 이사야 53장 2~12절을 읽으라. 우리의 죄를 위하여 예수님께서 참으신 것들이 어떻게 기록되어 있는가? 예수님은 그 모든 모욕과 고난에 어떻게 응하셨는가?

6) 이사야 선지자는 예수님이 십자가에서 당하신 고난으로 어떤 선한 것을 얻을 수 있다고 예언하였는가?

7) 이사야 53장 1~12절 말씀은 다른 사람들로 인해 고난당하는 우리에게 어떤 위로와 도전을 주는가?

8) 당신은 예수님이 십자가에서 참으신 그 모든 일에 대하여 감사한 적이 있는가? 이사야 53장을 기억하며 예수님께서 당신을 위해 참으신 고통과 고난 하나하나에 대하여 감사하는 시간을 가지라.

9) 때로는 누군가의 허물을 혼자서 참는 것이 참된 사랑이 아닐 때도 있다. 밖으로 드러내어 적절한 조치를 취해야 하는 문제도 있기 때문이다. 그 문제로부터 우리 자신을 보호해야 할 때도 있다. 사랑하는 사람의 문제를 목사님, 상담자, 문제에 관련된 다른 사람 등의 제 3자에게 의뢰할 적절한 시기는 어떻게 결정해야 하는가?

10) 감당하기 어려운 상처를 참아야 할 때는 언제인가? 당신은 그런 상황을 어떻게 극복하는가? 예수님을 의지하도록 스스로를 깨우치기 위한 실제적인 전략은 무엇인가?

Chapter 10 사랑은 믿는 것

사실 믿음과 사랑은 서로 떼려야 뗄 수 없다. 신뢰하지 않는 사람을 사랑하는 것은 거의 불가능하기 때문이다.
사랑하는 사람들을 향한 믿음은 그들에 대한 확신에 근거한다.
그가 나를 해하지 않으리라는, 나와의 약속을 지키리라는, 나의 기대에 부응하리라는 믿음이 있다.
그러나 전적으로 믿을 수 있는 분은 결국 하나님 외에 아무도 없다. 따라서 고린도전서 13장 7절에 기록된 "항상 믿는" 참사랑을 충족시키는 이는 하나님 한 분뿐이다.

1) 어려운 상황에서도 하나님을 신뢰하는 사람을 본 적이 있는가? 그의 믿음이 당신과 다른 사람들의 믿음에 어떤 영향을 미쳤는가? 함께 나누어보라.

2) 리처드 윌리엄스의 예화를 기억하는가(192~193p 참조)? 그는 절망적인 상황 속에서도 죽는 순간까지 하나님을 신뢰했다. 당신도 그런 상황에서 하나님을 신뢰할 수 있는가?
몹시 힘들고 어렵지만 그럼에도 불구하고 하나님을 향한 믿음을 저버리고 싶지 않은 순간은 언제인지 함께 나누어보라.

3) 마태복음 27장 45~46절, 시편 22장 1~5절을 읽으라. 예수님은 그 순간 아버지와의 관계에 대하여 어떻게 말씀하셨는가? 우리의 구원에 있어서 이 사실이 중요한 이유는 무엇인가?

4) 누가복음 23장 46절에는 예수님의 마지막 말씀이 기록되어 있다. 예수님께서 인용하신 말씀, 시편 31장 1~5절과 함께 읽으라. 아버지 하나님과 자신이 당하는 고난에 대한 예수님의 믿음이 어떻게 드러나 있는가?
예수님께서 마태복음 27장 46절이 아니라 누가복음 23장 46절 말씀 후에 숨을 거두신 사실이 중요한 이유는 무엇인가?

5) 우리를 사랑하시는 하나님에 대하여 어떤 믿음을 가져야 하는가? 시편 31장 1~5절에 근거하여 답하라.

6) 하나님의 사랑에 대한 우리의 믿음은 다른 사람들과의 관계에 어떤 영향을 미치는가? 하나님을 사랑하지 않는 사람과 하나님을 사랑하는 사람의 사랑은 어떻게 다른가?

7) 사랑하는 사람의 장점만 믿는다면 그것은 참된 사랑이 아니다. "사랑은 언제나 믿는다"는 바울의 말은 무엇을 뜻하는가? 우리는 사랑하는 사람들에 대하여 어떤 믿음을 가져야 하는가?

8) 찰스 스펄전은 이렇게 말했다. "나의 모든 직감이 하나님을 부인한다 해도 나는 하나님을 거짓말쟁이로 믿느니 차라리 나의 모든 직감을 부인해버리겠다." 당신의 직감과 하나님에 대한 지식이 부딪친 적이 있는가? 그때 당신은 자신의 직감을 버리고 하나님에 대한 믿음을 택했는가? 함께 나누어보라.

9) 고난의 시간에 우리를 정말 힘들게 하는 것은 우리가 처한 상황이나 육체적인 고통보다 마음의 의심과 괴로움이다. 당신은 하나님으로부터 버림받았다고 느낀 적이 있는가? 그 어둠의 시간에 당신은 어떻게 믿음을 지킬 수 있었는가?

10) 당신은 예수님의 모범을 따라 하나님께 당신의 영혼을 맡기기 원하는가? 당신이 지금 당장 그분께 맡겨야 할 것은 무엇인가? 돈? 건강? 악한 습관? 가족이나 사역의 문제? 현재 당신이 처한 상황에서 하나님에 대한 믿음을 증거할 수 있도록 기도하라.

Chapter 11 사랑은 용서하는 것

우리는 우리의 분노를 정당화하기 위해 지나간 상처를 계속 기억해낸다. 우리의 분노를 놓아버리면 나에게 상처 준 그 사람까지 너무 쉽게 놓아주게 될까봐 억울해한다. 그래서 고통을 붙들고 남에게 이야기하고 다니며 자기 속의 분노를 확인하고 또 확인한다. 그러나 진정한 사랑은 잘못이나 상처에 집착하지 않는다. 우리에게 상처 준 이들을 용서하고 그들에 대하여 악한 마음을 품지 않는 것, 그것이 사랑이다.

1) 당신은 누군가에게 화가 났을 때 그 분노를 어떻게 처리하는가? 분노를 잘 처리하지 못한 적이 있다면 함께 나누어보라. 그 행동의 결과는 무엇이었는가?

2) 누군가를 용서하기로 결심했다면 그것을 실행에 옮기기 위해 무엇을 해야 하는가? 용서하기 위해 어떤 실질적인 과정이 필요한지 함께 나누어보라.

3) 고린도전서 13장 5절에서 용서에 사용된 단어는 '누군가에게 값을 달다'라는 뜻이다. 이런 상업 용어를 사용하면 일반적인 용서에 어떤 의미가 더해지는가? 은행 계좌의 개념으로 생각해보라. 더 온전히 용서하는 데 있어서 어떤 유익을 얻을 수 있는가?

4) 마태복음 26장 30~35절, 69~75절을 읽으라. 베드로는 어떤 죄를 지었는가?

5) 마태복음 26장 30~35절, 69~75절에 근거하여 당신이라면 베드로라는 인물을 어떤 단어로 설명하겠는가? 그리고 어떤 면에서 베드로와 동질감을 느끼는가?

6) 당신은 예수님을 부인한 적이 있는가? 잘 생각해보라. 과거, 혹은 일상의 특정 상황에서 하찮은 일로 예수님을 부인했을 수 있다.

7) 요한복음 21장 1~8절을 읽으라. 베드로는 예수님을 어떻게 맞이했는가? 그때 베드로의 기분은 어땠겠는가?

8) 요한복음 21장 9~19절을 읽으라. 예수님은 베드로가 이미 용서받았다는 사실을 어떻게 알려주셨는가? 예수님의 어떤 행동과 말씀이 죄를 뉘우치는 베드로에게 특별한 의미를 지녔겠는가? 모두 나누어보라.

9) 예수님의 용서와 베드로의 회복은 예수님과 우리의 관계에도 그대로 적용된다. 여기서 우리는 어떤 교훈을 얻을 수 있는가? 그리고 우리가 다른 사람들을 용서하는 데 어떤 도움을 얻을 수 있는가?

10) 용서하는 사람이 얻는 유익은 무엇인가? 원한과 분노에 대한 집착은 어떤 부정적 결과를 낳는가?

11) 루이스 스미즈는 이렇게 기록한다. '사랑으로 과거는 죽는다. 사랑으로 우리는 과거에 안주하지 않고 새롭게 시작할 수 있다. 모든 오해를 풀 필요는 없다. 사랑의 능력으로 우리는 과거의 모든 잘못과 부족함을 용서로 덮고 새롭게 시작할 수 있다.' 이 글을 읽을 때 마음속에 어떤 사람이 떠오르는가? 참된 용서로 그에게 한 발짝 더 나아가기 위해 당신이 해야 할 일은 무엇인가?

Chapter 12 사랑은 결코 실패하지 않는다

가까운 누군가에게 실망한 경험이 있다면 약속을 지키는 것이 얼마나 중요한지 알고 있을 것이다. 약속한 시간에 엄마가 데리러 오지 않은 아이, 남편에게 버림받은 아내. 그들뿐 아니라 우리 모두가 진정으로 원하는 것은 우리를 배반하지도, 실망시키지도 않는 누군가에게 사랑받는 것이다. 이 세상의 사랑은 우리를 실망시킬 수 있다. 그러나 하나님은 절대 그렇지 않다. 그분의 사랑에는 패배가 없기 때문이다.

1) 어느 설문조사에 따르면 사람들은 일반적으로 많은 사람 앞에서 이야기하는 것을 가장 두려워한다고 한다. 당신은 무엇을 가장 두려워하는가?

2) 당신이 처음으로 예수님의 사랑을 깨달았을 때, 혹은 그분에 대한 사랑으로 행복감을 느꼈던 때를 기억하는가? 함께 나누어보라. 그때 당신은 하나님에 대한 사랑을 어떻게 표현했는가?

3) 예언이나 방언 등의 은사와 달리 사랑이 영원한 이유는 무엇인가?

4) 당신은 어떤 상황에서 하나님의 사랑을 의심하는가? 그분의 사랑에서 멀어졌다고 느끼는 이유는 무엇인가?

5) 로마서 8장 31~39절을 읽으라. 본문은 하나님이 어떻게 사랑을 증거하셨다고 이야기하는가? 모두 찾아보라.

6) 로마서 8장 31~39절은 하나님의 사랑이 결코 다함이 없다는 사실을 어떻게 알 수 있다고 기록하는가? 우리를 하나님의 사랑으로부터 끊을 수 없는 것은 무엇인가? 또한 그것은 인생의 어떤 범주들을 가리키는가? 예를 들어 '현재 일'과 '장래 일'은 시간이라는 범주에 속한다.

7) 당신은 하나님의 사랑이 의심될 때마다 결코 패하지 않는 하나님의 사랑을 기억하기 위해 어떻게 하는가? 의심이 찾아오는 어두움의 시간에 당신이 하나님을 신뢰하도록 도와줄 수 있는 실제적인 전략들을 생각해보라.

8) 어떻게 해야 결코 패함이 없는 예수님의 사랑을 닮아갈 수 있는가? 지금 당신은 중요한 관계들 속에서, 하나님이 맡기신 사역 속에서 이 사랑을 어떻게 실천하고 있는가?

9) 고린도전서 14장 1절을 읽으라. 사랑을 추구하는 방법에는 어떤 것이 있는가? 이 명령을 지키려면 어떤 태도와 행동이 필요한가?

10) 고린도전서 13장을 다시 읽어보라. 사랑의 특징 중 당신에게 가장 힘들게 느껴지는 것은 무엇인가? 그리고 가장 쉽게 느껴지는 것은 구엇인가? 당신의 연약한 부분이 성숙해지기 위해 해야 할 일은 무엇인가?

주

Chapter 01 사랑이 없으면 아무 유익이 없다

1) Oxford English Dictionary, 13th ed., sv "encomium."
2) Gorden D. Fee, The First Epistle to the Corinthians, New International Commentary on the New Testament (Grand Rapids, MI: Eerdmans, 1987), 626.
3) Jonathan Edwards, Charity and Its Fruits (1852; repr. Edinburgh: Banner of Truth, 2005), 1.
4) Charles Hodge, An Exposition of the First epistle to the Corinthians (Repr. London: Banner of Truth, 1958), 264.
5) Anthony C. Thiselton, The First Epistle to the Corinthians, New International Greek Testament Commentary (Grand Rapids, MI: Eerdmans, 2000), 1036.
6) W. W. Klein, "Noisy Gong or Acoustic Vase? A note on 1 Cor. 13:1," New Testament Studies 32 (1986): 286-89.
7) J. Moffatt, The First Epistle of Paul to the Corinthians, Moffatt New Testament Commentary (London: Hodder & Stoughton, 1938), 192.
8) 2010년 9월 19일, 조쉬 무디(Josh Moody)가 일리노이 주 휘튼칼리지 교회에서 한 설교에 등장한 비유.
9) Gennadius of Constantinople, "13:1-3 The Law of Love," 1-2 Corinthians, Ancient Christian Commentary on Scripture, NT7, ed. Gerald Bray (Downers Grove, IL: Intervarsity, 1999), 131에서 인용.
10) Thiselton, First Epistle to the Corinthians, 1041.
11) Edwards, Charity, 57.
12) 본문에 대한 조쉬 무디(Josh Moody)의 참신한 통찰이 담긴 설교에서 발췌.

Chapter 02 생명보다 귀한 사랑

13) 멜리사 하워드(Melissa Howard), "Understanding 'More Love to Thee, O Christ'(내 구주 예수를 더욱 사랑)" http://christianmusic.suite101.com/article.cfm/understanding_more_love_to_thee_o_christ(2009년 9월 7일 접속).
14) Elizabeth Payson Prentiss, William J. and Ardythe Peterson, The Complete Book of Hymns: Inspiring Stories about 600 Hymns and Praise Songs (Carol Stream, IL: Tyndale, 2006), 348에서 인용.
15) Elixabeth Payson Prentiss, Robert J. Morgan, Then Sings My soul: 150 of the World's Greatest Hymns Stories (Nashville, TN: Thomas Nelson, 2003), 133.에서 인용.
16) John Chrysostom, "Homilies on the Epistles of Paul to the Corinthians," 32.6, 1-2 Corinthians, Ancient Christian Commentary on Scripture, NT 7, ed. Gerald Bray (Downers Grove, IL: InterVarsity, 1999), 131.에서 인용.
17) Ibid., 131.
18) C. S. Lewis, the Four Loves (New York: Harcourt Brace Jovanovich, 1960), 11.
19) Anthony C. Thiselton, The First Epistle to the Corinthians, New International Greek Testament Commentary (Grand Rapids, MI: Eerdmans, 2000), 1047.
20) Henry Drummond, The Greatest thing in the World (New York: Grosset & Dunlap, n. d.), 28.
21) Ceslaus Spicq, Theological Lexicon on the New Testament, trans. and ed. J. D. Ernest, 3 vols. (Peabody, MA: Hendrickson, 1994), s.v. "agape."
22) Ceslaus Spicq, Agape dans le Nouveau Testament (Paris: Etudes, Biblique, 1959), 2:151.
23) Gorden D. Fee, The First Esipstle to the Corinthians, New International Commentary on the New Testament (Grand Rapids, MI: Eerdmans, 1987), 636.

24) Charles Hodge, An Exposition of the First Epistle to the Corinthians (repr. London: Banner of Truthm 1958), 269와 Jonathan Edwards, Charity and Its Fruits (1852; repr. Edinburgh: Banner of Truth, 2005), 96 참고.
25) Lewis B. Smedes, Love within Limits: A Realist's View of 1 Corinthians 13 (Grand Rapids, MI: Eerdmans, 1978), 15.
26) John Chrysostom, Homilies on the Epistle of First Corinthians, trans. Talbot W. Chambers, ed. Philip Schaff, Nicene and Post-Nicene Fathers, First Series (1889; repr. Peabody, MA: Hendrickson, 1994), 10:195.
27) Leo Tolstoy, Alan Paton, A Journey Continued: An Autobiography (New York: Collier, 1988), 10:195. 에서 요약.
28) Henry Boardman, A Handful of Corn (New York: Anson D. F. Randolph, 1884), 137.
29) Paul E. Miller, Love Walked Among Us: Learning to Love Like Jesus (Colorado Springs, CO: NavPress, 2001), 164.
30) Smedes, Love within Limits, 12.
31) Lewis, Four Loves, 177.
32) Amy Carmichael. If (London: SPCK, 1938), 9.
33) Edwards, Charity, 97.
34) Turtullian, Apology (3:39), David E. Garland, First Gorinthians, Baker Exegetical Commentary on the New Testament (Grand Rapids, MI: Baker, 2003), 617에서 인용.

Chapter 03 사랑은 성내지 않는 것

35) James Hope Moulton and George Milligan, The Vocabulary of the Greek Testament: Illustrated from the Papyri and Other Non-Literacy Sources (Grand Rapids, MI: Eerdmans, 1963), 496.
36) Charles Hodge, An Exposition of the First Epistle to the Corinthians (repr. London: Banner of Truth, 1958), 270.
37) Anthony C. Thiselton, The First Epistle to the Corinthians, New International Greek Testament Commentary (Grand Rapids, MI: Eerdmnas, 2000), 1052.
38) David E. Garland, First Corinthinas, Baker Exegetical Ccmmentary on the New Testament (Grand Rapids, MI: Baker, 2003), 618.
39) Lewis B. Smedes, Love within Limits: A Realist's View of Cornthians 13 (Grand Rapids, MI: Eerdmans, 1978), 60.
40) Jonathan Edwards, Charity and Its Fruits (1852; repr. Edinburgh: Banner of Truth, 2005), 196.
41) Smedes, Love within Limits, 58.
42) Brad S. Gregory의 "Saints' Lives Decoded?" Books and Culture (July/August 2009): 12. 에 실린 이야기.
43) Henry Drummond, The Greatest Thing in the World (New York: Grosset & Dunlap, n.d.), 24.
44) C. S. Lewis, The Four Loves (London: Geoffrey Bles, 1961), 154.

Chapter 04 사랑의 거룩한 기쁨

45) Jonathan Edwards, Charity and Its Fruits (1852; repr. Edinburgh: Banner of Truth, 2005), 221.
46) Gordon D. Fee, The First Epistle to the Corinthians, New International Commentary on the New Testament (Grand Rapids, MI: Eerdmans, 1987), 639.
47) Edwards, Charity, 222.
48) Anthoy C. Thiselton, The First Epistle to the Corinthians, New International Greek Testament Commentary (Grand Rapids, MI: Eerdmans, 2000), 1054.
49) Henry Drummond, The Greatest Thing in the World (New York: Grosset & Dunlap, n.d.), 27.

50) E.g., Fee, First Epistle, 639.
51) Paul Miller, Love Walked Among Us: Learning to Love Like Jesus (Colorado Springs, CO: NavPress, 2001), 51.
52) Ibid., 52-53.

Chapter 05   사랑은 기다리는 것

53) 이것은 킴벌리 와인(Kimberly Wynne)의 가족에게 들은 이야기다. 그녀의 남편, 캐롤(Carroll)과 필자는 필라델피아 제10장로교회에서 오랫동안 함께 동역했다.
54) Charles Hodge, An Exposition of the First Epistle to the Corinthians (repr. London: Banner of Truth, 1958), 269.
55) Leon Morris, The First Epistle of Paul to the Corinthians, Tyndale New Testament Commentaries (Grand Rapids, MI: Eerdmans, 1958), 184.
56) Anthony C. Thiselton, The First Epistle to the Corinthians, New International Greek Testament Commentary (Grand Rapids, MI: Eerdmans, 2000), 1046.
57) John W. Sanderson, The Fruit of the Spirit (1972; repr. Phillipsburg, NJ: Presbyterian&Reformed, 1985), 88.
58) James Montgomery Boice, The Gospel of John, Vol. 3: Those Who Received Him, John 9-12 (Grand Rapids, MI: Baker, 1999), 826.
59) Jonathan Edwards, Charity and Its Fruits (1852; repr. Edinburgh: Banner of Truth, 2005), 79-80.
60) Sanderson, Fruit of the Spirit, 88.
61) Boice, Gospel of John, 826.
62) 제임스 몽고메리 보이스(James Montgomery Boice)도 요한복음 주석에서 비슷한 주장을 했다.
63) Alexander Maclaren, Exposition of Holy Scripture, Vol. 7: St. John, Chapter 9-14 (Grand Rapids, MI: Eerdmans, 1959), 78.

Chapter 6   사랑의 광대함

64) 이는 조나단 에드워즈의 통찰력을 빌려온 것이다. 고린도전서 13장 4절 주해에서 그는 "타인에게 일어난 좋은 일"과 "우리에게 일어난 좋은 일"에 대한 우리의 반응이 다르다고 말한다. Jonathan Edwards, Charity and Its Fruits (1852; repr. Edinburgh: Banner of Truth, 2005), 111.
65) Anthony C. Thiselton, The First Epistle to the Corinthians, New International Greek Testament Commentary (Grand Rapids, MI: Eerdmans, 2000), 1048.
66) Cornelius Plantinga Jr., Not the Way It's Supposed to Be: A Breviary of Sin (Grand Rapids, MI: Eerdmans, 1995), 169.
67) Edward, Charity, 112.
68) Ibid., 113.
69) Thiselton, First Epistle, 1048.
70) Lewis B. Smedes, Love within Limits, A Realist's View of 1 Corinthinas 13 (Grand Rapids, MI: Eerdmans, 1978), 28; 강조 포함.
71) Thiselton, First Epistle, 1048.
72) Smedes, Love within Limits, 33.
73) James Montgomery Boice, The Gospel of John, Vol. 4: Peace in Storm, John 13-17 (Grand Rapids, MI: Baker, 1999), 999.
74) Ibid., 1011.
75) Ibid.
76) "무릎을 꿇는 사랑"(Love on Its Knees)은 제임스 보이스(James Boice)의 요한복음 13:2~15절 주석 부분의 제목이다. Ibid., 1007.
77) Donald English, The Message of Mark: The Mystery of Faith (Downers Grove, IL: InterVarsity, 1992), 182.

Chapter 07 사랑은 바라고 기대하는 것

78) 제임스 에드워즈(James R. Edwards)는 이 사건에 대해 자세히 설명한다. "The One Time the Church Was One," The Edwards Epistle, vol. 18 (Summer 2009): 1-2.
79) Richard B. Hays, First Corinthians, Interpretation (Louisville, KY: John Knox, 1997), 228.
80) Gordon Fee, The First Epistle to the Corinthians, New International Commentary on the New Testament (Grand Rapids, MI: Eerdmans, 1987), 640.
81) Anthony C. Thiselton, The First Epistle to the Corinthians, New International Greek Testament Commentary (Grand Rapids, MI: Eerdmans, 2000), 1057.
82) David E. Garland, First Corinthinas, Baker Exegetical Commentary on the New Testament (Grand Rapids, MI: Baker, 2003), 619.
83) John Chrysostom, Homilies on the Epistle of First Corinthians, trans. Talbot W. Chambers, ed. Philip Schaff, Nicene and Post-Nicene Fathers, First Series (1889; repr. Peabody, MA: Hendrickson, 1994), 198.
84) Jonathan Edwards, Charity and Its Fruits (1852; repr. Edinburgh: Banner of Truth, 2005), 271.
85) Henry Drummond, The Greatest Thing in the World (New York: Grosset & Dunlap, n.d.), 32.
86) Lewis B. Smedes, Love within Limits: A Realist's View of Corinthians 13 (Grand Rapids, MI: Eerdmans, 1978), 103.

Chapter 08 사랑은 자기의 유익을 구하지 않는 것

87) Jonathan Edwards, Charity and Its Fruits (1852; repr. Edinburgh: Banner of Truth, 2005), 157.
88) Ibid., 172.
89) David E. Garland, First Corinthinas, Baker Exegetical Commentary on the New Testament (Grand Rapids, MI: Baker, 2003), 616.
90) Gordon D. Fee, The First Epistle to the Corinthians, New International Commentary on the New Testament (Grand Rapids, MI: Eerdmans, 1987), 638.
91) Erich Fromm, Lewis B. Smedes, Love within Limits: A Realist's View of Corinthians 13 (Grand Rapids, MI: Eerdmans, 1978), 46에 인용.
92) Shirley MacLaine, 1977 Washington Post interview, Charles R. Swindoll in Growing Deep in the Christian Life: Essential Truths for Becoming Strong in the Faith (Grand Rapids, MI: Zondervan, 1995), 89.에 인용.
93) C. S. Lewis, The Four Loves, (New York: Harcourt, Brace, Jovanovich, 1960), 177.
94) Richard Baxter, J. C. Ryle, Expository Thoughts on the Gospels, Luke (1858; repr. Cambridge: James Clarke, 1976), 2:427.에 인용.
95) Benjamin Breckinridge, Warfield, "The Emotional Life of Our Lord," in The Person and Work of Christ, ed. Samuel G. Craig (philadelphia: Presbyterian and Reformed, 1950), 132-33.
96) John Calvin, Original Sin: A Cultural History, ed. Alan Jacobs (New York: HarperCollins, 2008), 170-71.에 인용.
97) Lewis, The Four Loves, 163.에 인용.
98) Amy Carmichael, If (London: SPCK, 1938), 82.
99) Fee, The First Epistle, 631.
100) Christian Smith, Michael O. Emerson, and Patricia Snell, Passing the Plate: Why American Christians Don't Give Away More Money (Oxford: Oxford University Press, 2008)를 참조하라.
101) Edwards, Charity, 171.
102) "Have Thine Own Way" 의 뒷이야기, "Sarah Pollard Didn't Like Her Name," Glimpses of Christian History; http://www.christianity.com/ChurchHistory/11630530, 2009년 11월 9일 접속.

Chapter 09 사랑은 모든 것을 견디는 것

103) Richard Wurmbrand, Tortured for Christ (1967; repr. Glendale, CA: Diane Books, 1976), 58.
104) Ibid., 57.
105) Charles Hodge, An Exposition of the First Epistle to the Corinthians (repr. London: Banner of Truth, 1958), 271; 강조 포함.
106) Lewis B. Smedes, Love within Limits: A Realist's View of Corinthians 13 (Grand Rapids, MI: Eerdmans, 1978), 86.
107) H. A. W. Meyer, Anthony C. Thiselton, The First Epistle to the Corinthians, New International Greek Testament Commentary (Grand Rapids, MI: Eerdmans, 2000), 1058.에 인용.
108) Jonathan Edwards, Charity and Its Fruits (1852; repr. Edinburgh: Banner of Truth, 2005), 251.
109) Hodge, Exposition, 271.
110) Ibid.
111) Leon Morris, The First Epistle of Paul to the Corinthians, Tyndale New Testament Commentaries (Grand Rapids, MI: Eerdmans, 1958), 186.
112) Smedes, Love within Limits, 112.
113) Edwards, Charity, 286.
114) 조쉬 무디(Josh Moody)가 2010년 9월 19일 일리노이 주 휘튼 칼리지 교회에서 설교한 내용.
115) John Chrysostom, "Homilies on the Epistles of Paul to the Corinthians," 32.6, 1-2 Corinthians, Ancient Christian Commentary on Scripture, ed. Gerald Bray, NT 7 (Downers Grove, IL: InterVarsity, 1999), 133에 인용.
116) James Montgomery Boice, The Gospel of Matthew, vol. 2: The Triumph fo the King, Matthew 18-28 (Grand Radpis, MI: Baker, 2001), 610.
117) John Lovell Jr., Black Song: The Forge and the Flame (New York: Paragon, 1972), 467에 인용된 영가.
118) Corrie ten Boom, with John and Elizabeth Sherrill, The Hiding Place (Washington Depot, CT: Chosen, 1971), 178-179.

Chapter 10 사랑은 믿는 것

119) Ian MacPherson, The Punctuality of God (Manchester: Puritan Press, 1946), http://www.christianity.co.nz/life_death9.htm.에 인용.
120) Leon Morris, The First Epistle of Paul to the Corinthians, Tyndale New Testament Commentaries (Grand Rapids, MI: Eerdmans, 1958), 185.
121) Lewis B. Smedes, Love within Limits: A Realist's View of Corinthians 13 (Grand Rapids, MI: Eerdmans, 1978), 99.
122) David E. Garland, First Corinthinas, Baker Exegetical Commentary on the New Testament (Grand Rapids, MI: Baker, 2003), 619.
123) Gorden D. Fee, The First Epistle to the Corinthians, New International Commentary on the New Testament (Grand Rapids, MI: Eerdmans, 1987), 640.
124) Anthony C. Thiselton, The First Epistle to the Corinthians, New International Greek Testament Commentary (Grand Rapids, MI: Eerdmans, 2000), 1057.
125) Smedes, Love within Limits, 96.
126) James Montgomery Boice, The Heart of the Cross (Wheaton, IL: Crossway, 1999)에 인용.
127) http://www.christianity.com/ChurchHistory/11629983/.
128) Alan Paton, Journey Continued: An Autobiography (New York: Collier, 1988), 275.

Chapter 11 사랑은 용서하는 것

129) http://www.amenclinic.com, "Brain Disorder Research"에 접속하라.
130) Tom White, "Holes in Your Head-or Helmet of Salvation?" Voice of the Martyrs (September, 2008): 2, 감정의 블랙홀에 대한 과학연구결과가 간단하게 요약되어 있다.
131) Jonathan Edwards, Charity and Its Fruits (1852; repr. Edinburgh: Banner of Truth, 2005), 204.
132) David E. Garland, First Corinthinas, Baker Exegetical Commentary on the New Testament (Grand Rapids, MI: Baker, 2003), 618.
133) Brian J. Dodd, Praying Jesus' Way: A Guide for Beginners and Veterans (Downers Grove, IL: InterVarsity, 1997), 101.
134) Eric E. Wright, Revolutionary Forgiveness (Auburn, MA: Evangelica. Press. 2002), 147.
135) Lewis B. Smedes, Love within Limits: A Realist's View of Corinthians 13 (Grand Rapids, MI: Eerdmans, 1978), 67.
136) Ibid., 67.
137) Garland, First Corinthians, 619.
138) Smedes, Love within Limits, 71.
139) Gordon D. Fee, The First Epistle to the Corinthians, New International Commentary on the New Testament (Grand Rapids, MI: Eerdmans, 1987), 631.
140) Amy Carmichael, If (London: SPCK, 1938) 4, 11, 36, 40.
141) John Newton, Steve Turner, Amazing Grace: The Story of America's Most Beloved Song (New York: HarperCollins, 2002), 110. 에 인용.
142) Kim Phuc, "The Long Road to Forgiveness," with Anne Penmen, Canadian Broadcasting corportaion (June 30, 2008).

Chapter 12 사랑은 결코 실패하지 않는다

143) Augustine, The Confession of St. Augustine, trans. Rex Warner, New American Library (New York: Penguin, 1963), 235.
144) Ibid.
145) David E. Garland, First Corinthinas, Baker Exegetical Commentary on the New Testament (Grand Rapids, MI: Baker, 2003), 621.
146) Gordon D. Fee, The First Epistle to the Corinthians, New International Commentary on the New Testament (Grand Rapids, MI: Eerdmans, 1987), 642.
147) Ibid., 647-48.
148) Mark Dever, Twelve Challenges Churches Face (Wheaton, IL: Crossway, 2008), 152.
149) Jonathan Edwards, Charity and Its Fruits (1852; repr. Edinburgh: Banner of Truth, 2005), 315.
150) Henry Drummond, The Greatest Thing in the World (New York: James Pott, 1874).
151) Charles Hodge, An Exposition of the First epistle to the Corinthians (Repr. London: Banner of Truth, 1958), 271.
152) Caspar Olevianus, John Willison, The Practical Works of John Willison, ed. W. M. Hetherington (Glasgow, 1852), 322. 에 인용.
153) Alexander Maclaren, Exposition of Holy Scripture, vol. 8 (Grand Rapids, MI: Eerdmans, 1959), 213.
154) 이 이야기는 여러 가지 이유로 토저(A. W. Tozer)와 워렌 캔들러(Warren Candler)의 것으로 여겨지고 있다.
155) James Montgomery Boice, Romans: The Reign of Grace, Romans 5:1-8:39 (Grand Rapids, MI: Baker, 1993), 2:983.
156) Robert Bruce, D. C. MacNichol in Robert Bruce: Minister in the Kirk of Edinburgh (Edinburgh: Oliphant, Anderson & Ferrier, 1907). 에 인용.
157) Edwards, Charity, 24.

사명선언문

너희가 흠이 없고 순전하여……세상에서 그들 가운데 빛들로
나타내며 생명의 말씀을 밝혀 _ 빌 2:15-16

1. 생명을 담겠습니다
만드는 책에 주님 주신 생명을 담겠습니다.
그 책으로 복음을 선포하겠습니다.

2. 말씀을 밝히겠습니다
생명의 근본은 말씀입니다.
말씀을 밝혀 성도와 교회의 성장을 돕겠습니다.

3. 빛이 되겠습니다
시대와 영혼의 어두움을 밝혀 주님 앞으로 이끄는
빛이 되는 책을 만들겠습니다.

4. 순전히 행하겠습니다
책을 만들고 전하는 일과 경영하는 일에 부끄러움이 없는
정직함으로 행하겠습니다.

5. 끝까지 전파하겠습니다
모든 사람에게, 땅 끝까지, 주님 오시는 그날까지
복음을 전하는 사명을 다하겠습니다.

서점 안내

광화문점 서울시 종로구 새문안로 69 구세군회관 1층
02)737-2288 / 02)737-4623(F)

강남점 서울시 서초구 신반포로 177 반포쇼핑타운 3동 2층
02)595-1211 / 02)595-3549(F)

구로점 서울시 동작구 시흥대로 602, 3층 302호
02)858-8744 / 02)838-0653(F)

노원점 서울시 노원구 동일로 1366 삼봉빌딩 지하 1층
02)938-7979 / 02)3391-6169(F)

일산점 경기도 고양시 일산서구 중앙로 1391 레이크타운 지하 1층
031)916-8787 / 031)916-8788(F)

의정부점 경기도 의정부시 청사로47번길 12 성산타워 3층
031)845-0600 / 031)852-6930(F)

인터넷서점 www.lifebook.co.kr